明清卷·人物

中国历史知识小丛书

多尔衮
〈之谜〉

ZHONGGUO LISHI ZHISHI
XIAO CONGSHU　滕绍箴◎著

以史为骨，以实为肌，以事为络
名家著作，还历史原貌

中国社会科学出版社

图书在版编目（CIP）数据

多尔衮之谜/滕绍箴著.—北京：中国社会科学出版社 2014.1修订重印
（中国历史知识小丛书.明清卷.人物）
ISBN 978-7-5004-7271-1

Ⅰ.多… Ⅱ.①滕… Ⅲ.多尔衮（1612—1651）—传记 Ⅳ.K827=49

中国版本图书馆CIP数据核字（2008）第152640号

出 版 人	赵剑英
责任编辑	李易蓉
责任校对	吴永祥
责任印制	王　超

出版发行	中国社会科学出版社
社　　址	北京鼓楼西大街甲158号（邮编100720）
网　　址	http://www.csspw.cn
	中文域名：中国社科网　010-64070619
发 行 部	010-84083685
门 市 部	010-84029450
经　　销	新华书店及其他书店
印刷装订	北京市兆成印刷有限责任公司
版　　次	2013年4月第2版
印　　次	2014年1月第3次印刷
开　　本	710×1000　1/16
印　　张	14
插　　页	2
字　　数	216千字
定　　价	26.80元

凡购买中国社会科学出版社图书，如有质量问题请与本社联系调换
电话：010-64009791
版权所有　侵权必究

目录 CONTENTS

第一章 嗣位之谜与衔恨

一 大变革的年代 /2
二 兄弟父子相残 /6
三 暴风雨中降生 /8
四 慈母更显风流 /11
五 嗣位之继与衔恨 /16

第二章 社会改革拥护者

一 皇权确立与多尔衮 /28
二 倡导传统文化 /43
三 奉命大将军 /50

第三章 受宠的和硕亲王

一 集结满洲望族 /56
二 建设八旗汉军 /59
三 后宫坚强后盾 /62
四 最受宠的亲王 /66

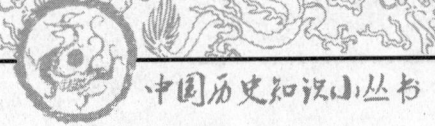

五　皇太极之死 / 79

第四章　帝梦破灭定鼎中原

一　称帝之梦 / 82
二　自称周公 / 91
三　进兵江南 / 102
四　艰苦历程 / 107

第五章　满汉文化大交融

一　安定民生 / 114
二　承明之旧 / 117
三　用明旧官 / 123
四　求贤取士 / 129
五　满汉同风 / 133

第六章　从周公到太上皇

一　辅政当周公 / 138
二　太上皇美梦 / 143
三　美梦仍不醒 / 150

第七章　野火烧毁太后名

一　挟制两黄旗 / 160
二　瓦解内务府 / 165

三　孝庄的宽容 / 171

四　多尔衮消沉 / 176

五　野火的燃烧 / 180

第八章　功罪任后人评说

一　身后风波 / 188

二　清帝翻案 / 191

三　五大弊政 / 194

四　解决办法 / 205

五　习惯与外交 / 210

六　总结 / 212

参考书目 / 214

后记 / 217

【第一章】

嗣位之谜与衔恨

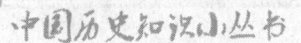

多尔衮是爱新觉罗氏，努尔哈赤第十四子，母亲是乌拉那拉氏，名阿巴亥。他生于明朝万历四十年（1612年），死于清顺治七年（1650年），至今已363年。他轰轰烈烈的人生，为一代王朝奠基做出过重大历史贡献。但围绕他人生各个阶段有许多谜，令人难解，少年嗣位与衔恨就是其中之一。

一　大变革的年代

多尔衮是中国东北少数民族人，其先人自周秦以来叫肃慎、邑楼、勿吉。辽、金、元、明时代称作女直、女真。明朝正统初年，先祖南迁至今辽宁省新宾和吉林省桓仁等地区。建立明朝地方政权"建州三卫"。受汉族等先进民族文化影响，16世纪末年进入社会大变革时代。

（一）统一建州本部

建州女真从正统初年到努尔哈赤起兵，经过140多年，与辽沈、中原汉族进行密切的经济、政治和文化交往，社会生产、文化生活飞速发展，初步进入农业民族行列。但明朝末年吏治腐败，边官的民族压迫政策，引起少数民族的不满与反抗。努尔哈赤就是女真族的代表人物。

努尔哈赤早年住在辽宁省新宾县网户村后山北碰背山城，曾受明朝赐封的龙虎将军等武职高官。他不仅带领部众在开原、抚顺、清河、瑷阳等地从事马市贸易，而且八次到北京向明朝政府进贡、经商。他眼界开阔，除本族语言外，还会蒙古语、汉语，最爱读《三国志》、《水浒传》，对中华传统文化早有领会。

努尔哈赤等不堪边官欺凌，于万历十一年（1583年），同弟弟舒尔哈齐等团结37名英雄豪杰,以13副铠甲起兵。经过三年苦战,将建州范围内苏子河、浑河等流域的苏克苏浒河、浑河、完颜、哲陈、栋鄂五大部及其所属各城先后统一。继之将长白山的讷殷、珠舍里、鸭绿江三部征服。万历十五年(1587年),在虎拦哈达山下"筑城三层,启建楼台"。当年六月二十四日,宣布"定国政,凡作乱、盗窃、欺诈悉行禁止"。并宣布国家婚姻大法等一系列法律,开始依法治国,形成初具规模的奴隶制国家。这时,他坚持同明朝通好,照常进贡,通商贸易,关心人民疾苦,至"民心大悦",出现"民殷国富"形势。万历三十一年(1603年),为适应"国势日盛"的发展需要,他将首都迁往更开阔的赫图阿拉城。

(二) 征服东海各部

努尔哈赤胸怀大志,颇有进取精神。他不满足已取得的成就,迁都赫图阿拉后,开始向东海各部进军。万历三十七年(1609年),他派大将扈尔汉等征服东海兀吉部的胡叶路。第二年,派大将额亦都征服绥芬路、雅兰路、纳木都鲁路、宁古塔路。第三年,派儿子阿巴泰、大将费英东等征服乌尔固辰、木棱路;大将何和理、额亦都、达尔汉等征服胡尔哈部扎库塔城,并向黑龙江中下游用兵,直到天命二年(1617年,万历四十五年)征服库页岛,将东海,即包括今天的乌苏里江沿岸,黑龙江中下游大部分地区,都纳入他兵威之下。

(三) 吞并海西四部

对于努尔哈赤来说,征服东海各部主要是夺取资源、人口,从物资和人力方面充实自己的实力。然而,哈达、辉发、乌拉、叶赫等部都是与他不相上下的部落,占据通向东海和黑龙江的贸易通道。欲控制整个东北貂、参等物资来源,并用以同明朝马市贸易,这四大部落即"海西扈伦四部"成为他的最大障碍。扈伦四部的酋长都是女真社会有历史传统,比较强盛的大家族中的人,他们看到无名的努尔哈赤领导的部落飞速崛起,很不服气,便联合起来,想把它掐死在摇篮里。于是,叶赫部那林布禄、布斋,乌拉部布占泰,辉发部拜音达理，哈达部猛格布禄等各部贝勒[①]，联合蒙古科尔沁部翁阿岱、莽古思、明安贝勒及珠舍里、讷殷、锡伯、挂勒查共9部，大兵3万，于万历二十一年（1593年）九月，分三路向建州进攻。结果在古勒山一战，被建州兵打得惨败。布斋战死，布占泰被俘，其他头目带领残兵败将落荒而逃。

古勒山战后，尽管扈伦四部被迫与建州部讲和，但努尔哈赤统一女真各部的志向没有改变。万历二十七年（1599年）九月，出兵消灭哈达部。万历三十五年（1607年）九月，灭亡辉发部。万历四十一年（1613年），吞并乌拉部。天命元年（1616年，万历四十四年）他自称抚育列国英明汗，在赫图阿拉城建立大金国，史称"后金"，是为"天命元年"。天命四年（1619年，万历四十七年）八月，消灭叶赫部，将女真社会全部统一。他骄傲地宣布："满洲国自东海至辽边，北自蒙古嫩江，南至朝鲜鸭绿江，同一语音者俱征服，是年诸部始合为一。"

（四）对明王朝开战

明朝政府对女真各部实行分而治之政策，各部首领都是明朝任命的都督等，通过卫、所制进行管理。努尔哈赤的统一战争，对明朝政府是公开挑战。明朝边官进行过一系列干涉。天命四年（1619年，万历四十七年）初，发动著名的萨尔浒大战，四路出兵围攻赫图阿拉。结果被努尔哈赤指挥的八旗兵各个击破。天命三年（1618年，万历四十六年），努尔哈赤以"七大恨"为号召，公开向明朝宣战，当年四月十五日，率兵占领明朝边疆重镇抚顺城，七月攻克清河城。第二年六月占领开原城，七月夺取铁岭城。由于战争不断向明朝辽东腹地推进，为减轻调兵遣将辛劳，天命四年（1619年，万历四十七年）六月，他迁都界凡城。天命五年（1620年，万历四十八年）十月，迁都萨尔浒城。天命六年（1621年，天启元年）三月，一举攻占明朝关外重镇沈阳、辽阳城。并

[①] 贝勒与贝子：满文中的ambabeile和ajigebeie均作beile而不用beise一单词，汉译直作"大王"和"小王"。从而可知，满文的beile和beise，汉文均可译作贝勒或王。那么，贝勒和贝子均可通用，并均可称王。……其实，贝子即为贝勒的复数，亦即金代女真人的"勃极烈"或"勃堇"，均为"贝勒"（beile）的异写。王钟翰：《清史续考》，台湾华世出版社，第157页。

迁都辽阳,建筑东京城定居。天命十年(1625年,天启五年),迁都沈阳,后改称盛京城。

努尔哈赤占领辽沈后,由于奉行民族压迫政策,推行剃发令,遭到广大汉族人民反抗,民族矛盾尖锐化。在对辽南金州、复州、海州和盖州进行血腥镇压的同时,他于天命七年(1622年)率兵渡过辽河占领辽西重镇广宁城。天命十一年(1626年,天启六年)正月,带领13万大军进攻宁远城,遭到明朝督师袁崇焕守军的坚决抵抗,以失败而告终。尽管当年四月他派遣二贝勒阿敏、四贝勒皇太极等出征巴林部取胜,但他一生的战争事业至此已画上句号。

二　兄弟父子相残

努尔哈赤兄弟、父子相残，发端于万历二十六年（1598年），征服东海和哈达部前后。弟弟舒尔哈齐、长子褚英都在内讧中幽禁被杀。

（一）兄弟之争

努尔哈赤起兵初期，舒尔哈齐是得力助手，他英勇多谋。十余年后，兄弟分歧逐渐加深。主要表现在两个重大问题上：其一，对外战争问题。努尔哈赤起兵目的是征服女真各部，统一东北，进而对明朝开战，如先金一样，入主中原。舒尔哈齐想平定建州本部后，各自守土。所以，对征服东海、哈达部表现消极。他满足于明朝封赐给他的都督职务，号称"三都督"。其二，权力之争。随着统一战争发展，兄弟权力冲突日趋严重。征服哈达部后，建州将全国分成三族，分配从哈达掠来的明朝敕书，大部分被努尔哈赤及其子褚英（20岁）、代善（18岁）领有，舒尔哈齐及其子所得很少；努尔哈赤部下将领150人，舒尔哈齐只有40人；兄弟相争日渐明显，招待外来使者，兄杀几头猪，弟必以相同数量招待；外使贡物，弟弟要求使者"不要高下于我兄弟"，希望数量相同。最后，弟竟与兄长分城而居。万历三十九年（1611年）八月十九日，舒尔哈齐在被幽禁中死亡，享年48岁。

（二）褚英失位

舒尔哈齐死后，努尔哈赤仿照汉人习俗，实行长子继承制，立长子褚英为嗣，继承汗位。从万历八年（1580年）至天命五年（1620年，万历四十八年）的40年中，他共生16个儿子。长子褚英（1580年生）、次子代善（1583年生）、三子阿拜（1585年八月十五日生）、四子汤古代（1585年十一月初四生）、五子莽古尔泰（1587年生）、六子塔拜（1589年二月十八日生）、七子阿巴泰（1589年六月十六日生）、八子皇太极（1592年十月二十五日生）、九子巴布泰（1592年十一月初十日生）、十子德格类（1596年十一月十三日生）、十一子巴布海（1596年十一月二十八日生）、十二子阿济格（1605年生）、十三子赖幕布（1611年生）、十四子多尔衮（1612年十月二十五日生）、十五子多铎（1614年生）、十六子费扬古（1620年生）。其中长子褚英和次子代善是元妃佟佳氏所生，承继汗位由长子褚英首先列名，理所当然。

褚英英勇善战，曾因战功被赐封为洪巴图鲁和阿尔哈图图门称号，是勇敢、有谋略之意。努尔哈赤根据长子继承制，决定将国中一半的人口赐给褚英和次子代善，即每人名下各5000户，并"牧群八百、银一万两，敕书八十道"。令长子褚英执掌国政，代善辅佐，故有令"二子执政"之说。按努尔哈赤的想法，两位长子多分财产，其他诸弟少分，一旦诸弟有难，便于向兄长求助，而兄长有难，将不便求助于弟，故如此安排。

褚英在三个问题上同父亲有严重分歧：其一，同情叔父舒尔哈齐，不赞成置叔父于死地。其二，胁迫代善、莽古尔泰、皇太极、德格类等"发誓"：听兄的话，不许"将我之所言告于父汗"，并威胁五大臣费英东、额亦都、何和理、扈尔汉、安费扬古服从自己，否则汗父故后将诛杀之，致使"彼此不睦"。其三，四兄弟、五大臣告发他之后，憎恨其父，诅咒父亲出兵乌拉部失败等。努尔哈赤认为长子"不可置信"，以其"心胸狭窄"，无治国胸襟，与他所希望的"秉公治国"背道而驰。于是，万历四十一年（1613年）三月二十六日，将其幽禁。万历四十三年（1615年）闰八月，以罪伏诛。

褚英失政后，努尔哈赤仍以长子继承制安排嗣位人选，令次子代善代政。李朝使者反映说：努尔哈赤死后，代善"必代其父，胡中皆称其宽柔，能得众心"。

三 暴风雨中降生

多尔衮降生在建州本部统一之后，大军征服东海三部与扈伦四部的炙热年代。他还在娘胎里蠕动时，姥姥的乌拉部已遭到父亲的大军攻击，失掉6城；刚降生5个月，姥姥和舅舅已无家可归，部落被父亲兼并。可见，他是在战争的暴风雨中降生。

（一）子以母贵时代

在努尔哈赤16个儿子中，按道理除长子褚英、代善外，以顺序第三子阿拜、第四子汤古代应排在前边，但为什么将八子皇太极、十子德格类、五子莽古尔泰列入"爱如心肝之四子"呢？这与满族[①]社会发展阶段性有关。因为在统一建州和扈伦四部中，努尔哈赤后宫是政治晴雨表，为加快统一事业发展进程，他大搞政治联姻，凡是有威望的大酋长，自称贝勒（王），属下人多势众，地位显赫，相互联姻，是普遍增势手段。褚英、代善之母元妃哈哈纳扎青就是有名的酋长塔本巴宴之女。莽古尔泰、德格类之母衮代是继妃，也是著名酋长莽塞杜诸祜之女。这两位后宫主人除具备上述条件外，又都是努尔哈赤统一建州本部的创业夫人。而阿拜母亲兆佳氏、汤古代母亲钮钴禄氏只排在"庶妃"位置上。因此，其子不被列入"爱如心肝之四子"中。皇太极之母叶赫那拉氏孟古姐姐地位更高，是叶赫贝勒杨吉砮之女。万历三十九年（1611年）嫁给努尔哈赤后不久，就取代继妃衮代为中宫皇后。她生皇八子皇太极地位比继

[①] "满族"之称是民国建立后确定，努尔哈赤时称"诸申"，1635年改称"满洲"，整个清代未变。为叙述方便，以下通用"满族"代称。

妃衮代之子莽古尔泰更高贵。努尔哈赤在分给诸子产业时,莽古尔泰"并未授以产业"。衣食之用都是皇太极的残羹剩饭,长期倚赖皇太极生活。

由此不难得出结论:清朝早期皇帝后宫注重政治联姻;后宫福晋名次常常反映社会统一进程;有明显的等级差别;子以母贵。

(二)暴风雨中降生

阿巴亥生于万历十八年(1590年),父亲是乌拉贝勒满泰,母亲姓都祜氏。努尔哈赤兼并哈达、辉发部后,为打通朝鲜后门东海地区贸易通道,尽量争取乌拉部合作。万历二十四年(1596年),贝勒满泰及其子因故死亡,努尔哈赤将9部联军之战中俘虏的满泰之弟布占泰贝勒送回乌拉部成为国主。布占泰使用刚柔并举手法对付努尔哈赤,既治国强兵、兼并临近各部,又试图与努尔哈赤友好。他先请求努尔哈赤将舒尔哈齐之女额实泰、额恩哲及努尔哈赤之女穆库锡娶为妻子。又将自己的妹妹滹奈嫁给舒尔哈齐,侄女阿巴亥嫁给努尔哈赤。在这种相互政治联姻交易中,阿巴亥作为交易的政治筹码,于万历二十九年(1601年)十一月,在叔父布占泰陪同下,进入建州赫图阿拉城。阿巴亥作为刚满12岁的少女,与43岁的努尔哈赤就这样成了婚配。

阿巴亥初嫁时,仅是个小姑娘,不足以引起努尔哈赤关注。后宫最受青睐的是皇太极母亲,叶赫之女即孟古姐姐。然而不幸的是阿巴亥入宫两年,万历三十一年(1603年)九月,孟古姐姐病卒。努尔哈赤痛苦异常,他"爱不能舍,将四婢殉之,宰牛马各一百致祭,斋戒月余,日夜思慕,痛泣不已,将灵柩停于院内三载,方葬于念木山"。

孟古姐姐病逝一年,阿巴亥满15岁,成为努尔哈赤卧榻上最受宠的美人。此后10年在努尔哈赤的婚姻生活中,除有时关注侧妃叶赫那拉氏、庶妃西林觉罗氏、伊尔根觉罗氏外,主要热恋着阿巴亥。因此,阿巴亥连生三子,即万历三十三年(1605年)七月十五日生阿济格,万历四十年(1612年)十月二十五日生多尔衮,万历四十二年(1614年)二月二十四日生多铎。

历史上女真社会部落与部落政治联姻,实际上都是为维护相互力量暂时的平衡,没有什么亲戚、感情可言。当努尔哈赤需要,并有能力征服乌拉部

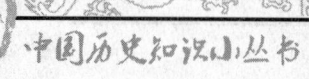

时，尽管乌拉部女儿夜间还卧在他的卧榻中，而早晨他便率领大军向乌拉部开战。当多尔衮在胎中数个月后，努尔哈赤同阿巴亥的叔父布占泰翻脸，夺取乌拉首都之外6座城市，大肆焚烧谷物。多尔衮降生刚满5个月，其父大兵的铁蹄已踏平他姥姥的安乐窝，乌拉部彻底灭亡。姥姥和舅舅都无家可归，逃往叶赫部。多尔衮就是降生在女真社会大动荡的暴风雨中。他甚至在娘胎时就与母亲思考人生的抉择和道路。所以，兄弟之间他最聪明。

四 慈母更显风流

万历三十一年（1603年），努尔哈赤中宫皇后病逝，同时乌拉部与建州部关系正处在相对稳定时期。努尔哈赤考虑进一步拉近与乌拉布占泰的关系，当年便将14岁的阿巴亥捧上大妃宝座，史称"大福晋"。

（一）大福晋自危

时间如流，转瞬之间努尔哈赤62岁。刚满31岁的阿巴亥已给他生下三男一女[①]，高居大福晋之位，国家第一夫人、国母。按理说她该满足了，然而，面对苍老的丈夫和年幼的子女，她眉间紧皱。丈夫一旦西归，她孤儿寡母将依靠谁？恰在此时，即天命五年（1620年，万历四十八年）三月初八日，左翼总兵官费英东故去，令努尔哈赤十分悲伤。他到费英东灵前"呼号大恸"，直到"夜半返家"。长吁短叹地说："和我休戚与共之大臣，今始有一二凋丧，我亦不久矣！"说者无意，听者有心。其实这是阿巴亥早就想到，并有危机感的大事。她倾吐了自己的心事。努尔哈赤为解爱妃担心，便说："吾身殁后，大阿哥须善养幼子和大福晋。"这给阿巴亥指出了寄托和希望。

---

① 一般史书记载努尔哈赤有8个女儿，1620年已有7个女儿许婚，只有最小的女儿虚岁为9岁，是侧妃叶赫那拉氏，即中宫皇后之妹所生。当年努尔哈赤说："除大福晋穿用者仍归其本人外，其余衣服，皆行取回，赐予女儿。"这个女儿显然不是指叶赫那拉氏所生之女，如果指的是叶赫那拉氏所生女儿，后文就不会出现杀了大福晋会导致"我三子一女犹如窝心，怎忍使伊等悲伤耶"的话了。所以，阿巴亥曾生有一女。

（二）大福晋忧心

天命五年（1620年，万历四十八年）三月十五日，努尔哈赤小妾泰（塔）因查与另一个女人纳扎发生口角，牵出大福晋阿巴亥一系列经济问题。众所周知，努尔哈赤从起兵那天起，对经济问题就十分重视。他在统一过程中，垄断东北经济是他成功的重要手段。在后宫已有约法，明确规定："诸凡福晋，若不经汗允许，即以一庹布、一块缎给与女人，则被诬为欺夫买药；若与男人者则被诬为已有外心。"讲明内宫经济问题的两种性质。而这次大福晋的经济问题确有更复杂的社会背景。大体有四种情况，其一，给达海"蓝布二匹"，令努尔哈赤怀疑大福晋"有外心"。将达海"缚以铁锁，钉于粗木而囚之"。其实，阿巴亥或者是济贫，或者是收拢人心，因为达海毕竟是汗身边难得的人才，不会有他意。其二，两柜财物放在阿济格家，另有"暖木面大匣中存放之银两"放在大福晋母亲家。众所周知，自从乌拉部灭亡，大福晋母亲都都祜和弟弟阿布泰，跟随布占泰贝勒逃往叶赫部。叶赫部灭亡，布占泰、都都祜、阿布泰等全部移居后金都城。阿巴亥将财物和银两隐藏在儿子和母亲家可能是敛财，以解后顾之忧。其三，阿巴亥将另外部分财物隐藏或赠送给养子达尔汉虾、总兵官巴都里、参将蒙阿图家。这些人都是皇太极所属正白旗将领，也是努尔哈赤的爱将。阿巴亥相信惠及这些人，对其未来必有好处。因为皇太极一直是嗣位争夺的劲敌，聪明的大福晋不会不想到窝囊的代善在与皇太极争夺中，鹿死谁手，难于料定。其四，散财给村民。这是大福晋接济贫民的表现，从最坏的地方想也只能说她有意收买人心。总之，大福晋并不吝财。她通过经济手段在铺垫自己的未来，反映出她忧心忡忡，并敢于违背汗约，按照自己的主意行事，算是敢作敢为的一位女性。

（三）大福晋风流

大福晋知道努尔哈赤对她和幼子未来的安排，将要由大阿哥代善来赡养，她动了心思，并采取三种手段接近代善和皇太极：其一，给两位贝勒分别送饭，告状者说给代善送两次，给皇太极送一次，看来还是有所侧重。其二，曾经一天两三次派人到代善家，并得出结论说她与代善有"同谋"。更严重的是竟然在"深夜"出宫院"二三次之多"，似乎有偷情之嫌。其三，大福晋在公开场合卖弄风骚。事情是天命年间，努尔哈赤虽然建国称汗，有外殿和内宫，但诸贝勒会议常常在内宫召开，大福晋出入不避讳。这是国家统治机构不完善所致。大福晋为引起代善注意，每在诸贝勒会议期间，有意梳妆打扮，"以金珠妆身献媚于大贝勒"。其他诸贝勒、大臣都看不惯，但畏惧代善和大福晋未来掌政报复，知而不言。众所周知，阿巴亥正值30岁左右，"美丰姿"，为人聪明伶俐、漂亮大方，具有满族女人生就的活泼、潇洒作风，为后宫之冠，自然看不惯的诸贝勒、大臣不是垂涎就是嫉妒。但不管他们怎么想，她都是一代风流人物。为什么会出现这种情况？原因是满族从相对比较滞后的奴隶制发展时期飞速向封建制过渡，落后的民族风俗仍有残留，婚姻关系比较混乱，父死子娶其妾，兄死弟聘其嫂，甚至侄儿娶婶母等事，视为平常。这是社会发展到一定阶段经济关系的反映，而在这种生产关系下所形成的社会风俗，不会随着经济关系的改变而立刻发生变化。努尔哈赤所说的"吾身殁后，大阿哥须善养幼子和大福晋"，其中就包含大福晋将要嫁给代善之意。可见，大福晋的风流是自危、是忧心，是一个女人预见到她人生道路上的坎坷而求得未来幸福的渴望。

（四）皇太极谋位

在努尔哈赤安排嗣位的规划中，总是能够看到一个人的身影，他就是八子皇太极。他天生就有一种优越感。这种优越感来自母亲家族的威望，来自汗父对孟古姐姐特殊的钟爱和他本人文武双全及过人的聪明。所以，当努尔哈赤第一次分析家产时，除长子褚英、次子代善外，皇太极在其他诸子中首屈一指，其次是德格类、阿济格，连大名鼎鼎的莽古尔泰都没有份。当努尔哈赤将汗位交给长子褚英承袭期间，刚满20岁的皇太极，就与父亲身边的巴克什额尔德尼往来密切，而额尔德尼正是陷害褚英、"进谗言"的主要人物之一。天命八年（1623年，天启三年）五月初三日，努尔哈赤对于杀褚英多有悔意，曾在诸贝勒大臣面前说："昔大阿哥在时，额尔德尼、乌巴泰等曾进谗言"，并严肃地指出:"于辽东时,伊逊、额尔德尼,即已去四贝勒巡察之处,往而不问,归而不告其所往。如此之举,不唯挑唆,岂有他哉?"足见,在对大阿哥"进谗言"的问题上,皇太极难于脱离干系,有觊觎汗位之嫌。

在大福晋被揭发的事件中,皇太极的影子再次出现。其中有四件事值得深思:其一,大福晋送饭除大贝勒代善外,其他贝勒都不给送,偏偏送给皇太极。其二,大福晋隐藏和送财物时,八旗各个大臣都不送,偏偏送给皇太极所属的正白旗大臣达尔汉虾、巴都里、蒙阿图。其三,努尔哈赤在派人调查时,偏偏派达尔汉虾、额尔德尼、雅逊等,有的史学家分析说:"调查者名列第一的调查大臣达尔汉虾即努尔哈赤养子扈尔汉,和代善的关系很不融洽,代善曾经专门向汗父进奏不利于扈尔汉的'谗言'。……额尔德尼,是努尔哈赤重用的亲近臣,竭力拉拢皇太极,经常违背旗制,私往皇太极处通报消息,是皇太极争夺汗位集团成员;雅逊,好弄权术,爱作谎言,曾'伪为己功',免死'单身给与四贝勒';蒙阿图隶满洲正白旗。"从这里我们看到一个不动声色,善于团结和施展拉拢手段,而对汗具有左右能力的正白旗贝勒皇太极。何以见得?有一次额尔德尼被他属下牛录名叫塔布兴阿的人告发,额尔德尼十分紧张,慌忙去找皇太极商量。他告诉皇太极,塔布兴阿敢于"告发我二人",是汗属下的雅逊、乌纳格两个人挑唆所致。二人经过商量决定"不可不令雅逊、乌纳格辞离于汗"。可见,他们多么霸道,竟敢在努尔哈赤健在时动他身边的人。后来雅逊可能被逼无奈,令其妻子馈送"十余颗东珠"给额尔德尼。尽管如此,雅逊还是以罪拨入正白旗。其四,大福晋的行为尽管有她自己的考虑,违背汗大权独揽、经济约法,但实际上并无大错。而汗的侍妾与大福晋宫女之间的口角,是叶赫那拉氏纳纳昆福晋、乌云珠阿巴盖福晋勾结皇太极,使令皇太极的一个小女人,接近努尔哈赤侍妾从中挑唆所致,是精心策划的阴谋,是个冤案。

然而,努尔哈赤一生英明盖世,回到内宫却弄不清其中的是是非非,竟以吃醋的心情,责备大福晋:"尔竟不爱汗夫,蒙我耳目,置我于一边,而勾引他人。"骂她"奸诈虚伪,人之邪恶彼皆有之",决定"我将不与该福晋同居,将其休弃之",将大福晋废了。如果不是因为有三男一女需要照顾,险些将大福晋处死。而对他心爱的第八子皇太极的所作所为却毫无提防和察觉，事后将部分家产竟送到皇太极库房。当然，叶赫那拉氏纳纳昆福晋、乌云珠阿巴盖福晋除得到"大福晋所制蟒缎被二床、闪锻裤二床"各一套外，没有取代大福晋位置，而努尔哈赤的侍妾泰因查却成了大功臣，受到"着加荐拔，陪汗同桌用膳而不避"的高规格待遇。

五 嗣位之继与衔恨

在努尔哈赤去世前的数年间,关于他立嗣的问题传说纷纭,其中有:"谓贵永介曰:'九王子当立而年幼,汝可摄位,后传于九王。'"根据这一条材料,近年诸多著作认定此为事实,也有的著作持完全否定意见。那么到底是怎么回事呢?我们略加分析、判断。

(一)大贝勒失政

天命四年(1619年,万历四十七年),在萨尔浒大战取得决定性胜利之后,四月初三日,努尔哈赤决定移兵于明朝边境驻扎,在界凡山筑城。经过两个月施工,便于当年六月初十日,将都城暂时迁到界凡城。然而,尽管天命五年(1620年,万历四十八年)三月,有大福晋事件冲击,努尔哈赤对大贝勒代善不满,却"不欲加罪其子",便借"大福晋窃藏绸帛、蟒缎、金银甚多为辞,定其罪",休废于另室,代善便躲过了罪责。当然,从根本上说,代善没有什么过错。而当时的努尔哈赤一心只想国家必须"得辽而后生",不进入辽沈地区将无法生活,关于继嗣问题不再提起。因统一事业发展很快,当年十月又决定临时迁都。代善作为合法汗父嗣位人,应当胸中有数。然而,在住房问题上他却弄得很复杂。先是他看到长子岳讬建的宅院比自己的宽敞,想要移入。本来父子之间可以自行协商,但他却以关心汗父姿态,希望汗父移出自建的狭小院庭,移进自己宅院。努尔哈赤很是高兴,认为"果较其欲住之地颇为宽大",于是宣布:"大贝勒住我整修之住地,我居大贝勒整修之地。"而代善没有看上汗父宅院,认为太狭窄,不便装修。暗指拨岳讬宅院给自己。诸贝勒不知道他葫芦里装的什么药,他又不明说。大家都成了丈二的和尚,摸不着头脑。莽古尔泰没有与诸贝勒商议,请示汗父派工千余人给代善重新建筑宅院。新宅院完工后,代善仍不满意,提出"该地优佳,请汗居住"。努尔哈赤前往观看后,决定进驻,并将代善原先建筑的宅院作为诸贝勒会议大衙门,将自己初建的房屋仍赐给代善。代善没有达到愿望,指使阿敏再次请命。努尔哈赤只好从新建的"优佳"宅院搬出,回到自己初建的宅院中。

代善是努尔哈赤诸子中最勇敢善战的将领,功勋赫赫。但是,做出如上蠢事,实在令人失望。他目光短浅、心胸狭隘、不识大体且相当自私。同时,他还怕老婆。继妇虐待次子硕讬管理牧群,肆行无忌。致使硕讬无法生活,造成极坏影响。阿敏、莽古尔泰、皇太极、达尔汉虾等都曾劝告他,竟迟迟不能改悔。早年李朝使者曾赞扬他宽宏、能得众心,将来必然承继汗位。而今天却批评他"特寻常一庸夫"。天命五年(1620年,万历四十八年)五月二十八日,他发誓说:"我不恪守汗父教导之善言,不听三位弟弟、一位虾阿哥之言,而听信妻言,以致丧失汗父委托于我指挥之大政。我乃杀掉我的妻子,手刃我之过恶,日后若仍以是为非,以恶为善,怀抱怨恨和敌意,我愿受天谴责,不得善终。"这段誓词,如同认罪书。由此不难看出,在努尔哈赤的心目中代善已黯然失色。

(二)兄弟间相逼

从天命四年(1619年,万历四十七年)至天命六年(1621年,天启元年)的三年中,后金政权围绕李朝问题,内部发生较大争论。主要是两个问题,即对待李朝战俘和出兵李朝。萨尔浒大战结束后,李朝都元帅姜宏烈率领3000兵投降。代善与姜宏烈在战场上共同盟誓讲和。代善想先移兵都城,令姜宏烈等朝见努尔哈赤后,将李朝官兵再释放回国。而努尔哈赤知道这批官兵有很强的战斗力,将对后金构成威胁,除采取分散办法,将一部分分到村庄外,借口杀掉数百人。代善认为双方已讲和,"阵上之约不可负"。同时,他鉴于后金"四面受敌,仇怨甚多",大非自保之策,对于李朝"极力主和",坚决反对杀害李朝官兵,丧失信誉。皇太极和莽古尔泰等主张屠杀投降官兵,并主张出

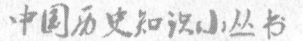

兵李朝，然后再进攻辽东。因此，在李朝问题上两个代表人物代善与皇太极"和战异议，所见相左"，争论十分激烈。兄弟争论最终裁判自然是汗父。从正常人情道理说，真理是在代善一边。努尔哈赤无奈，表态说：好！好！"当从汝言"。而皇太极和莽古尔泰早就摸清汗父心思。因此，这场军事路线的大争论，也是努尔哈赤对代善嗣位动摇的重要原因之一。

经过两年争论，转眼之间已是天命六年（1621年），嗣位问题已成了烫手山芋，想拿拿不得，想放放不下。九月初十日，努尔哈赤遇到叔兄弟阿敦，闲聊起来。这位阿敦是一位"勇而多智"的人物，在后金将领中"超出诸将之右"，往昔各次战阵几乎"皆其功也"，现任镶黄旗满洲固山额真，是努尔哈赤身边的智囊人物。努尔哈赤遇事一向独断专行，而在嗣子问题上却听阿敦意见。他开口便问："诸子中谁可以代我？"智慧的阿敦听到这样的敏感话题，哪敢轻易插言，巧妙地说："知子莫如父，谁可有言？"努尔哈赤告诉他说说无妨。阿敦仍不肯直接点出名字，只说："智勇双全，人皆称道者。"努尔哈赤明白他所指的就是皇太极。可见，努尔哈赤放弃代善嗣位，已有意于皇太极，从"人皆称道"这句话可知，皇太极在官民中的口碑不错。

然而，阿敦对待这样的严肃问题，却采取不严肃态度，他将与努尔哈赤的谈话内容告诉代善，使代善心情不安而怨恨。皇太极摸到汗父脉搏，便同莽古尔泰、阿巴泰等频繁秘密交往。阿敦洞察到其中隐情，便悄悄地警告代善：皇太极、莽古尔泰等"将欲图汝，事机在迫"，你要做好准备。阿敦本是好心，让他提防，可哪里想到代善竟跑到父亲跟前哭了起来。努尔哈赤十分愕然，问清缘由，原来是阿敦从中有话。为弄清真相，努尔哈赤将皇太极等招来盘问，而他们都矢口否认。结果阿敦以在诸子中"交媾两间"罪被幽禁，籍没家产。从实而论，尽管代善经过种种挫折，嗣位已基本丧失，而皇太极仍不放心，对兄长几乎是落井下石，在社会上已形成一种氛围，连李朝使者都已洞察到，他们"兄弟位次相逼"，指出皇太极"恃其父之偏爱"，"潜怀弑兄之计"。当然，阿敦在爱新觉罗家族中是智谋高远人物，努尔哈赤在嗣子问题上，任何人的意见都不顾，偏偏征求他的看法，说明他已引起努尔哈赤的特殊担心。然而，他一时不慎却给努尔哈赤抓到把柄，借机将他杀掉，防止身后乱政。这就是政治斗争的残酷性，李朝使者对此惋惜地说，努尔哈赤"是自坏其长城也"。

（三）八家同理政

自从褚英被杀，努尔哈赤经过7年努力，解决嗣子问题宣告失败，诸子相争，愈演愈烈。于是他在剩下的5年中，无可奈何地实施八和硕贝勒共同治理国政方略。这个方略的提出和实施共有四个问题：其一，总结历史教训。努尔哈赤在训诫诸王时，说他的思想来自祖宗六王时代，即"我祖六人及东郭（栋鄂）、王佳（完颜）、哈达、夜黑、兀喇、辉发、蒙古俱贪财货，尚私曲，不尚公直，昆弟中自相争夺、杀害，乃至于败亡"。从这段历史教训中他得出结论：我"以彼为前鉴，预定八家"。实际上，他也是吸取自己的历史教训，因为他为争权夺势、利益、政见分歧，竟杀弟、屠子，当他进入64岁高龄时，反省过去，展望未来，不寒而栗。所以，天命六年（1621年，天启元年）正月十二日，他教训诸子："吾子孙中纵有不善者，天可灭之，勿令刑伤，以开杀戮之端。"实际上，开杀戮之端者、不善者正是他自己，今天只是希望诸子不要重蹈覆辙。事实证明，努尔哈赤晚年推行的治国方略，与吸取历史教训大有关系。其二，八和硕贝勒共治国政的经济内容是要求"重义轻财"，凡得财务，八家平分；政治上，从诸贝勒中推选出一人为君。要求君主善良、贤能、受谏、有才、有德、有威望，反对"恃力自恣"者；有事八家同议，未经同议不准私行。诸贝勒朝见君主须同往，共商国是、举贤良、退谗佞，不可一二人至君前；君主"若不纳谏，所行非善"，可以共同计议更换；如果被更换的君主不悦，则"强行易之"。同时，要求严法度，信赏必罚，加强法制管理。其三，奉行儒家忠孝思想，主张社会和谐，提出"人君无野处露宿之理，故筑城也。君明乃国成，国治乃成君。至于君之下有王，王安即民安，民安即王安。故天作之君，君恩臣，臣敬君礼也。至于王宜爱民，民宜尊王；为主者宜怜仆，仆宜为其主。仆所事之农业与主共食，而主所获之财及所畋之物亦当与仆共之。如是，天欣人爱，岂不各成欢庆哉"。很显然，他要求从君主到奴仆上下都要"互相关切"，使社会达到"天欣人爱"境界。如何达到这个目标，需要一种统治思想，那就是儒家思想。天命十年（1625年，天启五年）四月二十三日，他在诸贝勒欢宴上正式引用《论语》说："其为人也孝悌而好作乱者未之有也，吾世世子孙当孝于亲，悌于长。其在礼法之地勿失恭敬之仪。至于燕闲之时，长者宜合洽其子弟，俾禽如欢聚。"并指出，作为君主凡是"除夕谒堂子拜神主后，先由国君亲自拜众叔、诸兄，然后坐汗位。汗与受汗叩拜之众叔、兄，皆并坐于一列，受国人叩拜"。为了给诸子和国人做出榜样，当年正月初七日，他把过去在统一战争中受到冲击、对自己大为不满的建州本部叔父、伯父、叶赫部的诸媪、额驸之母，包括乌拉部岳母都都祐等都请到自己家中，坐在西炕上，令自己的三位福晋以儿媳之礼，"叩拜二伯父及四媪"，自己也捧酒跪饮。同时，在民族政策方面，遵循儒家思想，主张改变往昔政策，认为"昔我国满洲与蒙古、汉人国别俗殊，今共处一城，如同室然。为和洽，乃各得其所"。其四，推行监督机制。天命八年（1623年，天启三年）二月初七日，决定八旗设都堂8员，满洲每旗设审事官2员，蒙古、汉人各设审事官8员。而对各贝勒特别设立"卦文启示者"，将汗的教诲之言，随时提醒贝勒遵循，给予严格监督。

八和硕贝勒共治国政，实质上是重新确立政治体制，将正在过渡和完善的君主制，退回到贵族共和制，是一种倒退政策，没有前途。在一定程度上提高了诸位小贝勒的地位。并对争权夺势的大贝勒是个有力的牵制。在一定程度上缓解了激烈的嗣位之争。同时，也不难看出，所谓"九王当立而年幼"，令代善摄位，将来"传于九王"的传闻，决不会是这种体制下的产物，而是努尔哈赤在实施此制之后，对嗣君的一个适时的思考方案。

（四）嗣位之谜底

朝鲜李朝使臣传出多尔衮当立嗣，代善暂摄政一事，后世史家常常一言以蔽之，"望风扑影"。就算如此，影子是什么？也需要史家认真追踪。现从四个方面看看当时的具体情况。其一，多尔衮为贝勒，不代表八家。努尔哈赤在世时，他在诸贝勒中处于什么位置，我们从头说起。早在天命四年（1619年，万历四十七年）李朝官员李民寏提到代善、皇太极、莽古尔泰之后说，

"余三子幼"，当时阿济格15岁、多尔衮8岁、多铎6岁。这里指的是受重视、有地位的六个儿子。其中这三位幼子，在李朝人的笔下只是"余"子，并无明显社会影响。第二年九月二十八日，努尔哈赤因代善的"过恶"，废除其执政地位，宣布八家的列名是："阿敏台吉、莽古尔泰台吉、皇太极、德格类、岳讬、济尔哈朗、阿济格阿哥、多铎多尔衮八贝勒为和硕额真。"从此，9岁的多尔衮由一名闲散贝勒成为正式和硕额真。但在八家中只是与7岁之弟多铎合为一家，且在多铎之后。天命六年（1621年，天启元年）十二月初一日，召开八家会议时，有代善、阿敏、莽古尔泰、皇太极、多铎（8岁）、岳讬参加。天命八年（1623年，天启三年）五月初五日，在八角殿审事时，出席的是代善、阿敏、皇太极、多铎（10岁）、阿济格等。天命九年（1624年，天启四年）元旦出席八角殿叩拜的是代善、阿敏、莽古尔泰、皇太极、阿济格、多铎等贝勒。初三日，参加与蒙古恩格德尔盟誓的是代善、阿敏、莽古尔泰、皇太极、阿巴泰、德格类、斋桑古、济尔哈朗、阿济格、多铎、岳讬、硕讬、萨哈廉。如上的情况终努尔哈赤时代，不曾有变化。事实证明，多尔衮既是八家成员，又不代表八家，准确的定位是闲散贝勒、和硕额真。其二，多尔衮不主旗。努尔哈赤三位幼子分旗当在天命五年（1620年，万历四十八年）九月二十八日分析八家时。当时两黄旗60牛录，分成四份，努尔哈赤与三位幼子各分15牛录。总管自然是汗。多铎掌正黄旗，多尔衮附之，具体管旗大臣是达尔汉虾，包括巴克什额尔德尼都在此旗。阿济格掌管镶黄旗，汗的15牛录当属此旗。具体管旗大臣是阿敦阿哥。多铎作为旗主贝勒，除上述旗主贝勒聚会出席外，军事行动自然是他出面。所以，天命九年（1624年，天启四年）正月初六日，努尔哈赤派八旗每牛录出10名甲兵往取复州户口时，出兵的贝勒是代善、阿敏、莽古尔泰、四贝勒、阿巴泰、岳讬、阿济格、斋桑古、济尔哈朗、多铎。代表两黄旗的贝勒是阿济格和多铎。十一日，出兵取恩格德尔额驸户口时，是代善、阿敏、莽古尔泰、四贝勒、阿巴泰、德格类、阿济格、斋桑古、济尔哈朗、多铎、岳讬。代表两黄旗的仍是阿济格和多铎。事实说明，多尔衮虽属正黄旗，并有15牛录而不主旗。其三，多尔衮尚未分居。理由之一是天命五年（1620年，万历四十八年）五月，查抄大福晋藏隐财产时，从阿济格家中

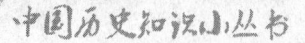

抄出"二个柜，内藏有绸缎三百匹"，证明阿济格此前已分居另过。理由之二是天命九年（1624年，天启四年）四月二十二日，努尔哈赤命令"多铎阿哥，将尼堪阿哥财产诸物合于尔处"，并指出"尔家"作为"八家"不得"挥霍"尼堪财物。证明多铎作为八家亦有自己的家。多尔衮所属15牛录虽然附于多铎的正黄旗，但兄弟之间不属于同一个家。一个月后的五月二十八日，多尔衮娶妻子，也不曾涉及自己的家和财产问题。大半是多尔衮同努尔哈赤仍然住在一起。多尔衮并未分析家产。此事有先例为证，早在褚英兄弟首次分析家产时，德格类有份，而莽古尔泰无份，可能是重视幼子习俗所致。理由之三是多尔衮既然不是旗主贝勒，地位尚居多铎之后，为什么李朝传出他将嗣位之事，这是多尔衮与父亲的亲密关系所致，一则多尔衮住在汗父身边，不曾分居；二则多尔衮与鲁莽粗俗的阿济格、文雅但好色贪玩的多铎不同，他为人聪明多智，工于心计，善于洞察时势，能够随机应变，在某些公开场合必得汗父特殊青睐，为外人所洞知。同时，不能完全排除努尔哈赤在私密情况下倾听大妃阿巴亥要求令多尔衮承袭之想。无风不起浪，李朝消息多来自"六镇藩胡"，所谓六镇藩胡是指朝鲜会宁、稳城、钟城等图们江东六城居住的女真人，随着万历二十三年（1595年）大酋长罗屯等全部归降，多数迁入建州（后金）。这些所谓"藩胡"曾在李朝领有职名帖，受到虚封官衔，对李朝很有感情。天命四年（1619年，万历四十七年）三月初八日，有一名"藩胡"叫仁必，就有如上身份，他乘在后金充侍卫之机，将见到的事情，悄悄地告诉李朝官员，即所谓"凡房中所为，尽情密言"。多尔衮嗣位问题就是这些人通报的消息，引起诸多猜测。多尔衮嗣位之说在正常情况下，不合逻辑。但是对大权独揽的努尔哈赤来说，私下曾与大妃密议，亦难排除。

（五）终身之衔恨

努尔哈赤"未尝定建储继立之议"是历史事实。但清军入关后，多尔衮恶狠狠地指责皇太极的汗位"原系夺立"，反映出当时15岁的多尔衮对此事刻骨铭心。以其母大妃与皇太极为两个轴心所发生的激烈争斗，他必有所洞知。因汗父死前争夺嗣君的两股暗流迅速形成，即大妃的幼子势力与皇太极势力，现分别加以分析。

(1) 慈母为子谋位

阿巴亥被休废一年后,八旗兵一举攻占辽沈等广大地区。天命六年(1621年,天启元年)四月初三日,汗怀着兴奋心情派8位五牛录额真,带领200多名八旗战士"往迎众福晋"。初五日,众福晋到达新都城辽阳。在众福晋中,就有"汗之大福晋",受到汗与诸贝勒、大臣的热烈欢迎,众军士在街道两旁列队迎接,从城内至汗宫地下铺上白席,"上敷红毡,众福晋履其上进见汗"。足见,阿巴亥已恢复大福晋地位,并同汗恢复正常关系。此后的一段时期,阿巴亥一直同主旗贝勒幼子多铎住在一起。因天命九年(1624年,天启四年)四月二十二日,汗曾指令"多铎阿哥之母,尔当以原本之礼,恭养尼堪阿哥之母",即长子褚英之妻。一定要平等对待她,同时要求"多铎阿哥,将尼堪阿哥财产诸物合于尔处"。就是说,褚英第三子尼堪带他的母亲和家产,住进正黄旗旗主贝勒多铎家里,而这个家中的主要责任人是阿巴亥。可见,努尔哈赤与阿巴亥仍然分居。不难看出,阿巴亥恢复名誉是其势力形成的前提,而同时证明多尔衮确实与汗父住在一起。

阿巴亥的主要参谋是其亲弟阿布泰。阿布泰是乌拉贝勒满泰的第三子,天命四年(1619年,万历四十七年),叶赫部灭亡前夕,阿布泰归附后金,母亲都都祜等都在后金得以团圆,可谓乌拉那拉氏势力的集结。阿布泰作为国舅,受到汗特殊重视,当年正月在莽古尔泰带领下,舅舅阿布泰排在总兵官巴都里之前,共同带兵6000人,攻克旅顺口。天命六年(1621年,天启元年)十一月二十八日,他亲自带兵戍守蒙古边境。因功勋卓著,汗"以己所着镶貂皮白袄"赐给阿布泰。天命十年(1625年,天启五年)八月十四日,阿布泰带领大将杨古利、巴都里等往取挂勒察部胜利回师,汗带领诸贝勒出城五里外,大宴迎接。可见,阿布泰已成为后金著名高级将领。

阿布泰归附后,官职迁升很快。天命七年(1622年,天启二年)正月十三日已与16名都堂总兵官汤古代阿哥等并驾齐驱。当年三月在八大都堂中,地位仅次于哈达部猛古孛罗之子额驸乌尔古岱。当月,乌尔古岱被革职,阿布泰舅舅、额驸升为第一名都堂兼任正黄旗固山之职。

努尔哈赤死时，两黄旗60牛录，实力同代善的两红旗相当。比皇太极、阿敏、莽古尔泰占有优势，加之国母阿巴亥"机变"能力很强，有一定的竞争力。但弱点是两位主旗贝勒阿济格（21岁）、多铎（12岁）年龄小，威不重，对两黄旗大臣之凝聚作用不足。是时，阿巴亥姐弟俩十分清醒地知道，他们的竞争对手就是具有狡斗之智的皇太极。于是，在汗前往汤泉养病期间，他们曾"合谋"，欲置皇太极于死地，所谓"欲诒太宗，阴行奸恶"，已磨刀霍霍。那么，成功之后将立何人为君？郑亲王济尔哈朗回忆说，"墨勒根王之母及阿布泰夫妇诒太宗所行诸恶事，臣等尽知"。其阴谋计划，即是以多尔衮"欲成其前谋"，就是"立墨尔根王"。可见，阿巴亥胸有成谋，甚至与汗夫计较过。所谓汗"为国事、子孙，早有明训"，（是否认同此事，不得而知。）但多尔衮说：皇太极汗位"原系夺立"，大半讲的是这件事。

（2）汗父属意他子

清代史书既说努尔哈赤"未尝定建储继立之议"，又称他"为国事、子孙，早有明训，临终遂不言及"。合理的解释是主张八家共同治国，汗位需要公举。但事实上诸子争位，各有打算。皇太极在这个问题上，一直是弓在弦上。他有三大优势。其一，他一向受到汗父"偏爱"，视之"如眸子"。宠而必骄，嗣位对他来说，当仁不让，志在必得。其二，皇太极"勇力绝伦，颇有战功"，为社会所公认，所谓"人皆称道者"便是证明，在诸贝勒中能与之相比者罕有。天命六年（1621年，天启元年）九月，叔父阿敦已捅破汗心灵之窗，在某种程度上是默认。其三，阿巴亥藏财事件后，汗将"绸缎各三楼"，送到皇太极库；皇太极述说"命贮于朕库"。可见，努尔哈赤对皇太极抱有特殊信任感。努尔哈赤在嗣位问题上，曾属意于皇太极，并非没有根据。

事实不难断定，代善嗣位失败后，汗曾属意于皇太极。但有两大障碍，令他难于决定。其一，他提出八贝勒共理国政思想，本身应当不再坚持长子继承制。但在他的观念中，没有从根本上解决问题。天命八年（1623年，天启三年）六月，他在批评皇太极时说："独以汝诚而越他人，岂置诸兄于不顾，而欲汝坐汗位乎。"反映出他思想有顾虑。其二，努尔哈赤对皇太极很不放心，认为他"贤德聪明"，度欠缺。天命六年（1621年，天启元年）阿敦揭露出的同室操戈事件,尽管皇太极等人矢口否定,但汗不能不深思。在第二年宣布的八家共理国政谈话中,强调"吾子孙中纵有不善者,天可灭之,勿令刑伤,以开杀戮之端;如有残忍之人,不待天诛,遽兴操戈之念,天地岂不知之,若此者亦当夺其算"。此话必有针对性。同时一再批评"强势者"、不"公平宽宏"者,甚至当面批评皇太极"愚昧",其恨铁不成钢的心情溢于言表。汗虽最终未立皇太极为嗣,但似有属意,便是造成多尔衮终身衔恨的根源之一。

(3)终身难忘遗恨

天命十一年(1626年,天启六年),当多尔衮刚进入15岁时,终生的不幸向他走来。七月二十三日,汗父身感不适,带领卫兵三千前往清河温泉疗养。半个月后的八月初十日夜,受到毛文龙部下官兵至狗儿岭相威胁,于十一日晨,乘坐轻舟沿代子河转回都城。传话请阿巴亥前往。夫妻相遇于距离沈阳40里的瑷鸡堡。当日,努尔哈赤与世长辞,享年68岁。

努尔哈赤在关键时刻,除阿敏陪伴外,只请大妃前去,必有大事交代,说些什么,无人知晓。但正在此时后金政局却发生历史性震动。这种震动受四个条件影响:其一,皇太极长期笼络诸位小贝勒发生了效应。早在代善被废,宣布八贝勒共理国政时,皇太极就同岳讬、济尔哈朗、德格类等结缘,每当诸贝勒会议结束时,这些小贝勒都不约而同地送皇太极回府。为此,汗父曾批评皇太极等人"皆谗恶罢了,有何益哉"。但正是这些小贝勒,在皇太极需要时,起了大作用。汗父死讯传来后,代善长子岳讬、三子萨哈廉首先说服父亲推戴皇太极为汗。代善失政后,佩服皇太极,认为"汝智勇胜于我,汝须代立"。这意味着两红旗站到皇太极一边。众所周知,三贝勒莽古尔泰早年生活所需都是皇太极供养;在先攻击李朝后征辽东问题上,附和皇太极意见;阿敦事件中同样是皇太极的帮凶;同时,其弟德格类早就是皇太极争夺汗位的附和分子。自然,正蓝旗,在代善稍加说服后,也站了过去。二贝勒阿敏是有条件的支持。这样,皇太极在八旗中占了绝对优势。其二,在关键时刻,汗父将大妃调离京城,使两黄旗群龙无首,皇太极势力得以从容谋划。所谓汗父遗书等尽皆准备就绪。十一日晚间,阿巴亥怀着悲痛心情陪同灵柩归来,尚未得到喘息之机,第二天早晨代善等便向她宣布"遗言",指责她:"心怀嫉妒,每

25

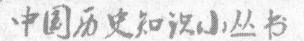

致帝不悦,虽有机变,终为帝之明所制。留之恐后为国乱",假称:"预遗言于诸王曰:'俟吾终,必令殉之'。"并逼迫说:"先帝有命,虽欲不从,不可得也。"受代善等强大势力威胁,阿巴亥叫天天不应,呼地地不灵,只能哀痛地提出最低要求:将他的两个幼子多尔衮、多铎相托付,希望诸位贝勒"恩养之"。于是,当日辰时,自尽陪殉,享年37岁。她留下的最大悬念是在瑷鸡堡,汗临终时究竟说了些什么,多尔衮发出皇太极汗位是"原系夺立"声音,与此不无关系,故有人相信:"太祖有传位遗命。"

从上述事实中不难看出三个问题。其一,16世纪90年代至17世纪30年代,是中国封建社会大变革时代,满洲贵族揭开了这场大变革的序幕,作为时代人物多尔衮不能不接受这暴风雨的洗礼。其二,爱新觉罗氏以少数民族身份欲担当起这历史的重任,兄弟父子之间相残只是意味着他必须选择家族中最优秀的分子,完成历史所赋予的使命。努尔哈赤已做出榜样,而皇太极无论从哪一方面都优于多尔衮,他登上历史前台十分正常。其三,历史有时就是不公平,在充满血腥味的权力争夺中,让刚满15岁的多尔衮从高贵的贵族子弟,充满温馨的家庭生活中,陡然堕入失去双亲的孤弱境地,并亲临慈母被逼的惨烈情景,智慧而工于心计的多尔衮对皇太极等人能无衔恨吗?这就导致此后围绕多尔衮掀起的一系列风波。

【第二章】社会改革拥护者

天命十一年（1626年，天启六年）九月初一日，35岁的皇太极继承汗位，以第二年为天聪元年，从此后金创业史揭开了新的一页。新时期的特点是全面吸收中原传统文化，积极推进统一事业，向封建皇权专制统治迅猛发展，形成不可阻挡的历史潮流。诸贝勒在这历史大潮中，顺者昌逆者亡。聪明机智的多尔衮将衔恨深深地埋藏心中，作为八分贝勒，紧跟潮流，不断攀升，成为社会改革的积极拥护者。

一 皇权确立与多尔衮

皇太极在位17年，胸怀大略，高瞻远瞩，将八家共治国政的汗位推上封建皇帝宝座；掀起学习和吸收中原传统文化热潮，在高唱改革的洪流中团结多尔衮等诸位小贝勒，及时扫除前进中的障碍和民族陋习，为自己的民族振兴和中华大一统奠定了稳固基业。天聪元年（1627年，天启七年）十二月初八日，皇太极供认多尔衮作为"全旗之子"。从此他紧跟其后，奋力进取。

（一）提倡儒学思想

皇太极从接受汗父基业开始，就有两难的问题摆在面前。一则必须承认八家治国的现实，自己先称汗。二则尽管自有"宏谋远略"，但改革本民族滞后局面，将更加艰辛。解决这些难题的钥匙只能用儒家思想。于是，他带领本民族全面加速学习中原封建文化进程。

（1）皇太极继位

天命五年（1620年，万历四十八年），当汗父对代善执政失望后，提出在汗领导下"八王为八和硕贝勒"的八家治国方略。他死后第二天,即八月十二日,由代善主持,八家贝勒阿敏、莽古尔泰、阿巴泰、德格类、济尔哈朗、阿济格、多尔衮、多铎、杜度、岳讬、豪格等共同参加,两红旗代善及岳讬、萨哈廉父子提出,由范文程"书之于纸"的推戴意见。从会议进程中可以看到四个问题:其一,推戴之文赞扬皇太极:"才德冠世,深得人心,众皆悦服,即可继立大位。"表明新汗是按照汗父所定八和硕贝勒推举制办事,合理合法。其二,皇太极推辞说:"先汗无立我之名,况兄长俱在。岂敢僭越而获罪于天。我若嗣位,倘上不能敬兄,下不能爱弟,国不能治,民不能安,赏罚不能明,善政不能行,共事诚难。"可见,先汗事先确实没有令皇太极继承汗位。会议从早晨5点钟开到下午5点钟,长达12个小时。从皇太极在众贝勒面前"辞至再三",并最后嗣位看,意见基本上一边倒。但会议何以开得如此之长,可能除阿巴亥被逼陪殉、托孤外,一定还有其他问题。否则,多尔衮不会在这样的会议后,提出皇太极嗣位"原系夺立"之语。其三,多尔衮空前地受到重视。众所周知,先汗在时他只在正黄旗旗主贝勒多铎身后作为同旗贝勒在会议上出现过一次。而先汗死后第一次诸贝勒会议他不但单独参会,而且位次在多铎之前。同时,从天聪(1627—1635年)、崇德(1636—1643年)年间皇太极对多尔衮特殊关照等蛛丝马迹看,先汗留有后话,当是事实。会议形成的文件称大家"皆喜曰:'善'议遂定"。恐怕多尔衮三兄弟,既不可能"喜"也不会称"善",他们只有恨。

(2)诸贝勒共誓

满族先人从原始部落时代,就以天为最高之神,动辄对天发誓。皇太极承继汗位是政治生活中的大事,也是权力争夺焦点,为保证每个贝勒事后不致反悔,当时举行五大盟誓。皇太极作为汗首先对天盟誓:"皇太极谨告于皇天后土,今兄弟子侄共推我为君,我若不敬兄长,不爱子弟,不行正道,明知非义之事而故为之,兄弟子侄微有过失,遂削夺父汗所予之人民,或贬或杀,天地鉴谴,夺予寿命。予若敬兄长,爱子弟,行正道,天地佑我,寿命延长。或有不知误行之事,亦乞天鉴之。"其次是三大贝勒代善、阿敏、莽古尔泰盟誓:"我三人若不训子弟,纵其恣肆,殃及其身。我等善待子弟,而子弟邀其父兄,媚君希宠,不行善道者,天地鉴察,速夺寿命。如能守盟誓,尽忠良,天地保佑,子孙昌盛,寿命延长。"第三是诸位小贝勒阿巴泰、德格类、济尔哈朗、阿济格、多尔衮、多铎、杜度、岳讬、硕讬、萨哈廉、豪格誓言:"吾等若背父兄而阴媚乎上,行馋间于汗、贝勒之间,天地见罪,夺其纪算。若一心为国,不怀邪曲,克尽忠道,天地鉴佑,寿命延长。"第四是大小贝勒共同盟誓:"谨告于皇天后土,我等兄弟子侄,共拥戴皇太极承父汗基业,或有包藏祸心,欲加害者,天地鉴罪,速夺寿命。若我等忠心事君,或有微过,即夺先汗所予之人民,或废或杀,天地鉴察。"第五是汗与诸位大小贝勒共同盟誓:"皇天后土,既佑我父为君,今父汗已崩,国无主,诸兄弟子侄共议皇太极承父基业,祈天地垂佑,俾皇太极寿命延长,国祚炽昌。"从这五大盟誓中可以看出四组问题,其一,是为国家行正道精诚团结,即所谓行正道、行善道、一心为国、敬兄长、爱子弟。其二,是忠君不媚,即所谓尽忠良、尽忠道、忠心事君、不媚君希宠。其三,是由老天作证,即所谓天地鉴谴、天地鉴察、保佑、鉴佑、鉴罪。其四,背盟与否将关乎生命、子孙和资产得失,即所谓夺予寿命、寿命延长、子孙昌盛等。这是当时具有时代气息的社会生活。经过五大盟誓,皇太极的汗位在后金社会上层达成共识。如此情况视作"原系夺立",恐怕是多尔衮曾洞悉汗父交代的后话所致。

(3) 以孝道治国

从古至今,凡是立国者,必定其宗旨,即用什么指导思想统治国家和人民。中华五千年社会史,儒家思想是中原传统文化内核。满族先世在与中原长期交往中,其先进部分在不同时期先后分别接受儒家思想文化影响,并将自己的文化融进其中。在后金历史上,是努尔哈赤首先提倡儒家思想文化。天命十年(1625年,天启五年)四月二十三日,他在诸贝勒大宴上,直接引用《论语》说:"其为人也孝悌而好作乱者未之有也。"并要求他的世代子孙"孝于亲,悌于长",规定在不同场合,国人都要遵守礼仪。所谓在礼法场合"勿失恭敬之仪",在休闲之时,"长者宜合洽其子弟,俾禽如欢聚"。各个民族尽管"国别俗殊",也要"然为和洽,乃各得其所"。后世满族家庭礼节,比儒家思想发明者汉族更严格,就是从这时开始。其"严"字,来源于八旗军旅生活,即将儒家礼仪融会于军事、法制中,使礼仪法制化、军事化所致。

儒家思想的核心是"和"字,受汗父影响,"谨识汉籍"的皇太极,面对后金国种种滞后状况,进一步强调儒家思想。从理论到行动,在两个不同发展阶段,在国中积极推行。天聪年间(1627—1635年),他对三大贝勒曾努力实现"悌于长"之谊,致使三大贝勒十分感动。以代善为例,天聪元年(1627年,天启七年)三月初八日,他在辽河边上牧马,皇太极约其至家中,设宴招待,奉其"中坐",大行家宴礼。临行时赠马1匹。天聪四年(1630年,崇祯三年)四月二十四日,再设家宴,请来诸多贝勒。皇太极曾"亲跪敬酒大贝勒"再三。临行时赠送宝马10匹。天聪六年(1632年,崇祯五年)正月初二日的家宴中,再"让大贝勒坐中"。在大贝勒再三辞让之后,皇太极采取宾主坐法,即"遂坐于御榻东隅,大贝勒于榻右同坐"。众所周知,满族先人社会风俗尚右,东宾西主,代善座位为尊。二月,代善身体不佳,皇太极将朝廷大事放下,带领诸贝勒"往视之"。天聪九年(1635年,崇祯八年)二月初六日,皇太极前往牧群馆,遇到代善在射鸭子,顺便邀入馆中饮茶。应该说,无失礼处,但皇太极觉得事先无备,空手见兄长有失礼节。回到宫中,命杀牛、羊各1只,备宴四桌,送到兄长家。崇德四年(1639年,崇祯十二年)代善47岁,皇太极经常"以兄年高,不可驰马"劝诫。而代善,很不服老,对于皇太极屡屡的劝告,没放在心上。当年二月初三日,外出狩猎,在驰射獐狍中,"马卧伤足"。皇太极听到消息,心急如焚,忙赶至现场,一边亲自给兄长包扎,一边流泪说:"兄奈何不自爱耶。"其对兄长的关心,可谓无微不至。

皇太极对二贝勒阿敏同样敬重有加,兄弟之间有时也很动情。天聪元年(1627年,天启七年)四月十五日,阿敏出征归来,离城很远就派使者转告:"汗勿远迎,但出迎于沈阳城附近,拜堂子即可。汗若不允,坚意出迎,则相见时,汗宜端坐,容我等叩见汗。因有唐古特喇嘛、察哈尔部使臣俱来,恐有碍国体。"因平时皇太极虽然称汗,但朝廷集会时是代善、阿敏、莽古尔泰、皇太极四大贝勒并坐。阿敏觉得有唐古特喇嘛、察哈尔部使臣在场,实在不成体统。而皇太极却坚持兄弟互拜礼节,即"天既眷我,招抚朝鲜,声名宣播,与兄贝勒互行拜见之礼,外国人闻之,愈彰其美,若彼兄跪拜,而端坐受之,

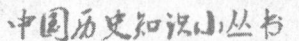

岂能传扬美名哉"。结果兄弟间相互默认，达成共识，"阿敏贝勒跪拜，汗答礼抱见"。本来这里有朝礼和家礼之区别，场合不同。朝礼是君臣大礼，臣子拜君，阿敏跪拜皇太极很正常。而阿敏在外人面前如不（跪拜怕失国体，是因四大贝勒并坐，将兄弟之间家礼搬上朝堂，三大贝勒见汗不跪拜，本来有失国体。这次外人在朝，迫使阿敏行君臣跪拜礼，帮了皇太极的忙。这是周围民族封建文明，迫使满洲贵族也要文明一点。还好，从此阿敏迎送皇太极都行君臣大礼。如天聪四年（1630年，崇祯三年）三月初一日，皇太极出征归来，阿敏率领留守的德格类、岳讬等出城迎接，"贝勒阿敏进至汗前跪拜，汗自坐起立答拜，行抱见礼"。由此可见，皇太极在继承汗位的前三年，与阿敏的关系基本正常。

莽古尔泰与皇太极的关系，作为兄长介于代善、阿敏之间，关系也比较融洽。天聪元年（1627年，天启七年）三月初日，约代善到家赴宴，莽古尔泰同时列坐。大宴之后，同样赠宝马一匹。天聪六年（1632年，崇祯五年）正月初二日，汗请诸贝勒家宴时，"逊两兄先上殿就座"，而后自己上殿。莽古尔泰坐在汗左边。当年莽古尔泰冲撞皇太极，受到惩罚。皇太极仍然关心他，"轸念"不已，将所罚的五牛录人口，并分内汉民及供役汉人、庄屯等项"悉还"给他。既执法如山，又讲究兄弟情谊，处置很是得体。

事实表明，皇太极继承汗位后，对于汗父指出他的那些缺点，尽量克服，大有改进。李朝使臣称赞皇太极"合易近仁，无悍暴之举，且能敦睦于兄弟矣"。贝勒岳讬对皇太极执政后，虚怀纳谏，给予充分肯定："窃臣闻之进谏于君者，古语有之，若君自责求谏，今始闻之。"莽古尔泰也赞扬皇太极在诸位王子中，"惟皇上秉大有为之资，故臣等兄弟共相推戴"，并对国中出现的不理想状况，主动承担责任，即"得则共得，失则俱失"。多尔衮受皇太极治国理念感召，在战场、宴会等场合不时出现。

天聪年间，皇太极推行儒家礼仪治国。但儒教本身相关之事，很少涉及。崇德元年（1636年，崇祯九年），正式进入满洲发展阶段，建立大清国后，开始纪念孔子。当年八月初六日，令内秘书院大学士范文程，致祭于至圣先师孔子神位前说："惟至圣德配天地，道贯古今。删述六经，垂宪万世，昭宣闻之，历代尊崇，谨以楮帛牲醴庶品之仪，式陈明荐，冀歆享焉，更命仿旧制，以复圣颜子、宗圣曾子、述圣子思、亚圣孟子配享。"这是满族进入农业民族后，在对中原文化认同方面走出的重要一步。第二年四月初五日，皇太极在诸贝勒会议上，比较全面地阐述儒家修身、齐家、治国、平天下理念。指出："圣经有曰：'欲齐其家，先修其身，身修家齐而后治国……御下以义，交友以信，如此则身修矣。孝其亲，悌其长，教训及子孙、亲戚，如此则家齐矣。身修家齐而国不治者，有是理乎。'"事实表明，皇太极治国的理论基础是儒家思想。他提倡这个理论并非为提倡而提倡，而是为他的改革服务。换句话说，代善等三大贝勒和多尔衮等十小贝勒，将要在这场民族、国家封建化进程中受到严峻考验和洗礼，可以说是顺者昌，逆者亡。不管多尔衮内心有多少衔恨，他都要接受这种社会现实。而皇太极正是在这场改革中，成为时代脊梁和中华文明发展史上的丰碑人物。

（二）断事有大臣风

皇太极在汗位上奋斗四年之后，他的国家观念，与八家分治之间矛盾越来越尖锐。但国家政治发展大趋势必须内外统一。因此，诸贝勒治国理政、社会改革无不以国家得失为前提。多尔衮在诸小贝勒中多有明见，行为得当，尤其在吏治改革中贡献突出。

（1）修根固本之策

确定治国指导思想是皇太极治国第一方略。第二方略是修根固本，统一中原。皇太极即位伊始，曾竭力推行汗父八家治国方略，但受汉官推动，从天聪四年（1630年）至崇德二年（1637年）他逐渐形成自己的治国方略。这个方略的中心是修根固本、改革政体、重用贤能。

皇太极在积极抓生产的同时，针对国家具体情况，提出"修根固本，整练甲兵"方略。首要任务是"修根固本"，他举例子说："治国譬如构屋，若苟简从事，则未久而圮，惟筑地坚固，叠石为基，经营构造，方堪久远。"他在研究古今治国经验和教训后，得出的结论是大凡"懈于治国者，国必败；勤于治国者，国恒存"。在他看来，实现修根固本首要的问题是收拾人心。他刚即位,即颁"诬告反坐"法令,严肃法纪,以安定人心。天聪九年(1635年,崇祯八年)二月六日,他在诸贝勒宴会上说,对投降汉官,每天三次举行宴会,说来"岂不惮烦"。但我的目的是"直欲使人心悦服,以图大事耳"。他一系列的修根固本政策和措施,即从这里开始。当时汉官对于征伐明朝积极性很高,纷纷上疏。他认为统一中原求之过急是"不达时势之见",根本问题是"整甲练兵",做好充分准备,一旦时机成熟,"用我的全部精神,一举即可成功"。清军后来入关,并能站住脚跟,完全是执行这种指导思想所致。

(2)断事有大臣风

天聪五年(1631年,崇祯四年)三月,国民有"怨言",皇太极乘机要求诸贝勒"直言时政"。共有11名贝勒参加讨论,他们是代善、莽古尔泰、济尔哈朗、岳讬、德格类、萨哈廉、阿济格、豪格、多尔衮、多铎、杜度。多数贝勒意见集中在刑狱方面,态度各有参差,有的认为皇上应当负更多责任。如岳讬说:"皇上擢用直谏士,近忠良,绝谗佞,行黜陟之典,明加甄别,则诸臣咸知激劝矣。"萨哈廉说:"人主酌之邪正,则臣下争尚名节,竭力图功。惟皇上慎简贝勒大臣及审事官,任以政务。遇大征伐;上亲在行间,诸臣自悉遵方略。若遣发,宜选贤能者为帅,给符节、事权,仍限官品某以下干军令者,需军法从事。"代善、济尔哈朗、萨哈廉、多铎、杜度等人认为,民有怨言,是"刑罚不中",用人不当所致,应当换人,"宜选贤能者"。济尔哈朗、岳讬等人同时主动承担责任,供认:出现"谳狱滋怨"责任"皆由诸臣"或"实在臣等"。莽古尔泰认为是审案依据不对,单单"依据供词以定是非",过于偏颇。豪格对具体问题不表态,只表示"臣愿竭忠为国"。阿济格只作检讨:"臣愚鲁无能,致烦圣虑",其他事情不问。多尔衮同大家意见不尽相同,既不追究皇上责任,自己也不承担责任,同时又不主张换人,只是说:"谳狱重务,凡任事诸臣,当悉心详议,不可苟且塞责。"他强调"谳狱"本身就是个"重务",做起来难度较大,先给相关人员体贴,然后批评他们干事不认真,"苟且塞责"。从这里我们看到多尔衮心中有全局,思虑细致,关系处置得宜,相关人员既受到批评,改过自新,也不失官职。从直言时政中,我们既看到每个贝勒的基本性格、处世方法,也看到一个真实、活生生的，断事具有古大臣风度的多尔衮。这就是他后来受到皇太极欣赏、超群出众的一个重要原因。

（三）执掌吏部大权

天聪五年（1631年，崇祯四年）的除夕刚过，迎来天聪六年的春风，皇太极的社会改革又有新题目出笼，即要求诸位贝勒树立国家观念，反对将八旗凌驾于国家之上，或等同于国家。于是，他在国家体制方面进行了一系列的改革。

（1）改八家为国家

天聪六年（1632年，崇祯五年）正月，皇太极在八家会议上毅然宣布：昔日诸位贝勒会议，"不论旗分，惟以年齿为序，自是年始照旗分，以此朝见"。这项措施是他推行国家至上的第一步，即在朝堂之上，搬掉两座大山，代善、莽古尔泰上朝只代表本旗，改变以兄长身份出朝。因其严重地妨碍六部体制运作。三年后，以八旗为载体的八家体制，给国家体制运行带来的阻力更大。天聪九年（1635年，崇祯八年）六月十一日，和硕贝勒德格类在要求更换牧群监督人时，强调牧群是"我等八家所出"，受到皇太极严厉批评。他说："尔言差矣。何谓监牧我等八家所出之牲畜？倘如是则国又是谁？尔心中唯以我等自家所出之牲畜为慎，而国家所出者即可轻忽乎？"德格类"甚惭愧之"。这件事证明，国家理念已逐渐成社会氛围。崇德二年（1637年，崇祯十年）四月初五日，有人办事光想旗，不想国家，皇太极批评"各旗妄分彼此"，并明确指出"八旗皆朝廷之人"。所以，改八家分治之局，为皇权之一统，势在必行。

（2）设六部　改文馆

皇太极在国体改革中，提高汉族地位，重视知识和知识分子是其社会改革的重要推动力。为改变八家分治，针对满族社会滞后状况，加强皇权统治，汉官纷纷上疏。天聪五年（1631年，崇祯四年）七月初八日，设立六部之前，参将宁完我等人曾提出"设六部、立谏臣、更馆名、置通政、辨服制等"重大改革建议。皇太极采纳设立六部之议。六部是明朝制度，故有"照蛮子家立的"之说，因女真人称汉人为"蛮子"。第二年，八月初八日，六部衙门建成，颁印、挂牌。设立六部，并非将明朝制度照搬，而是参照后金社会具体情况，加以改制。宁完我说是"变通大明会典"的结果。满洲贵族称作"参汉酌金"。因在设立六部之前，各旗贝勒下曾设立启心郎，即所谓"六部之名原是启心郎"。六部设立后，管部贝勒下各设启心郎。所谓启心郎，其职责是"如各部诸贝勒凡有过失"，启心郎要当面"启迪其心，彼知改悔"。此外，各部还设立承政官，协助贝勒办事。实则两者都是用行政手段监督各部执政贝勒。换句话说，将八旗贝勒变成国家官吏，国家机构已作为总理八旗中枢，以皇权为一统。天聪五年（1631年，崇祯四年）七月设立时，具体人员分配是：多尔衮"管吏部事"，启心郎索尼，承政图尔格（满）、满朱习礼（蒙）、李延庚（汉）。德格类"管户部事"，启心郎布丹，承政英俄尔岱，觉罗萨璧翰、巴思翰、吴守进。萨哈廉"管礼部事"，启心郎祁充格，承政巴都里，吉孙、布颜代（蒙）、金玉和。岳讬"管兵部事"，启心郎穆成格，承政纳穆泰、叶克书、苏纳（蒙）、金砺。济尔哈朗"管刑部事"，启心郎额尔格图，承政车尔格、索海、多尔济（蒙）、高鸿中、孟侨芳。阿巴泰"管工部事"，启心郎苗硕浑、罗绣锦、马鸣佩，承政囊努克、祝世荫。从上述名单中，可以看出三个问题。其一，六部中满、蒙、汉各族官员齐备，反映出皇太极所建立的国家体制特点，是政治上各族大联合。其二，印把子掌握在满人手中。其三，多尔衮受到特别重视，居六部之首，启心郎索尼、承政图尔格都是皇太极两黄旗望族、亲信。可见，皇太极对多尔衮用心良苦。

天聪五年（1631年，崇祯四年）十二月，宁完我曾提出"更馆名"，四年半后，意见被采纳。天聪十年（1636年，崇祯九年）三月初五日，宣布"改文馆为内三院"。内三院及其职责是：内国史院执掌记注皇上起居诏令，收藏御制文字。凡皇上用兵行政事宜，编纂史书，撰拟祭天告庙、祝文及升殿宣读庆贺表文，纂修历代祖宗实录，撰拟矿志文，编纂一切秘密文移及各官章奏，掌记官员升降文册，撰拟功臣母妻诰命、印文，追赠诸贝勒册文。凡六部所办事宜，可入史册者，选择记载，一应邻国远方往来书札，俱编入史册。内秘书院执掌撰与外国往来书札，掌录各衙门奏疏及辩冤词状；

皇上敕谕、文武各官敕书，并告祭文庙，谕祭文、武各官文册。内弘文院执掌注释历代行事善恶，进讲御前，侍讲皇子，并教诸亲王，颁行制度。清初内三院实际是皇帝参谋班子，所辖职务囊括皇帝周围诸多内外大事。

（3）独掌吏部大权

皇太极在加强皇权，推进满族封建化过程中，立六部是重大举措。因在六部中将六位小贝勒送上权力宝座，用以取代三大贝勒，成为皇权卫士，有利于加强皇权统治。其中多尔衮独掌吏治大权最为明显。他刚上任时，各官上朝"坐立无序、尊卑紊乱"。从国家制度建设程度表明，尚带有草莽色彩。其后，按皇太极改革步伐，他大体作了四项工作。其一，对六部官制进行调整。崇德三年（1638年，崇祯十一年）七月二十五日，将吏、户、礼、兵、刑、工各部及都察院、理藩院，各设理事官6员，主事2员。其二，整顿朝班。定各部官员品级，分别服色，凡元旦朝贺行礼，"八旗诸贝勒，独列一班行礼，外国来归诸贝勒大臣次之，八旗文、武官员再次之，各照旗序行礼"。天聪六年（1632年，崇祯五年）初，朝班整顿已大体有序。其三，对官员考核。经过多年对内三院文人考核，分别给予如下奖励："三等甲喇章京希福，原系国史院承政，升为二等甲喇章京，授为弘文院大学士。三等甲喇章京范文程，原系秘书院承政，升为二等甲喇章京，仍为秘书院大学士。升二等甲喇章京鲍承先为秘书院大学士。举人刚林原系国史院承政，升为牛录章京，仍为国史院大学士。其顶戴服色及随从人役，俱与梅勒章京同。授罗硕、罗绣锦为国史院学士，其詹巴仍为秘书院学士。授郎球、王文奎为弘文院学土，彼等顶戴及随从人役，俱与甲喇章京同。恩格德依，原系秘书院举人，着同此九人出入办事。"总之，多尔衮任吏部贝勒14年之久，受到多次表彰。天聪七年（1633年，崇祯六年）十月初十日，六部中三部受表彰，三部受批评。皇太极以吏部"尽心办事，不烦予虑"，赞扬多尔衮等。

从上述事实中不难看出三个问题：其一，多尔衮从六部设立始握有官吏考核、升迁、处罚等大权。其二，表明多尔衮在皇太极身边起臂指作用，受到高度信任。其三，他能充分理解改革旨意，跟得很紧。

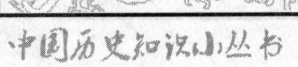

（四）加强皇权一统

先汗给皇太极留下的摊子是八分局面，皇太极经过八九年努力，才将权力有所统一，国家机器进入正常运转轨道。

（1）八家分权

八家分治，主要是四大贝勒分权，法制不健全，朝纲不肃。国家行政运作有三大弊端：其一，皇太极虽然七岁受父命赞礼家政，事无巨细，井井有条。年长之后，阅历日深，聪明过人，办事"通权达变"。然而，掌政后受诸大贝勒牵制，常常"每出己见"，事多犹豫，甚至"朝更夕改，有始无终"。阿敏死后，他能指挥八旗，而代善和莽古尔泰同样可以指挥，即"八旗如上及两大贝勒不加面谕，以专委任，势难统御"。从天聪元年（1627年，天启七年）正月初一日起，朝廷内外，皇太极与代善、阿敏、莽古尔泰三大贝勒并坐，时人称作"四尊佛"。皇太极以兄礼敬重三大贝勒，朝中大臣、外藩蒙古先跪汗，再跪三大贝勒。汉官们上疏批评八家分治为"狙着故习"。说皇太极"虽有一汗之虚名，实无异整黄旗一贝勒"。阿敏判罪后，皇太极改为"南面中坐"，右侧代善，左侧莽古尔泰。天聪六年（1632年，崇祯五年），莽古尔泰判罪，皇太极才以汗的身份"面南独坐"。

（2）依法治国

八家分治使国家重大事情难于决断。汉官责备皇太极缺乏先汗"果断刚决"精神，希望他学习先汗"生死予夺之权，一刻不许旁分"。其实，皇太极何尝不愿意如此？是汗父不立嗣子，推行八分所致。那种"赏不出之公家，罚必入私室，有人必八家分养之，地土必八家分据之，即一人尺土贝勒不容于皇上，皇上亦不容贝勒，事事掣肘"的局面，只能慢慢改变。

好在皇太极有他的优势，自幼"性嗜典籍"，早就发现"大明律好"，即位伊始抓紧法制建设，抑制三大贝勒权限。他大体采取两项措施：其一，以关心诸兄为口实，取消先汗四大贝勒"按月分直"制度，由诸位小贝勒取代。其二，参照大明律，即"参汉酌金"，加强立法。多尔衮改革吏制，即是法治的一部分。这些法律制度，主要是推进封建化，为加强皇权服务。所谓"国家创立制度，所以辨等威，昭法守也"。将官民分清尊卑、等级，是这个时期法制建设中心内容。分宗室藩王爵为六等：和硕亲王、多罗郡王、多罗贝勒、固山贝子、镇国公、辅国公；定府制、官品、服饰等制度。并用法律作保证，如果"有不遵定制，变乱法度"者，严法惩治，"若王、贝勒、贝子等犯者议罚，官员犯者幽系三日议罚；庶民犯者加号八日，责而释之"。

（3）治贝勒罪

在推行封建化，加强法制、皇权建设中，阻力最大的是三大贝勒。在皇太极17年统治中，有近一半的时间受到严重干扰。

皇太极在位期间，许多贝勒受到法律制裁。其中首当其冲的是阿敏。前文已提到阿敏与皇太极之间曾以君臣之礼跪拜。但阿敏从内心对改革政策并不认同。天聪四年（1630年，崇祯三年）六月初七日，诸贝勒议阿敏大罪多达16项。归纳起来是两个问题：其一，对皇太极汗位不认同，有严重分裂倾向。先汗死时，作为镶蓝旗大贝勒，他要求皇太极："我与诸贝勒议立尔为主，尔即位后，使我出居外藩可也。"以分裂国家作为拥戴条件。后来皇太极回忆说："若令其出居外藩则两红、两白、正蓝等旗亦宜出居于外藩，朕统率何人，何以为主乎。"尽管他在支持皇太极继承汗位的过程中起过积极作用，但实质上是不赞同，并放言说，"谁畏谁、谁奈谁何"。先汗病死，对于后金是何等危急时刻，而阿敏的三位福晋却"盛装列坐"。出兵李朝时，他羡慕明国皇帝及李朝国王所居城郭宫殿，违背平壤之盟，"颇怀异志"，不思国家安危，不肯及时回军。违背国法，嫁娶不请示于汗。擅自与外藩交往，违背汗意，收留外藩使节。生活消极，常怀怨愤，认为生而为人不如木石等。其二，对国体改制不满，屠杀汉人。天聪四年（1630年，崇祯三年）后金军占领明朝关内永平、滦州、迁安等四城，令阿敏带兵前往换防。五月，受明军攻击，他不积极防守，反而大肆屠杀投降汉族官民，逃回沈阳。针对阿敏罪状，议定将他"幽禁"。崇德五年（1640年，崇祯十三年）十一月十六日，卒于狱中，享年55岁。

莽古尔泰与皇太极有较深的关系，曾朝夕相处，待他杀母后，与弟德格类合居。在汗父时，诸多战略思路与皇太极一致。因子以母贵，地位稍逊皇太极。然而，先汗时入朝以年齿为序，莽古尔泰排为第三大贝勒，皇太极成为四贝勒。他自己深知皇太极各个方面都优于自己，所以助皇太极与代善争嗣。当汗父逝世消息传来，以两红旗贝勒带头推举皇太极为汗时，他代表正蓝旗公开支持，但作为第三贝勒、兄长，其心不甘，并心存"衔恨"。所以，皇太极即汗位，四大贝勒并坐，他从未提出逊位而相让之事。

莽古尔泰获罪除上述思想根源外，主要是分治思想发展到阴谋篡权夺位。导火线是天聪五年（1631年，崇祯四年）八月十三日，在围攻大凌河战役中，他认为本旗兵力外调，支持他旗，伤损严重，要求将有关护军调回，对皇太极指责正蓝旗在征调中多有违误，大为反感，甚至拔刀相向。当晚，觉得自己无理，以酒后出狂言，神志不清为借口请罪。皇太极严厉拒绝。不久皇太极原谅他，将所罚牛录、人口归还；有病前往看望。天聪六年（1632年，崇祯五年）十二月初二日，46岁的莽古尔泰病故，皇太极以国礼安葬。然而，他死前竟以"结怨于皇上"，起谋权篡位思想，同其妹妹莽古济格格、弟弟德格类贝勒、妹夫敖汉部落索诺木杜棱，旗下大臣屯布禄、爱巴礼、冷僧机等跪拜佛前发誓，以"结怨于皇上"，希望佛祖相助。并秘密制造"金国皇帝之印"。天聪九年（1635年，崇祯八年）十月初二日，接替兄长莽古尔泰管理正蓝旗的贝勒德格类病故，年方40岁。十二月初七日，蓝旗大臣冷僧机和莽古尔泰子光衮之妻，先后出来揭发，真相大白。莽古尔泰之子额必伦带领旗下护军，强行要求承袭王爵，遭到皇太极拒绝和镇压。莽古济格格、莽古尔泰之子额必伦等被杀，余子迈达礼、光衮、阿疼达、舒孙、噶纳海及德格类子邓什库等俱黜为庶人。

众所周知，皇太极曾对代善关心备至，但阿敏、莽古尔泰等人罪行被揭发后，代善与皇太极关系逐渐冷漠。史家常常将责任归咎于皇太极压抑代善。但从实而论，代善主要是违背皇太极改革方略。其表现在三个方面：其一，反对皇权和封建化进程。代善拒绝从国家考虑，事事偏护本旗；轻慢皇上；诬称皇上侍卫超编；对黄旗执勤不满，向多尔衮发牢骚；频频宴请莽古济格格；失误朝期等。皇太极所说的："国中有嫉妒不良之人，难以化悔"，批评他们对于"创立制度，以辨等威，乃三年以来，竟不遵循"。甚至"见国中有庆，则神沮色变；见国中有祸，则心悦色喜，是与忌惮逆者无异矣"。这些话主要针对莽古济格格和代善等人，并点名批评代善："朕所爱者而彼恶之，朕所恶者而彼爱之，岂非有意离间乎。"其二，皇太极改革的重要内容是国体改革，承认并提高汉官、汉民地位，提出"养人"政策。代善不识政治大局，吝惜财力，常常使旗下官民"衣食不足，不能聊生"，而前往求助于汗。皇太极无奈，只好"潜给衣食而遣之"。特别是不能善待汉官，直接影响征服中原大计。副将刘爱塔（刘兴祚），逃往明朝，就与代善"虐待"有关。拒绝迎娶察哈尔大福晋也是同样的问题。其三，不识大体消极怠战。早年代善是一名英勇善战的将领，攻取乌拉部，占领抚顺城，如果不是代善积极主战，统一东北之战将要滞后。而皇太极执政以来，代善在征服辽西、中原的战争中既无成谋，也无战绩。在出兵中原的路上，同莽古尔泰合谋"坚执欲回"。针对代善种种罪过，众贝勒多次议罚，皇太极都尽力为之解脱。

这里值得注意的是对三大贝勒处置中，多尔衮三兄弟作为议政王，为母复仇，正当其时，无不大快其意。处罚阿敏时诸贝勒意见一致，将阿敏幽禁致死。处分莽古济格格和莽古尔泰诸子时，阿济格、多铎等贝勒，无不"皆怒"，施以重判。崇德三年（1638年，崇祯十一年）五月十三日，济尔哈朗以代善正红旗下出征时，先后有觉善、宜希达犯罪，特别是恩科事后仍为代善多留护卫等事辩解，而同多尔衮迎合皇太极，欲处置代善。他们的目的是"揣摩君心，希图求宠"，企图加重说明代善"不乐国政"。同年，因为正黄旗值班缺勤，转令正红旗顶替，代善十分不满，当着多尔衮面发泄。多尔衮通报诸王、贝勒、贝子、固山额真、议政大臣等，趾高气扬地说，"遣人之事，原听该部相其人而用之，今王不悦，岂另有一部耶"。遂议罚银500两，拨出部下5牛录，并将正红旗下相关官员问斩。皇太极想到兄长已56岁高龄，只好以息事宁人态度，商议说"礼亲王年迈颠倒"，姑赦其罪。事实表明，多尔衮三兄弟借用皇权在处置三大贝勒过程中，有落井下石之嫌。

（4）建国大清

天聪九年（1635年，崇祯八年）十月十三日，皇太极宣布本民族改称满洲。由于察哈尔蒙古归降，孔有德、耿仲明、尚可喜等来投，并得到林丹汗传

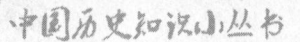

国玉玺，十二月二十八日，弘文院大学士希福、刚林等人疏请上尊号。皇太极再三推辞，一则认为："未见天意，何可辄受大名，倘蒙天佑，得有四海，大业告成，受之未晚。"二则对国内各旗贝勒中的不同声音十分关注。以希福为代表的内院文臣同皇太极关系密切，深知他对目前称尊顾忌所在。于是，倡导："今众贝勒各诚心盟誓，各修其身，愿汗立受大名，则君臣之分自定矣。果尔修身盟誓，汗自当受大名也。"在诸贝勒盟誓中，强调两点，其一，要求忠于皇上，不得起"不良之念"；其二，凡是贝勒议论国事，不得告诉"妻子及闲散员役"，通过盟誓而定君臣之分。实际上，皇太极是通过内三院希福、刚林等人活动，统一诸贝勒认识，正式确定自己皇位。经过数月在中外进行宣传、组织活动，基本就绪。天聪十年（1636年，崇祯九年）四月十一日，皇太极称帝，国号大清，年号崇德，是为崇德元年。多尔衮因紧跟皇太极，积极拥护各项改革政策，被封为和硕睿亲王，除礼亲王代善、郑亲王济尔哈朗外，已位居执政贝勒第三位。

二 倡导传统文化

皇太极称帝在一定意义上说，是他坚持国体改革，确立满、汉关系，积极提倡中原传统文化所致。同时，皇权思想是振兴文教，提倡封建文化氛围的产儿。

（一）振兴文教

皇太极总结在明清战争中，清军屡战屡胜"常有惧心"的根本原因是明朝将领"晓习文武法律故也"。在守城被困，人相食而不降是"读书明理"、忠君亲上之故。有鉴于此，他决心除继续加强武功外，振兴文教，用中原传统文化培养治国人才。

（1）翻译汉籍

皇太极青年时期就注重文化学习。外国人说他在诸位贝勒中"仅识字"。平时一有时间即请汉人说书，天长日久，致其"深明三国志传"。天聪三年（1629年，崇祯二年）十一月，他鉴于"国人不识汉字，妄知治体"，八旗诸贝勒及官兵多不"讲求忠君亲上之道"。为使上级官员能够"约束本旗人员，明白训饬，爱士卒如子，中明步伐，止齐之法"，下级士卒能够视本旗官员"如父母"，他提倡振兴文治，从历代帝王治国中，求"得失为鉴"。于是，采取两项重要措施：其一，将国中文臣分成两班，令巴克什达海，同笔帖式刚林、苏开、顾尔马浑、托布戚四人翻译汉字书籍。巴克什库尔缠，同笔帖式吴巴什、查素喀、胡球、詹霸四人记注本朝政事，以明信史。其二，除国内现有的四书，辽、宋、金、元四史等文本进行翻译外，多次向朝鲜李朝索要书籍。

（2）兴办教育

皇太极称汗时，后金除少数上层书香门第之家外，多数普通官民，对于读书没有兴趣。这给他振兴文教，发展教育，带来很大困难。所谓"金家不曾读书，把读书极好的事，反看作极苦的事"，对于请先生教育子弟，更加反感。为推动教育事业发展，他命"诸贝勒大臣子弟读书"，并具体规定："凡子弟十五岁以下，八岁以上者，俱令读书。"在教育子弟方面，早在进入辽沈初期，他就请汉族黄生员、刘生员、董生员等四位教书先生，教育正白旗子弟，称汗之后，仍用四大生员教育两黄旗子弟。在清军入关前，在辽河东西共建立15所学校，后来称为"辽学"。以明朝人才，教育八旗子弟；利用明朝教育资源，如明朝监军道张春在大凌河战役中被俘，死不投降，却反而为清朝培养出诸多高级人才，如福建总督范承谟等人是他的弟子。清朝官员入关后，曾批评明朝，"汝国有一张夫子而不知用，反为我国教育英才"。事实表明，清初教育资源，特别是传播中原文化主要是明朝的汉族知识分子。

（3）考试生员

皇太极选取治国人才，主要来自两个方面。其一，明朝投归后金的现有人才。天聪三年（1629年，崇祯二年）八月，为"振兴文治"，选择"文义通明者"参加考试。考生来源是先汗时屠杀汉人过程中漏网的汉族生员，他们都生活在满洲、蒙古、汉官家中，充当奴仆。皇太极令各家不得阻拦，将"所有生员，俱令考试"。九月初一日，公布考试结果，分一、二、三等，共得200人。凡是考取者立刻摆脱奴隶身份，获得自由；一等奖励缎匹，二、三等奖赏布匹，并"俱免二丁差徭"。他们在社会上被公认为"儒生"。天聪八年（1634年，崇祯七年）三月二十六日，再次考试汉生员，分别等第，一等取中16名，二等取中31名，三等取中181名。当年四月二十六日，公布取中一等满洲、蒙古举人16名。满洲习满书者刚林、敦多惠；习汉人书者察布海、恩国泰。汉人习满洲者宜成格，习汉书者齐国儒等8人。蒙古人习蒙古书者鄂博特等3人。从参加考试者民族成分看有满洲、蒙古和汉人三个民族生员参加。考试语种有满、汉和蒙古文。同时，各族语言互习，反映出民族文化交融的生动局面。崇德三年（1638年，崇祯十一年），再次考试举人，取中罗硕等11名。

崇德六年（1641年，崇祯十四年）考取乡试第一的满洲鄂貌图，是皇太极时期"满洲科目解元"。他们相继参政，成为入关后国家栋梁，身任总督等要职。

当然，关外有诸多兼通满、汉文化的书香门第之家。如满洲镶蓝旗的完颜阿什坦家族等。皇太极第七子高塞，饶余郡王阿巴泰之子岳端等诸多宗室著名文人，其文化底蕴都是起自皇太极振兴文治时期。而多尔衮兼通满、汉语言，与这个时期的文化氛围，亦不无关系。

（二）贤明贝勒

皇太极国体改革是其政治改革的重中之重，他改变了先汗歧视性民族政策。诚然，先汗曾优待过汉人，晚年对自己的错误政策也有所调整。但他深藏在内心的狭隘民族主义思想，严重地妨碍了他事业的发展。他有一段典型的民族主义言论，即天命八年（1623年，天启三年）五月二十四日谕令诸贝勒："我国之诸贝勒、大臣，皆图个人畅快清闲，我殊为尔等忧虑，当唾尔等之面耳，尔等不明审断之法也。何故将旁立授首之汉人，与我诸申等同看待？倘我诸申犯罪，当问其功，论其劳，稍有口实，即可宽宥之。汉人乃生还之人，若不忠心效力，复为盗贼，怎可不灭其族，而杖释耶？至于由费阿拉与我等同来之汉人，亦一体审断之。"尽管这里将赫图阿拉时期的旧汉人与辽沈时期的新汉人加以区别，但作为国家领导者不可奉行民族自私和不平等政策。其晚年国势衰败，就在于指导思想错误。

（1）满汉一体

皇太极即位伊始，首先提出满洲、蒙古、汉人，"不分新旧，视之如一"，特别强调："满、汉之人，均属一体。凡审拟罪犯、差徭公务，毋致异同"等民族平等思想。在这种思想指导下，向全民宣布严禁讦告制度，赢得汉民之心，致使"民皆大悦"。崇德三年（1638年，崇祯十一年）七月十六日，他在民族关系方面曾有一段经典论述："若满洲官庇护满洲，蒙古官庇护蒙古，汉官庇护汉人，彼此不合，乃人臣之大戒。譬诸五味，止用酪则过酸，止用盐则过咸，不堪食矣。惟调和得宜，斯为美耳。今满洲、蒙古、汉人彼此和好岂不善哉。"根据他的论证，汉官地位提高、责任心增强，并赞其政策为"陶镕满汉"之策。

（2）以人为本

皇太极以人为本思想，是针对汉人，以征服中原为出发点。其意是满洲人太少，且有用之才不足。所以他在三部分汉人中下很大苦功。其一，在辽明朝将领。众所周知，天聪五年（1631年，崇祯四年）明朝总兵祖大寿在大凌河城被困投降。皇太极接受其建议，放他回锦州，以行献城之计。而祖大寿走后变卦。皇太极无奈，多次发兵围锦州，要求他出城相见。祖大寿拒绝。但皇太极毫不气馁，在信中仍切盼他来归。信中说："朕之所以爱将军者，因我起自东陲，但知军旅之事，至于养民驭兵之道，实所不知，山川地势之险夷，亦多未谙，倘得倾心从我，战争之事我自任之，运筹决胜，惟将军指示。"其屈尊求贤若渴的精神，充分反映他是胸怀大略力图治国的明君。崇德七年（1642年，崇祯十五年），松山、锦州先后为清军占领，大学士兼蓟辽总督洪承畴被俘，誓死不屈。皇太极千方百计地劝降，甚至自"解貂裘以赐"，苦苦规劝55天。洪承畴深为感动，从心里认识此乃"真命世之主也"，终于投降。当时满洲诸贝勒，对于庆贺洪承畴投降设百戏，大有"不悦"之色。皇太极说："'吾侪栉沐雨者何为。'众曰：'欲得中原耳。'上笑曰：'譬诸瞽者，获一前导，安得不贺也。'"他的主要指导思想是"收得一二贤能之人，堪为国家之助，其利赖宁有穷也"。上述事实是皇太极在明朝高级将领方面下的苦功。其二，汉族知识分子。在设六部、改文馆为内三院、设都察院等诸多衙门中，吸收大量汉族知识分子参政。为得到真才，用以治国，不惜从奴隶中选拔。清初占有满官名额，实际是汉人的大学士宁完我，原来是贝勒萨哈廉的家奴，因通文史，被"擢置文馆，参与机务，授为二等甲喇章京，准袭六次，赐庄田奴仆"。当时，稍有才华的生员，都受到较优厚待遇。至少要免去差徭。天聪六年（1632年，崇祯五年）九月二十三日，八旗教习有16人免丁，文告说：正黄旗黄昌、舒芳、镶黄旗董世文、孟继昌、刘泰，正红旗吴义宁，镶红旗陈楚贤、水英卓，正蓝旗于跃龙、李度，镶蓝旗刘养性、王世选，正白旗齐国钟、霍应选，镶白旗董敬书、李维焕等16生员，因有丁差牵累，各免二丁之徭役。这是皇太极在汉族知识阶层中下的苦功。其三，汉族人民。以汉族百姓是后金国"羽翼"，使其"衣食赡足，毋致失所"是皇太极的重大决断。天聪四年（1630年，崇祯三年）四月，他说，"金银布帛虽多得不足喜，惟多得人为可喜耳"。他四次派兵入关掠夺人口多达百万计，与这种思想不无关系。

（3）养民政策

皇太极在学习中国传统治国经验中，得知"治国之要，莫先安民"的道理，鉴于后金汉人受民族压迫，不堪忍受，纷纷逃亡的具体情况，他宣布放宽逃人法，规定："我国中汉官、汉民，从前有私欲潜逃及令奸细往来者，事属以往，虽首举，概置不论。"这个政策起了重要安民作用，以致"汉官、汉民皆大悦，逃者皆止，奸细绝迹"。并将处于奴仆地位的汉人，与满洲人分开，"编为民户"，受到汉民欢迎。然而，皇太极并不满足于安定现有汉民，而是希望更多地招徕。这就需要向外"播仁善之风"，吸引明朝境内汉人知道后金国"好养之德"，从而"皆慕朕矣"。可是，先汗屠杀政策，坏名远扬。为挽回汉民的不信任，他公开对往昔发生的事表示"心亦甚悔"，贝勒岳讬也在各种场合对杀人表示"不胜追悔"，努力宣传现今："敦行礼义，治化一新，养民爱士，仁心仁政。"同时，采取具体措施，不许诸贝勒需索汉官家财等。养民政策关乎中国最大民族的离合、国家政权是否稳固的大政方针，天聪年间基本实现"汉人安堵"之局，多数汉人"咸颂乐土"。正是因为推行养人政策，致使"遐迩仰慕"，孔、耿、尚渡海来归，察哈尔举国入降，都希望皇太极"蚤统大业，共享太平"。这是其民族政策的重大胜利。

（4）贤明贝勒

皇太极积极贯彻养民政策，其中对大凌河投降汉官待遇是最具典型的例子。如令诸贝勒给汉官庄屯、给予婚配、高官五日一大宴、分担重要职务等。一时形成风气，人们承认朝廷"豢养汉官之恩，比金官之典极隆极厚"。同时，诸位贝勒和在朝官员是否善于豢养汉官、汉人成为考核标准。皇太极明确指出：凡新旧穷苦之民"本主给之衣食，俾皆得所，如此方可谓贤"。换句话说，善于养人的贝勒谓之贤贝勒。然而，并非所有的贝勒都赞同皇太极政策，所以皇太极曾不满地说："嗣后，若仍然不爱养人民，朕亦弗事远图，惟有闭门独处耳。"其中代善在养人问题上表现不佳，致使正红旗人常有"衣食不足，不能聊生"。在诸贝勒中只有多尔衮成为贤贝勒。天聪五年（1631年，

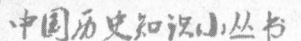

崇祯四年）十一月，有大凌河投降副将张洪谟，皇太极认为是"佳士"，并当众说："佳士当付与贤贝勒养育，墨尔根戴青善于养人，举动皆合朕意，故以与之。"崇德七年（1642年，崇祯十五年）八月初十日，努尔哈赤姨母之子布山，因犯罪监禁10年放出，也"令其于和硕睿亲王门下行走"。事实表明，多尔衮是皇太极各项改革大政方针的积极支持者。所谓"举动皆合朕意"的评价，证明他跟得很紧。

（三）剔除不良风俗

皇太极振兴文治十年，在后金（清）国掀起学习汉族文化新潮，有如一股洪流，对本民族固有文化产生严重冲击。同时，也有力地推进其文明发展进程。

（1）多尔衮承遗教

女真文化曾受蒙古文化冲击，女真文在建州首领王杲那里尚有影子可寻。此后再无记载。但是，语言、服饰、骑射等在部落聚居地区尚基本保存。然而，通过马市交易，汉族文化对女真社会影响，日渐加深。早在天命五年（1620年，万历四十八年），后金曾沿袭明朝制度，将官名称为总兵、副将、参将、游击、守备、千总、把总等。汉文化如此影响基本上是民俗自由发展行为。皇太极时期则不然，它是借用政权力量全方位推动，形成一股明显的浪潮。

皇太极认真阅读《金史》，吸取先金女真语言、服饰汉化的历史教训，于崇德元年（1636年，崇祯九年）十一月十三日，在翔凤楼向诸位贝勒讲述了那段历史，并告诫不接受儒臣巴克什达海、库尔缠，屡劝他"改满洲衣冠，效汉人服饰制度"，就是接受历史教训。同时，申明"朕发此言，实为子孙万世之计也。在朕身岂有变更之理？恐日后子孙忘旧制，废骑射，以效汉俗，故常切此虑耳"！崇德二年（1637年，崇祯十年）二月初五日，他越发感到推行汉文化对本民族根本习俗冲击具有危险性，再次召开诸贝勒会议，重申他的担心："昔金熙宗及金主亮废其祖宗时衣冠仪度，循汉人之俗，遂服汉人衣冠，尽忘本国语言。"决定"本国衣冠语言，不可轻变"。多尔衮跪奏："臣等更复何言，惟铭刻在心，竭力奉而已。"崇德三年（1638年，崇祯十一年）七月十六日，在战争空隙，他将民俗提高到政治高度："若有效他国衣帽，即令妇人束发裹足者，是身在本朝而心在他国也。"足见，满洲贵族在学习汉文化，推进国家统一、民族进步过程中，面对相对较高的汉文化和未来的民族文化大融合，心存危机。为保存本民族固有文化，将它上升到忠于国家与否的政治高度。这就是多尔衮入关后至死不改剃发令的根本原因，当然，皇太极反对妇女裹足的旨令具有进步意义。

（2）剔除不良恶习

皇太极大兴文治，推进本民族全方位进步，中原传统文明对满族最落后风俗的冲击更是无情。学文明而知廉耻，是满洲贵族竭力封建化的强大推动力。当时，满族尚存在原始群婚制遗风，"嫁娶不择族类，父死而子妻其母"，兄死而娶其嫂的现象在社会上严重存在。皇太极在推进文明进程中认识到明朝和李朝都是"礼仪之邦"，指出乱伦，"与禽兽何异"。于是决心改变本民族不文明行为。

天聪五年（1631年，崇祯四年）旨令："凡婚娶继母、伯母、婶母、嫂与弟妇、侄妇之事，应永行禁止。有不安其室，愿改嫁者许本宅兄弟于异姓中择其愿嫁者嫁之。如违此禁，同族嫁娶，男以奸论。夫明与朝鲜皆礼仪之邦，故同族不许婚嫁。彼亦谓既为人类，若同族嫁娶，与禽兽何异，是以禁止耳。"崇德元年（1636年，崇祯九年）称帝后，再次强调："凡女人若丧夫，欲守其家资、子女者，由本人（家）宜恩养；若欲改嫁者，本家无人看管，任族中兄弟聘与异姓之人。若不遵法，族中相娶者，与奸淫之事一例问罪。汉人、高丽因晓道理，不娶族中妇女为妻。凡人既生为人，若娶族中妇女，与禽兽何异。我想及此，方立其法。我国若有淫乱之人，欲娶族中妇女者……此言欲令愚鲁之人晓之，今禁革不许乱娶。"

皇太极宣布的婚姻大法是继45年前先汗宣布婚姻大法之后，第二个满洲人婚姻大法，都具有进步意义。但皇太极的婚姻大法在婚姻乱伦问题上不彻底。他允许罪犯家族乱伦，给这部婚姻大法增加了灰色。如天聪九年（1635年，崇祯八年）十月二十四日，因为莽古尔泰、德格类兄弟犯谋逆罪，皇太极认为谋逆"即为仇敌"，允许"诸贝勒商酌，贝勒有愿娶者，令娶其妻"。这种见解虽有惩罚罪犯之效，但绝非文明之举。

三 奉命大将军

满洲贵族统一中原的决心，早已确定。努尔哈赤在天命七年（1622年，天启二年）四月，曾说南京、北京，包括汴梁在内等广大地区，是"女真、汉人轮流居住之地"，并告诉明朝，后金国将由小变大，而明朝将会由大变小。预料他将统一天下。皇太极亦不乏如此雄心，天聪三年（1629年，崇祯二年）十一月，驻军通州发布告示说："若谓我国偏小，不宜称帝，古之辽金元俱自小国而成帝业，亦曾禁其称帝耶。且尔朱太祖曾为僧，赖天佑之，俾成帝业，岂有一姓受命，永久不移之理乎。天运循环，无往不复，有天子而废为匹夫者，亦有匹夫而起为天子者，此皆天意。"天聪九年（1635年，崇祯八年）、崇德四年（1639年，崇祯十二年）、崇德八年（1643年，崇祯十六年）等先后多次发布类似意见，认定"明之必亡昭然矣"。所以，满洲贵族对于统一中原早已雄心勃勃。

（一）纷纷献策征伐

由于统一中原大政方针早已确定，在诸贝勒中人人认同，而且个个斗志奋扬。譬如，天聪七年（1633年，崇祯六年）六月，诸贝勒曾进行关于战争意向的大讨论。其中八位贝勒就进攻明朝、朝鲜李朝和察哈尔三者何为先的问题发表意见。除贝勒杜度主张先攻察哈尔外，其他七位贝勒济尔哈朗、阿济格、多铎、岳讬、萨哈廉、豪格都主张先进攻明朝。多尔衮的意见具有代表性，他主张："宜整兵马，乘谷熟时，入明边，围北京，截其援兵，毁其屯堡，为久驻计，可坐待其敝也。"意思是将阿敏失掉的局面再夺回来。其实皇太极只采纳了杜度意见，解决了察哈尔问题。他认为还是从大局出发继续修根固本，天聪九年（1635年，崇祯八年）二月初六日，他指出："朕于旧人新人皆不惜财帛以养之，欲使人心倾服耳，若人心未和，虽举师动众，焉能必胜。"然而，出兵征伐明朝和李朝，进行掠夺战争却始终未曾停止。

（二）不间断的征战

皇太极在位17年，先后对明朝、察哈尔等蒙古和李朝发动较大规模的战争多达10余次。诸如天聪元年（1627年，天启七年）攻击东江毛文龙、发兵李朝；天聪二年（1628年，崇祯元年）出兵察哈尔部；天聪三年（1629年，崇祯二年）出征明朝；天聪五年（1631年，崇祯四年）大凌河之战；天聪六年（1632年，崇祯五年）征察哈尔；天聪八年（1634年，崇祯七年）入明边，征察哈尔。崇德元年（1636年，崇祯九年）入明边，出兵李朝；崇德四年（1639年，崇祯十二年）入明边；崇德五年（1640年，崇祯十三年）至崇德七年（1642年，崇祯十五年）松锦之战；崇德七年入明边。然而，明朝在如此漫长的时间里，却对金（清）军奉行"专心剿寇，而后养全力而制奴"，反对"御虏更切王事"的意见，至其出入自由。

（三）奉命大将军

多尔衮从天聪二年（1628年，崇祯元年）至崇德七年（1642年，崇祯十五年）的15年中，共参加大小战役9次之多，27岁即以奉命大将军带兵入关征战。其军旅生涯可谓辉煌。

（1）关爱备至

天聪二年（1628年，崇祯元年）二月，17岁的多尔衮与15岁的弟弟多铎在汗带领下，出征蒙古察哈尔部。初八日，多尔衮兄弟奉皇太极之令，以偏师出击，大获全胜。杀古鲁台吉，获人畜1200余。三月初七日，多尔衮以军功接受赐号为"墨尔根戴青"（聪明机警多智之意）。他作战勇敢，天聪五年（1631年，崇祯四年）八月，围攻大凌河战役中，率领镶白旗护军在固山额真伊尔登之后策应。两军相接时，多尔衮不顾"遇敌时，诸贝勒坐镇军中，令诸将率兵击之"的定例，竟随诸军率先冲阵。皇太极得知消息，大为愤怒，责备图赖

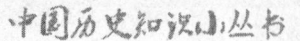

说，墨尔根戴青贝勒"倘有疎虞，必将尔等加以严刑，断不宽宥"。同时派国舅阿什达尔汉、宗室锡翰往责多尔衮属员吴拜、准塔："定例遇敌时，诸贝勒坐镇军中，令诸将率兵击之，今贝勒亲自进战，尔等何不劝止，乃与之同进，倘有疎失，生磔尔辈矣。"这一方面表明多尔衮确实作战勇敢，同时也看出皇太极对他的重视、关心和爱护。

（2）特殊重用

在皇太极诸次大征伐中，多尔衮在随军贝勒中常常受到特殊重用。如天聪六年（1632年，崇祯五年）四月初一日，皇太极率领代善、莽古尔泰、岳讬、阿巴泰、多尔衮、杜度等出兵征讨察哈尔林丹汗。五月十四日，军中有众多人违纪，皇太极"发怒"。命21岁的多尔衮前往处理，并令他"亲自杖责"。镶白旗阿济格尼堪及车尔格之子禅泰，夺正黄旗塔瞻、噶布拉、索儿豁、玛儿齐喀私人所乘之马。罚费扬古、伯尔克、胡米色三人步行15里。罚巴雅尔图、讷尔塞各银10两。给予如此重大的执法重权，无疑是对他的特殊重用。崇德元年（1636年，崇祯九年）十二月，清军攻克李朝南汉山城。第二年正月，皇太极令多尔衮追击国王家属，夺取江华岛。他奉命"戢其军兵，无得杀戮"。四月初五日，多尔衮押送国王家属等182口报捷。他严格执行军纪，令李朝王室十分感激，产生较好影响。

（3）荣立奇功

天聪九年（1635年，崇祯八年）二月二十六日至九月初五日的半年多时间，以多尔衮、岳讬、萨哈廉、豪格为统兵元帅，以固山额真那木太为右翼，以吏部承政图尔格为左翼，率领精兵1万往收林丹汗之子额哲。多尔衮在西拉朱尔格、托里图地方，巧妙地将林丹汗之妻囊囊太后、苏泰太后及其子额哲等招降，并获得元朝传国玉玺。这方玉玺很神奇，它"蛟龙为纽，光气焕烂"，其文为汉篆"制诰之宝"。是元朝历代传国玉玺。原藏在宫中，顺帝北逃，携带身边。顺帝死于应昌，玉玺丢失。二百年后，为牧羊人发现。归元裔博硕克图汗，林丹汗灭博硕克图汗，握有玉玺。多尔衮大军招降时，玉玺恰好保存在苏泰太后处，为多尔衮获得。元朝玉玺的获得是统兵将领多尔衮建立的奇功。其功就在于它给皇太极称帝提供公认口实，加快大清王朝诞生的时间表。

（4）奉命大将军

崇德三年（1638年，崇祯十一年）八月二十三日，皇太极命和硕睿亲王多尔衮为奉命大将军，以多罗贝勒豪格、多罗饶余贝勒阿巴泰副之，统左翼军；多罗贝勒岳讬为扬威大将军，以多罗安平贝勒杜度副之，统右翼军，两路征明。多尔衮等从墙子岭、董家口破明边墙而入，西略至山西，由东破济南，杀明总兵卢象升。北略天津、迁安，出青山关而还，纵横扫荡数千里，于崇德四年（1639年，崇祯十二年）三月返回辽东。多尔衮的左翼军，取城36座，降6城，败敌17阵，俘获人畜25788人。

（5）松锦决战

崇德六年（1641年，崇祯十四年）三月，明蓟辽总督、大学士洪承畴率领东协总兵曹变蛟、辽东总兵王廷臣、援剿总兵白广恩、山海关总兵马科、宁远总兵吴三桂、宣府总兵杨国柱、大同总兵王朴、密云总兵唐通，计八大总兵，13万大军、军马4万匹，聚集宁远，增援锦州。清军统帅多尔衮在松、锦之间，受到洪承畴大军于南山向北，祖大寿从城头向南，南北夹击，形势"实为凶险"。皇太极得知前方"屡战败衄，势将败北"的危险战局，便亲自带兵前来增援。八月十九日，大军到达戚家堡，移营于松、杏之间。清军援兵大至，勇气倍增。明军粮道断绝，并被清军包围。二十日清晨，明军屡战屡败。二十一日晚间，洪承畴布兵突围。多尔衮遵命率四固山护军从锦州大路至塔山大路劫杀，明军"尸横遍野，自杏山沿海，直至塔山，投波入海，如同鹅鸭，尸蔽水面，死者不可胜计"。松山决战后，多尔衮与济尔哈朗继续围困锦州。崇德七年（1642年，崇祯十五年）二月，松山城破，洪承畴被俘。三月，祖大寿以锦州城归降。在长达两年多锦州攻守战中，多尔衮历尽艰辛和风险。他曾在祖大寿面前述说在明军炮火夹攻下，身处险境；在与洪承畴较量的日日夜夜，将身体弄得病弱不堪。

从上述事实中不难看出三个问题，其一，皇太极在振兴文治中，将满族共同体推入先进行列。其二，多尔衮受到皇太极特殊关爱，迅速成长为国家栋梁。其三，多尔衮所以能够长足进步，是他善于适应国家形势变化，紧跟皇太极改革步伐，成为社会改革的积极拥护者。

【第三章】

受宠的和硕亲王

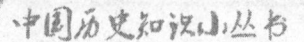

多尔衮在皇太极时代和硕亲王中排行第三，而受宠却名列前茅。对于心存衔怨的他凭什么信服皇太极，很值得研究。综观皇太极17年辛劳，通过改革发展，集结望族、控制八旗、组建汉军、联姻蒙古、笼络宗王等措施，成为铁腕人物，多尔衮有意攀附，便是秘密。

一 集结满洲望族

先汗的八分家当，最大弱点是"分"，是较量，谁能控制八旗诸贝勒，谁能得到满洲望族支持，谁就有发言权。皇太极承袭汗位仅是他称帝道路上走向成功的第一步，三大贝勒各出难题，地位相角，使他不能不构建自己的权力核心。

（一）抚弟树威

皇太极称汗是在诸贝勒中抢到首先发言权资格，从这一点出发，凭借汗父往昔特殊关爱，对于三位幼弟，以家长身份加以管教。他即位伊始，首先宣布阿济格、多尔衮、多铎三人"乃父汗分掌整固山之子"。镶白旗旗主阿济格，正白旗旗主多铎和多尔衮每人各掌15牛录。三人都为入八分和硕贝勒。按照满人的社会习俗，家产多为幼子继承，皇太极将汗父直接管辖的15牛录拨给正白旗多铎，并将汗父生前存储在自己库中财产也转给他。这样一来，正白旗共有30牛录。多尔衮的15牛录原附多铎的正白旗，后不得不改附阿济格的镶白旗。天聪二年（1628年，崇祯元年）三月二十九日，多铎想要娶其舅舅阿布泰女儿为妻，由固山额真阿山之弟阿达海做媒，征得阿济格同意，两个人便去相亲。按照国法，贝勒家娶亲必须征求汗同意。阿济格罔顾国法，却给皇太极提供一箭三雕之机：其一，多尔衮三兄弟中，阿济格最长，年24岁，为人粗鲁，最难约束。皇太极乘机"革其固山贝勒"，夺其镶白旗旗主。其二，"以弟墨尔根戴青为固山贝勒"。17岁的多尔衮成为镶白旗旗主。他聪明机变，本有邀宠之心，欣然接受如此大礼，而阿济格却无话可说。其三，舅舅阿布泰曾同阿巴亥谋害皇太极，这次乘机给以警告，将其世袭游击职务降至备御，罚银200两，并规定诸贝勒不准与阿布泰家结亲。有的史学家对于这件事曾有过精辟的分析，即"皇太极这样讨厌和害怕阿布泰……原因只有一个，即阻止阿布泰与多铎、阿济格、多尔衮紧紧连在一起，三兄弟有两个旗……如果有一个德高望重、多谋善算、长于厮杀的可靠亲人当军师、当元帅，运筹帷幄，广招谋臣猛将，训练士卒，这将成为一股可怕的强大势力，必然威胁新汗统治，不利于三大贝勒掌权。阿布泰正好符合这个条件。他既是多铎的亲舅舅，又是岳父，风雨同舟，绝对可靠"。皇太极罢免阿济格，斩断两位幼弟与其身后谋士、统帅的联系，便于自己控制两白旗。皇太极原有的正白旗及杜度的镶白旗，转瞬之间成为新汗的两黄旗，天聪九年（1635年，崇祯八年）十二月，莽古尔泰叛逆事件揭露，正蓝旗亦收归皇帝旗份。继阿敏之后的镶蓝旗旗主济尔哈朗紧跟新汗，镶红旗贝勒岳託亦步亦趋。所以，皇太极以抚育幼弟为名很快便坐稳汗位。

（二）笼络望族

满洲望族是指先汗创业时期的旧族，他们功高族众，常以"宗族强胜"，无视宗亲。天聪九年（1635年，崇祯八年），正黄旗宗室济马护，以侍卫身份在杨古利属下。他通过杨古利从弟谭泰关系，希望杨古利将旧居转给自己居住。谭泰庇护兄长，置之不理。济马护上告至皇太极。可见，望族之气盛。这些望族多为武功显赫之家，是八旗骨干。皇太极将先汗旧臣费英东、额亦都、杨古利等望族之勇将几乎都收拢在两黄旗下。如瓜尔佳氏费英东，扎尔固齐第六子索海、第七子图赖，费英东九弟卫齐第三子鳌拜、第四子穆理玛等归入满洲镶黄旗，图赖后调入正黄旗。他们都是旗一级高官。费英东侄子伊苏、杨善是镶黄旗佐理和调遣大臣。满洲镶黄旗钮祜禄氏弘毅公额亦都第三子车尔格、第八子图尔格、第十子伊尔登、第十一子敖德、第十三子超哈尔、第十五子索浑、第十六子遏必隆等，整个家族都在其旗帜下，而将图尔格、伊尔登兄弟调入镶白旗，先后承担镶白旗固山额真。崇德四年（1639年，崇祯十二年），图尔格与阿济格发生矛盾，带着自己的3牛录回到皇太极身边，而其弟伊尔登接替镶白旗固山额真职务。实际上，他们都是皇太极控制镶白旗的耳目。满洲正黄旗舒穆禄氏武勋王杨古利，其弟纳穆泰、冷格里，叔父子从弟谭泰、伊尔德，杨古利之子内大臣超品公塔瞻等，都是满洲正黄旗的领军人物。另有皇太极在藩邸时期的"眷顾旧臣"正黄旗大臣希尔根等。正黄旗蒙古额驸恩格德尔次子额尔克戴青（格格之子）。皇太极的两黄旗除集中满洲望族外，宗族势力也不小，如正黄旗的辅国将军巩阿岱、济马护、锡翰、觉罗色勒、萨璧翰等，皆在他的羽翼之下。

（三）文馆亲信

清初文馆及此后的内三院，并不单纯搞文字工作，它是皇帝的信息库，其成员都是皇帝耳目、参谋。其人员组成多是满、汉世袭书香大族。譬如希福是著名的赫舍里氏家族人。希福和兄长硕色巴克什，硕色长子索尼在先汗时期前来归服。因其兼通满、汉、蒙古文字，在后金创业初期，继葛盖、额尔德尼、达海、龙什之后，希福家族作用日渐突出。对外奉使往来诸蒙古，凡宣谕德音，审理讼狱，调集兵马，俱经任使，奉命弗辱。其族专任文馆职务，赐名巴克什。对内希福任弘文院大学士，翻译辽、金、元三史；纂修太祖高皇帝实录。同时，索尼还奉命兼先汗随身头等侍卫。皇太极为监控多尔衮，命索尼为吏部启心郎。内国史院大学士刚林是苏完大族瓜尔佳氏，初隶正蓝旗，皇太极卒后，迁入满洲正黄旗。刚林"屡奉命往军前，宣布威德，咸当上意"。祁充格是瓦尔喀地方大族乌苏氏，以"娴习文史"而受重视。在皇太极藩邸掌管书记事务。设六部时，皇太极派他为礼部贝勒启心郎，萨哈廉病逝后，多铎代理，仍令他关照多铎。崇德三年（1638年，崇祯十一年）九月，因多铎不送多尔衮出兵，祁充格受到惩罚，从正黄旗拨到镶白旗多尔衮名下。事实不难看出，文馆是皇太极信息、咨询、监察机构，其成员多系皇太极亲信。

二 建设八旗汉军

建设汉军，赐封汉族藩王，作为自己的羽翼，是皇太极加强皇权，牢牢控制八旗指挥大权的重要手段。

（一）设立旧汉兵一旗

汉军产生基于四个原因：其一，皇太极即位伊始，征服中原声势增大。八旗兵中没有汉族旗兵，只有李永芳、佟养性率领的汉人随旗兵。天命十一年（1626年，天启六年）三月十九日，曾有汉人刘学诚提出"以汉攻汉"政策，先汗碍于民族政策，未予采纳。皇太极重新确立国体，政策宽松，是汉军产生的政策背景。其二，后金对明军的劣势是炮兵。天聪五年（1631年，崇祯四年）正月"天佑助威大将军"炮造成，为夺取明军"长技"，发展炮兵，而炮兵只有汉人操作，所以"以汉攻汉"提到日程上来。用总兵官佟养性的话说，"往昔汉兵不用，因不用火器"。其三，组建汉兵使新汗在两黄旗外，增加一支亲汗友军，兵权更胜于各旗贝勒。天聪四年（1630年，崇祯三年）正月，成立新汉兵。最初兵源多是佟养性、李永芳旧部，从中拣选精兵组成，"入伍汉兵，各缀白布于背，书'新汉兵'字样"。新汉兵分左右两翼。左右翼由副将石廷柱，参将祝世昌分别率领，总兵力大约3000余名。天聪五年（1631年，崇祯四年）三月十三日，皇太极检阅旧汉兵，即"新编汉兵"。旧汉兵有很高的地位，史称"我国设立六部、设立书房，又分为六甲喇、八固山"。可见，六甲喇旧汉兵与八固山平列，处于同等地位。六个甲喇，分别由副将石廷柱、金玉和、高鸿中、金砺、游击李延庚、备御瞻图为各甲喇额真。天聪七年

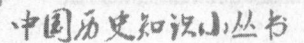

（1633年，崇祯六年）正月二十日，决定扩充旧汉兵，从永平、大凌河炮手中拣选200余人充实六甲喇汉兵，这部分汉兵叫作新汉兵。这时六甲喇旧汉兵已形成旗的规模，所以称作"佟养性之旗"。七月，从满洲各户有10名汉人壮丁的家庭中，拣选10名之内，有年力精壮，并身家相称者，定为实在之身，以充行伍，共得1580人。因佟养性病故，命旧汉军额真马光远等统之，分补旧甲喇缺额者。这样，新、旧汉兵都用旧汉兵之称。天聪八年（1634年，崇祯七年）三月十三日，皇太极阅兵于沈阳北郊，正式宣布满洲八旗、蒙古二旗之外有"旧汉兵为一旗"。其四，旧汉兵旗官兵，原在各贝勒家受尽欺压和凌辱，经皇太极"格外加恩"，而"拨出满洲大臣之家，另编一旗"，个个表示"虽肝脑涂地"，不能"仰答上恩于万一"。因此，汉军心归于汗，是皇权的新支柱。

（二）改旧汉兵为汉军

旧汉兵旗并非旗人，天聪八年（1634年，崇祯七年）五月初五日，在军事改革中，在满洲八旗兵"各有营伍"基础上，分别"名色"，将某将之兵，改为骑兵、步兵、前锋兵、守兵、援兵和边兵。蒙古左右营兵称左右翼兵。旧汉兵正式改称"汉军"。固山额真是石廷柱、马光远和王世选。崇德二年（1637年，崇祯十年）七月二十九日，将汉军两翼分作两旗，以昂邦章京石廷柱为左翼旗固山额真，昂邦章京马光远为右翼旗固山额真。旧汉兵期间六甲喇中没有牛录建制。此时，正式宣布汉军旗"照满洲例，编壮丁为牛录"。崇德四年（1639年，崇祯十二年）六月初二日，分汉军两旗为四旗。马光远为两黄旗固山额真，石廷柱为两白旗固山额真，王世选为两红旗固山额真，巴颜为两蓝旗固山额真。崇德七年（1642年，崇祯十五年）六月初六日，改汉军四旗为八旗，固山额真分别是祖泽润、刘之源、吴守进、金砺、佟图赖、石廷柱、巴颜、李国翰。汉军的编制，有力地加强了皇权稳固性。

（三）汉人受封为藩王

皇太极民族政策改革，产生了广泛的社会影响。明朝东江叛军头目孔有德、耿仲明、尚可喜、沈志祥等人于天聪七年（1633年，崇祯六年）、天聪八年（1634年，崇祯七年）和崇德三年（1638年，崇祯十一年），先后慕名来归。皇太极根据其投降条件，封孔有德为都元帅，耿仲明、尚可喜为总兵官，将孔有德、耿仲明率领的明军原伍不变，分派驻地，命名为天佑兵，尚可喜兵为天助兵。命孔有德等与和硕贝勒同列，行止与俱，地位高于固山额真。天聪十年（1636年，崇祯九年）四月二十七日，封孔有德为恭顺王、耿仲明为怀顺王、尚可喜为智顺王。汉族藩王的赐封，并与诸贝勒同列朝班，对于皇太极皇权的增强，无疑是又一个强有力的支柱。而这件大事，得到代善、多尔衮、济尔哈朗、萨哈廉、杜度等诸贝勒认同。崇德七年（1642年，崇祯十五年）八月二十七日，皇太极批准"三顺王"申请，令其官兵分别加入正红、正黄、镶蓝各旗。沈志祥封为续顺公，加入正白旗，各随汉军旗行走。

三 后宫坚强后盾

  清代后宫是满洲贵族政权稳固的基石，有明显的时代性。先汗后宫福晋元妃佟佳氏、富察氏，都来自建州五部望族。在征服扈伦四部中，代之以孟古姐姐叶赫那拉氏为中宫皇后，再以乌拉那拉氏阿巴亥为大妃。先汗54岁时，虽然与科尔沁明安女成婚，57岁与科尔沁孔果尔贝勒女成婚，但蒙古女尚未占据后宫主要地位。事实反映出，后宫是满洲贵族通过政治联姻稳固政权的重要手段，颇具时代色彩。

（一）满蒙政治联姻

  明清争夺东北地区，蒙古贵族背向是重要砝码，万历四十年（1612年）先汗娶蒙古科尔沁博尔济吉特氏明安贝勒女，反映明安贝勒看清了满洲贵族政权发展大势，这是满洲贵族第一家庭后宫闯入蒙古女之端。皇太极时期，蒙古女蜂拥而入，且喧宾夺主。所谓："科尔沁从龙佐命，世为柿附（肺腑），与国休戚，孝端文皇后、孝庄文皇后、孝惠章皇后皆科尔沁女……自天命至乾隆初，额驸尚主者八，有大征伐属橐前驱，劳在王室……而土谢图亲王、达尔汉亲王、卓理科图亲王、扎萨克图郡王四爵，俸币居二十四部之上。"足见，皇太极时期满蒙联姻进入高潮。孝端文皇后即科尔沁莽古斯贝勒女，16岁的哲哲于明万历四十二年（1614年）六月初十日，嫁给皇太极。崇德元年（1636年，崇祯九年）七月，五宫并建时，封为清宁宫中宫皇后，位居第一。科尔沁斋桑贝勒之女海兰珠，26岁的庄妃姐姐敏慧恭和元妃于天聪八年（1634年，崇祯七年），嫁给皇太极，封为东宫关雎宫宸妃，位居第二。懿靖大贵妃为阿霸垓额齐克诺颜郡王女娜木钟（林丹汗窦土门福晋），封为西宫麟趾宫贵妃，位居第三。康惠淑妃是阿霸垓弟博第塞楚祜尔塔布囊女巴特玛·璨为衍庆宫次东宫淑妃，位居第四。13岁的科尔沁斋桑贝勒之女布木布泰，是孝端文皇后侄女，于天命十年（1625年，天启五年）二月，嫁给皇太极，封作次西宫永福宫庄妃，位居第五。五宫后、妃都是蒙古博尔济吉特氏。另有侧妃扎鲁特博尔济锦氏巴雅尔图戴青之女，天聪六年（1632年，崇祯五年）二月来归。众所周知，蒙古博尔济吉特氏是成吉思汗大元宗室后裔，皇太极后宫作为蒙古势力的代表，有力地稳固着大清政权。

（二）多尔衮的婚情

后宫的蒙古情结有鲜明政治色彩，而多尔衮婚情亦涂有同样重彩。这兄弟之间被裙带紧紧地捆在一起，颇具政治意味。

（1）难结情缘

17世纪30—50年代，由于后宫的蒙古情结，满、蒙联姻围绕皇权成为热门话题，就皇太极来说出于加强皇权尽力笼络幼弟多尔衮，而满洲诸贝勒出于拉近与皇帝关系，希望能够结缘后宫，娶蒙古科尔沁女，特别是科尔沁大妃之女。但真正能够结缘难上加难。一般满洲贝勒如代善、莽古尔泰、德格类等多娶扎鲁特等部之女，娶科尔沁之女都与皇太极政治意向有关。天命年间（1616—1626年）娶科尔沁女的先汗，曾娶明安贝勒女、孔果尔贝勒女。阿济格曾娶孔果尔贝勒女。皇太极时期，只有崇德元年（1636年，崇祯九年）七月初四日，肃亲王豪格娶嫩科尔沁部伊儿都齐贝勒女，与皇后母家支系较远。其他满洲贝勒欲娶皇后母系近支女儿，机会难得。天聪七年（1633年，崇祯六年）五月，贝勒多铎为靠近皇太极，强烈要求娶皇后之妹。皇太极不允，借口此女"非有出众之貌"，实在欲取，可以召来相看。但多铎看后，不管面貌如何，"娶意愈坚"。然而，代善等人以多铎"年幼志骄"，恐怕有"伤外戚之谊"，一致反对。最后皇太极以"情敦友爱"，生怕"拂皇考所育幼弟之心"，同意这宗亲事。多铎实现了娶皇后之妹愿望。第二年二月二十二日，又娶科尔沁国台吉琐诺木女。由此不难看出，如果多铎不是强烈要求，不是处于幼弟地位,不是有汗父情面,绝难娶到皇后母家之女。然而,对于其兄多尔衮就容易得多了。

(2)独受偏爱

多尔衮首婚是先汗所定,于天命九年(1624年,天启四年)五月二十日,娶蒙古科尔沁部桑噶尔寨贝勒女。第二位妃子是天聪六年(1632年,崇祯五年)二月二十二日,娶扎鲁特部落台吉根度尔女。第三位妃子是天聪七年(1633年,崇祯六年)六月十九日,娶科尔沁台吉喇巴什希女。此前多尔衮所娶的科尔沁女,都是后宫母家的远亲。天聪九年(1635年,崇祯八年)可能因多尔衮在收取察哈尔林丹汗之子额哲,并获得玉玺之功,当年九月十五日,皇太极岳母科尔沁大妃、额驸满珠习礼送皇后哲哲之妹,给多尔衮为妻。十月二十六日成婚。这样,皇后之妹在睿王府中地位最高。崇德四年(1639年,崇祯十二年)八月初七日,次东宫巴特玛璪抚养的蒙古女,也送到睿王府后宫为妃。不难看出,睿王后宫已成皇宫附属。皇太极竭力笼络多尔衮,而多尔衮乘机攀龙附凤,两家宫、府密似一家。

(三)兄弟之间家宴

皇太极承汗位,曾受诸位小贝勒支持。当他实现汗位梦想时,诸小贝勒与他相互沟通,常常通过家宴形式来往。天聪九年(1635年,崇祯八年)七月初十日,贝勒阿巴泰设宴50桌;和硕贝勒济尔哈朗设宴25桌;十六日,和硕贝勒德格类设宴50桌,他们纷纷请汗赴家宴。而多尔衮三兄弟则不同,除最初分旗论财,对多铎给以特殊关照外,相互关系一段时期沉默。天聪二年(1628年,崇祯元年)二月,皇太极统率八旗劲旅出征蒙古察哈尔部,多尔衮(17岁)、多铎(15岁)首次随征,取得敖木轮大捷。途中赐多尔衮美号"墨尔根戴青",意为聪明王,受到特殊军功奖励,天聪五年(1631年,崇祯四年)七月二十八日,大凌河战役因图赖冒进,多尔衮冲阵,皇太极给多尔衮特殊关怀。八月三十日,阿济格在军营设宴招待汗兄。第二年正月初四日,皇太极借新年礼,设家宴45席,请阿济格、多尔衮和多铎来家赴宴。初五日,再设家宴15席,将乌拉妈妈(多尔衮之母)等6位长者,请来赴宴,各赐黑貂皮屯和白

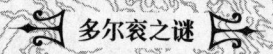

毡。天聪九年（1635年，崇祯八年）四月二十三日，阿济格、多铎设25桌，请汗兄赴家宴。皇太极带领大福晋等亲临。阿济格、多铎各自的福晋都出来献杯。德格类、阿布泰舅舅、恩格德尔额驸等都在席间。体现君臣、兄弟之间，其乐融融之情。七月初三日、初五日，阿济格、多铎再分别设宴40桌、50桌，各请汗兄赴宴。可见，汗兄与诸幼弟之间关系有所改善。然而，这诸多家宴，却很少见多尔衮身影。

四 最受宠的亲王

皇太极经营国家17年，为大清帝国修根固本，辛苦多多，而在家族中与兄弟子侄的关系，却十分微妙。兄弟怨恨，子侄不满时有发生。

（一）兄弟违纪多怨

皇太极坚持依法治国。在兄弟之间虽有时动之以情，但不失法治根本。贝勒阿敏未能坚守永平、滦州等四城，大肆屠杀汉族官民，并有严重分裂倾向，依法处以幽禁。莽古尔泰、德格类、莽古济格格犯有阴谋篡权罪，受到法律制裁。代善尽管支持皇太极执政，但心中经常失衡，竟与莽古济格格密切交往，发泄不满，多次受到惩罚、指责。皇太极在对三位长兄的处理上，利用掌权的诸小贝勒，执法如山，结怨颇深。

在诸兄弟之间，除三大贝勒外，不满者亦大有人在。如七哥阿巴泰，于天聪元年（1627年，天启七年）十二月，提出除出征打仗、狩猎外，不再上朝。原因是汗父时期曾与四大贝勒一体相见蒙古贝勒，现在却位列诸小贝勒中，深感为耻，在外藩贝勒面前大感惭愧。阿巴泰的牢骚、惭愧和不满，给皇太极提供维护皇权之机。他将事情拿到贝勒会议上，大做文章，挑动说："阿巴泰如上愿望，我尚可姑容，今乃欺藐诸子弟，我何可隐然。"诸小贝勒情绪被触动，继之说："尔今为贝勒，心犹不足，欲与大贝勒抗行，僭越甚矣。"三位大贝勒听到如此之言，也来了情绪，结果一致批判阿巴泰。按理说，阿巴泰只统率六个牛录，不曾入八分，其要求列诸小贝勒之上，属于无理要求。如果皇太极晓之以理，动之以情，进行说服，未为不可。但在公众场合，丢了兄长面子，并解其固山额真职务，迫使阿巴泰公开认罪受罚。这件事从公事公办上说皇太极没有错，但方法上很难令人心服口服。所以，阿巴泰有时说自己手痛居家不出，有时违例扰民，夺取贫民乳牛举行宴会，等等，很不协调。

三哥阿拜擅自动用官物，割官田秀谷300束，喂自家马，罚白银200两，给宗黄大丢面子。四哥汤古代身为总兵官同阿敏镇守滦州，于天聪四年（1630年，崇祯三年）六月十三日，放弃滦州后失约，不到指定地点集合，狼狈逃窜，致使许多士兵成为明军俘虏，受到革去总兵官，夺所属诸申，籍没家产等严厉处分。九弟巴布泰作为副将，当敌兵进攻时，既不带兵抗敌，也不坚守城池，同样逃阵，也受到革职处分。按理说，他们都是宗室高官，在国家大局面前应当舍生忘死，起榜样作用，而他们竟不顾国家利益，只求贪生。十一弟巴布海，严重违法，被废为庶人。十三弟赖慕布已是议政大臣，崇德六年（1641年，崇祯十四年），关雎宫宸妃病逝，皇太极因失去"克娴内则，敬助中宫"的爱妃，无限悲痛，封为敏惠恭和元妃，其母科尔沁和硕贤妃亲自来吊。满、汉、蒙古等诸贝勒大臣赍酒跪奠。作为国丧何等之时，而部分宗室大臣却"歌舞作乐"，赖慕布身临其境，竟不禁止，毫无同情之心。

在诸兄弟中最让皇太极操心的要数阿济格和多铎。尽管他们与汗兄之间有过杯酒之欢，但多数情况下如同路人，皇太极"励精图治，国势日昌"，而他们却漠然视之。阿济格屡屡违纪、犯法。天命十一年（1626年，天启六年）十二月二十九日，此前，有蒙古扎伦卫乌尔宰吐贝勒子厄参台吉，逃奔阿济格贝勒处，皇太极以其兄弟歹青、拉式希补俱在德格类贝勒下，命同居一处。厄参台吉不从，愿意跟从阿济格，德格类不答应。阿济格不顾汗兄圣旨，竟然大怒，举刃相向。天聪三年（1629年，崇祯二年）五月，未曾奉命，擅自娶蒙古喀喇沁部落之女，擅自包办多铎婚事。崇德元年（1636年，崇祯九年）十一月，"徇私偏赏"本旗，诬蔑他旗，军队出明边不亲自殿后，致使后军遭到明军袭击等罪。崇德四年（1639年，崇祯十二年）九月十八日，无故说本旗固山额真图尔格，欲投奔两黄旗。崇德七年（1642年，崇祯十五年）十月，松、锦围攻战进行得如火如荼，他却散布"劳苦如此，不如遁走"，涣散军心；战争胜利，召开庆功大会，不俟颁赏，揸归私第；镇守高桥获敌20人，擅自纵释；

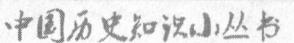

围明宁远城不守讯地，私行打猎，等等。崇德八年（1643年，崇祯十六年）七月，畏惧酷暑，患病已愈，居家不出，以多尔衮"烦琐不已"为借口，不肯出府理事。同时，在攻克扎鲁特部落，擒获戴青时，欲纳戴青之媳，善都之妻，大行不义，经皇帝干预之后，仍前往土谢图额驸处无理纠缠。总之，阿济格不断违法乱纪，给兄汗带来不少麻烦。最令人失望的是崇德六年（1641年，崇祯十四年），敏惠恭和元妃丧时，他在高桥，见到宗室公固山额真篇古所部将领扎喀纳，心怀怨望，在帐内戏舞，竟不过问，并有宗室公篇古、博和讬、屯齐喀、和讬、贝子尼堪、博洛，额驸古尔布什，议政大臣赖慕布等数人在场。令皇太极十分寒心。

多铎外表文静，如同书生，给人一种温文尔雅的感觉。但内心世界却花红柳绿。平日在王府中，"服色奇异，流于般乐"。汗兄批评他不顾国家大事，"私携妓女，弦管欢歌，披优人之衣，学敷粉之态，以为戏乐"。其王府妻妾满堂，心中尚不时盯着外边女人。最荒唐的是，竟看好大学士范文程之妻，被揭露后罚银1000两，剥夺15牛录。足见他是个典型的纨绔子弟。崇德四年（1639年，崇祯十二年）五月二十五日，皇太极实在忍无可忍，令他跪在诸贝勒面前，进行严厉教训，揭露出五大问题：其一，汗父死后，多尔衮三兄弟对诸贝勒拥护皇太极心中怀怨，但多尔衮见大势所趋，抱韬光养晦之心，紧跟汗兄，"恪勤乃职，匡辅国家"，将怨恨深深地埋在心底。多铎"年幼志骄"，与鲁莽的阿济格"两相亲昵"，行为日渐"悖谬"。多铎想娶舅舅女儿，偏找阿济格商量，兄弟俩明知国家有法，而偏背汗兄行事，结果碰得头破血流，阿济格丢了旗主地位。八旗兵攻击扎鲁特时，汗兄不同意夺有夫之妇，而阿济格偏"欲纳戴青之媳，善都之妻"。多铎不顾谕旨，附和亲兄之意，助纣为虐。蒙古土谢图汗警告：不要因"一妇人而坏大事"，而他俩明知山有虎，偏向虎山行。汗兄无奈，令土谢图汗请礼亲王代善出面"阻止"。汗兄批评多铎："尔自幼受朕抚育，乃附恶妄行，显违朕命，其故何也？"当然，他不会说出心里话。其二，汗兄违背阿济格、多尔衮要求兄弟三人平分15牛录，而都拨给了多铎，先汗保存在皇太极库中"欲分给诸子绸缎各三棱"，阿敏、莽古尔泰都提出平分。汗兄自作主张都转给多铎，而多铎却毫无感激之情。皇太极责问多铎："尔独何心，而亦怀怨耶?"其三，崇德三年（1638年，崇祯十一年）八月二十三日，多尔衮为奉命大将军出征明朝，按照满人先世规矩，凡是家人外出贸易，当时叫"互市"，不去者担心其安危，离别时都"相抱而泣送之"，尤其是出兵征战，更加危险，出府相送，人情所常。是时皇太极在避痘所，冒险相送，而多铎作为礼部贝勒，亲兄出征，竟以"目疾甫愈"而不出。结果罚银万两，禁止出入府门。其四，崇德三年（1638年，崇祯十一年）十二月，皇太极为牵制明朝关外军，带领多铎等出征。多铎率领满洲精锐护军500人，被总兵祖大寿800兵包围，遭到惨败。皇太极十分气愤，再责问："今尔所行不义，而反怨朕之正己律下，诚不解其何心也！"其五，借机发怨。崇德三年（1638年，崇祯十一年）喀尔喀蒙古侵犯归化城，皇太极率领大军在张家口，同明朝边官谈判互市，并索取察哈尔林丹汗旧日赏例。正在谈判之中，多铎大声说："明之所与者多不过银三千两，缎三百匹而已，岂可为此微物而驻兵乎？就使得之，我所应分得之数，亦必不取。"十分不满。皇太极很不理解地说："朕为一国之主，即所行果违于理，尔当明白奏闻，不宜出怨言于外，他人若有怨言，为尔所闻，亦当愤怒不平，入告于朕，始为合理。尔为朕之亲弟乃竟如此，朕将曷赖乎！朕以尔为皇考幼子，惟亲爱养育之而已，何尝薄待于尔。推尔急欲还家之意，非以妓女为恋乎？何邪纵之甚也。"同时，揭露其平时"朕所亲爱有功之人，而尔反生厌恶；朕所深恶背叛之喀克笃礼及其亲戚怯懦之洪科，而尔反加矜惜，此何意耶"！尽管皇太极批评严厉，而处分仍然从轻，分其奴仆、牲畜、财物及本旗所属满、汉、蒙古牛录为三份，留其二份，其一份给多尔衮，其满洲、蒙古、汉人牛录及库中财物，和硕睿亲王与武英郡王均分，降多铎和硕亲王为多罗贝勒。从此，多尔衮掌正白旗，多铎掌镶白旗。多铎心底仇恨的种子没有多尔衮埋藏得深，故经常破土萌生而受挫。

（二）子侄违法不满

皇太极从兄弟的怨望中，如果能得到子侄一点儿体贴，必大感欣慰。然而，子侄同样有怨恨之声。长子豪格原本是他最大希望，但与自己不同心。崇德元年（1636年，崇祯九年）四月，豪格刚封和硕贝勒，对父皇不忠之事便被揭露。事情是：莽古济格格生有两个女儿，长女嫁给岳讬，次女嫁给豪格，为姑舅亲。在天聪九年（1635年，崇祯八年）十二月，莽古尔泰、德格类兄弟谋反真相大白，豪格受牵连。不知是气还是怕，他毅然将妻子杀掉。皇太极在处分豪格时说："彼等（岳讬与豪格）遂怀异心以事朕"，其言语中透露出豪格至少知道密谋的某些蛛丝马迹，结果受到降职"为多罗贝勒"。从这件事判断皇太极父子之间关系很不协调。

和硕成亲王岳讬在皇太极即位、国体改革、收拾人心等方面，态度积极。因此，皇太极称帝后，位居六大和硕贝勒之列。但从天聪五年（1631年，崇祯四年）莽古尔泰与皇太极发生冲突，他态度明显发生变化。岳讬不知是亲眼看到莽古尔泰独坐而哭，还是他岳母莽古济格格告诉他的，竟公开同情蓝旗贝勒："殊可怜。"他貌似公道地指问皇太极："与彼有何怨恨。"事实是皇太极终究是汗，莽古尔泰的过火行为，应当承担责任。尽管如此，皇太极法外施仁，将所罚的人、物都已退还。岳讬作为镶红旗旗主贝勒，亲弟硕讬杀妇灭口，他"徇庇有罪之硕讬"，以情代法，实不应该。天聪九年（1635年，崇祯八年）十二月初五日，德格类、莽古尔泰和莽古济三兄妹谋乱事件揭出，岳讬第一反应是："贝勒德格类，焉有此事，必妄言也。获者词连我耶"，表现"绝无忿意"，且担心"词连我耶"。结合皇太极批评他和豪格"怀异心以事朕"的话，表明岳讬知道莽古尔泰谋反事件。当其职务降为多罗郡王后，尽管仍管兵部，而心中不满情绪日增。崇德二年（1637年，崇祯十年）八月，演武场上大练兵，诸部蒙古贝勒都在场、官兵众目睽睽，皇太极再三令他试射而他竟以不能执弓，愤怒地将弓"向诸蒙古掷之"。结果受到降职为贝子、解兵部任处分。此外，他还做过不少错事，诸如讨父亲被罚马匹，离间郑亲王济尔哈朗与豪格的关系。以右翼扬威大将军出征病死后，其部下蒙古官员阿兰柴进一步揭露他的"阴事"，即曾将其家言"密语"奏汗，岳讬"每深恶于我"。另一位蒙古官员桑噶尔寨揭发："岳讬曾给琐诺木（莽古济丈夫）刀一口，弓二张，嘱之曰：'尔其用此弓善射之，勿忘前约'"，并"召琐诺木入内室密语"。上述事件引起很大震动，内院大学士希福、刚林及启心郎索尼等认为"所关甚大"，上奏皇上。皇太极派希福等征求和硕礼亲王代善、郑亲王济尔哈朗和多尔衮意见。代善忍痛说:"当按律惩治,抛其骨,戮其子。"后经审理,皇太极判断:"琐诺木妻乃岳讬妻母也。彼时奸谋,岳讬亦必知之。"于是,十分伤心地说:"岳讬自幼为皇妣太后所恩养,朕亦爱而抚之,以致成立。纵彼萌不轨之心,朕岂忍以法处之乎?"结果没有进行处罚。

和硕礼亲王代善次子硕讬,早年曾因代善听信小妾之言,不肯令其管理牧群,受到种种虐待,向明朝边境逃去。为此,其父在先汗面前认错,成为导致代善失政的一个因素。天聪四年(1630年,崇祯三年),阿敏弃永平等城逃跑时,硕讬作为宗室将领,不能力行劝止,退兵中不肯殿后等罪,受到革爵位处分。崇德元年(1636年,崇祯九年)八月初四日,在家里将一名有身孕女仆"杀死灭口",受到"夺三牛录人及在外牛录人"处罚。同时,元旦祭堂子时,不遵礼制僭上越分,悬挂纸钱,由固山贝子降为辅国公,罚银500两。崇德八年(1643年,崇祯十六年)正月十三日,因在温泉"托疾乘轿而行",大肆宰杀牛、羊宴饮为乐;隐匿属下罪过等越分、不法行为,受到罚银100两处分。

和硕颖亲王萨哈廉死后,其子阿达礼承继王爵为多罗郡王。但阿达礼为人素养远不如其父。崇德六年(1641年,崇祯十四年),敏惠恭和元妃薨时,他作为多罗郡王应当遵守礼法,而他却与对皇帝不满的人混在一起,在松山弹弦戏舞,无端娱乐;无理夺取属下将领恩格德佩刀,转手给另一位将领门都赫;其母在萨哈廉逝世后,所行多不法,诸如她亲自给恩格德袭,复行夺回;无端勒索他人粮食20石、羊2只;给人家青布百匹,而索貂皮70张,被告上公堂;擅自远去席北地方走私贸易;等等。

岳讬死后,他的儿子罗洛宏承袭多罗贝勒爵位。这位罗洛宏不知是对父亲生前受到的各种处分不满,还是因为年轻不太懂事,敏惠恭和元妃薨时,他在锦州,令雅尔代吹弹为乐;随同大军围松山,擅自遣军士42人回家,并对皇太极的民族政策不满,散布恭顺王、怀顺王、智顺王肥马华屋。怨称:"昔太祖诛戮汉人,抚养满洲,今汉人有为王者矣,有为昂帮章京者矣。至于宗室,今有为官者,有为民者,时势颠倒,以至于此。"

安平贝勒杜度是褚英长子,褚英死时刚6岁,父亲的镶白旗在祖父监管下,母亲和弟弟尼堪在正黄旗多铎家,由大妃阿巴亥照管。祖父去世时杜度17

岁，进入贝勒行列。皇太极即位后，在两黄旗和两白旗大调整中，杜度丧失承袭镶白旗旗主机会，被拨入镶红旗，自己的镶白旗拨入皇帝之旗，一段时期由贝勒豪格统领。皇太极承袭汗位后，杜度或是大兵出征时留守京城，或者随同征讨，曾参加永平、滦州守卫战，随同多尔衮夺取江华岛，随右翼扬威大将军岳讬出兵中原，并为副手。岳讬病死后，带领大军完成战争任务。天聪年间（1627—1635年），在诸小贝勒中积极支持皇太极。但他内心不平衡和积怨日渐增长。崇德五年（1640年，崇祯十三年）十二月初三日，揭发其怨恨有三：其一，对军功奖赏不平，觉得自己功高，反因小过不奖，背后发牢骚："往征遵化，我独败敌兵，定朝鲜时留兵少，而我将许多红衣炮尽行曳至，协同睿亲王攻克江华岛。助克勤郡王攻克墙子岭城，斩总督1员，总兵1员；与克勤郡王同克济南府，击败卢总督兵。睿亲王率左翼兵先出边，敌兵步骑随两翼来追，直至边口，我独殿后，不为敌扰，安然出边。如此勤劳，置而不论。岳讬虽获罪，犹封郡王，其子罗洛宏犹袭贝勒；谭泰、图赖尚各升职，而我无罪有功之人，只因不敬希尔根，遂不论功，而反加罪，无非为我在红旗故耳；赐诸王衣服时，贝子尼堪、罗讬俱受赐，我独见遗，后方补给。今虽效力，何用之有？"其二，"崇德元年（1636年，崇祯九年），皇太极称帝，封代善、济尔哈朗、多尔衮、多铎、岳讬、豪格六大和硕贝勒为亲王，而我杜度却仅封安平贝勒，连郡王也无份。"他认为自己功可比济尔哈朗。为什么济尔哈朗封和硕郑亲王，而自己却被遗，查"叙功册所载"，济尔哈朗"不过以常常念君之故，遂得封郑亲王"，而我没有那样做所以"我且待时"。事实证明，杜度在自己早年领有的镶白旗归入皇太极汗旗时，自己没有随入汗旗，心中早有不快，所谓"只因不敬希尔根，遂不论功，而反加罪，无非为我在红旗故耳"就反映出这种情绪。希尔根是正黄旗人，曾是皇太极藩邸时期旧臣。杜度针对希尔根发泄不满，对郑亲王"常常念君"心存嫉妒等等，其不满的矛头所指十分显然。于是，杜度满腹牢骚，按制进礼给固伦公主，他不满地说："此与征赋税何异。"认为自己顶子上东珠太少，作为贝勒不够高贵，怨天尤人，什么"惟天公断，或鉴之耳"，甚至说："天无知，何为祭天，谓神无知，何为祀神。"担任礼部事务，本是皇太极对他重用，而他却说："岂荣贵之乎？止不许我安闲耳！"

根据揭发的事实，议以重罪："安平贝勒杜度及其福晋，应俱监禁，夺奴仆财物，并所属人员入官。其子公杜尔祜、穆尔祜、特尔祜等闻伊父怨上，出此妄言，不行谏止，应降为庶人。夺奴仆及所属人员入官，止与庄一所居之。"皇太极对杜度给以特殊理解，从轻处罚，"安平贝勒及其福晋，俱免监禁，并免夺奴仆财物，及所属人员，只罚银一万两，公杜尔祜、穆尔祜、特尔祜俱免议。"崇德七年（1642年，崇祯十五年）六月初七日，杜度薨，年46岁。

在皇太极17年的政治生涯中，历尽艰辛，费尽心血，将汗父基业，向前扎扎实实地推进一大步，但在奖功罚罪，依法治国中，由于皇权与诸位宗室各族矛盾尖锐化，甚至形成不满群体，他死后的风波就从这里掀起，而多尔衮却成为他们的中坚人物。

（三）国中难得明哲

贝勒萨哈廉是和硕礼亲王代善第三子，为人通晓满、汉、蒙古文意，明达聪敏。在爱新觉罗家族中是具有较高文化素养，接受中原传统文化较早，并力求在本族中推行的人。在皇太极振兴本族过程中，他有三大特殊功绩，任何贝勒无法与之相比。其一，祖父病逝后，是他首先联合兄长岳讬说服代善，拥戴皇太极。对此，皇太极心中有数，所谓"萨哈廉为朕深谋，善承皇考开创之业"的话已表达叔父感激之情。其二，皇太极在振兴文治，推动封建皇权确立过程中，整顿朝纲、废年齿为序，建立等位制度，改革服饰、丧葬制度，命官分等论级，废除滞后婚姻乱伦习俗等，无不由礼部贝勒萨哈廉亲自制定。他与刑部贝勒济尔哈朗，吏部贝勒多尔衮三人是皇太极封建皇权最有力的推动者。其三，皇太极称帝的决策者。国中宗室贝勒不满情绪，通过各种形式和渠道表现出来，这些不协调的音符，都是皇太极称帝的障碍，是萨哈廉为他扫清道路。天聪九年（1635年，崇祯八年）底，由于蒙元后裔完全归附，后金"国势日隆"，诸贝勒、大臣，包括归附的都元帅孔有德、总兵官耿仲明、尚可喜都纷纷"合词请上尊号"。皇太极明知称帝时机已成熟，而不接受称尊道寡。其意十分明显，那些不同的音符，在键盘上绝不会弹出好音调。礼部贝勒萨哈廉是其中忠于他的第一人，他令内院大臣希福上疏："臣等屡请，未蒙俯鉴，夙夜悚惶，往知所措。"萨哈廉、希福明白皇太极心思和症结所在，即要求诸贝勒达成共识。在关键时刻萨哈廉利用他的地位和影响，将诸贝勒召集在一起，他作为其代言人宣布："汗未受尊号，咎在我等诸贝勒。我等不能各自修身，未尝竭尽忠信，不知力行美义，不言勤奋图治，图劝汗受尊号，是以汗固辞不受耳。况既称诸贝勒皆属忠信，何故有莽古尔泰、德格类二贝勒犯上作乱之事耶？今诸贝勒当发誓，各自修身，倘蒙汗受尊号，则君臣之谊自笃矣。"他的做法令诸贝勒中那些有怨气者无话可讲，却完全合皇太极之意，即"开陈及此，实获我心"。而且，他将大权都委托给萨哈廉"其应誓与否，而身任礼部，当自主之"。

天聪九年（1635年，崇祯八年）十二月二十八日，萨哈廉召诸贝勒至大殿，令其各自发誓修身，并请上尊号。皇太极御览誓书后，发表两点意见。即"大贝勒老矣，只有数年之生，令其停写誓言"。其他诸贝勒不必书写昔日有、无恶行等词，但书"嗣后心存忠信，勤于政务，诸凡政事概不谋于闲散诸臣、微贱幕友及妻妾之辈"等语。代善刚满54岁，很不服老，非要参加盟誓。当日，诸贝勒重写誓言毕，燃香跪伏，各诵誓文，然后焚之。

我们从多尔衮三兄弟的誓言中便可知其心境。多尔衮誓告天地："嗣后倘心怀不满；或自身虽无作乱之念，然兄弟之乱萌不举；或于汗前所议政务，归家后告于妻妾、无关之臣及微贱仆役，并云'我意本欲那样'，恣意毁诗，则天地谴之，必我短命早亡。若殚心竭力，宜蒙汗眷顾，天地怜恤得以长寿。"阿济格的誓词抄袭多尔衮的，一字不差。多铎没有全抄，除表达文字有些颠倒外，多一句担心，即"如有人诬陷，天地亦鉴之。"

从这里不难看出，包括多尔衮三兄弟在内的诸贝勒，尽管对皇太极心存遗恨，但通过誓词，在天地面前至少从形式上达成共识。可见，诸小贝勒中，对皇太极最忠心，帮助最大的是萨哈廉，诚如皇太极所说："群子弟中，启我所不及，助我所迪忘，整理治道，惟尔是赖。"他认为萨哈廉是不可多得的治国人才，当萨哈廉病危时，他恻然云："国家岂有专事甲兵以为政治者？倘疆土日增，克成大业，无此明哲人，何以整理乎？"当他看到萨哈廉病得"羸瘠"时，即凄然"泪下"。萨哈廉一心为国，认为"当国家大勋垂就，不能尽力捐躯，辗转床褥，为可恨耳"！听到皇太极"温旨眷顾"，也凄然泪下。然而不幸，萨哈廉于崇德元年（1636年，崇祯九年）五月初九病逝，享年33岁。

皇太极在悲痛之余，于崇德元年（1636年，崇祯九年）六月十一日，封和硕颖亲王长子阿达礼为多罗郡王，赐之册印。阿达礼以封多罗郡王，入清宁宫向汗行三跪九叩头礼。

（四）特殊受宠亲王

多尔衮在皇太极执政的17年中，政治生涯顺畅。他是皇太极最喜爱的两个贝勒之一。但喜欢萨哈廉与关爱多尔衮有严格区别。萨哈廉是正红旗主旗贝勒，是治国谋士。皇太极主要欣赏他的忠诚和才干。对多尔衮是从抚育幼弟角度，托有汗父之情。

（1）爱胜亲子

皇太极生有11子，真正在政地、战场上驰骋有名的只有长子豪格。其他幼子有的早亡，多数尚未登上政治舞台。从皇太极对豪格和多尔衮的关系中，在一定意义上他更看重多尔衮。可以说爱多尔衮胜似亲子。多尔衮在这个时期政治生活比较严谨，与阿济格放肆、多铎无形不同。他对皇太极的态度多从政治角度处理，亦步亦趋地跟随。同时，鉴于阿济格、多铎常常发泄不满，他则采取抑制态度。所以，阿济格不耐烦地说多尔衮"啰唆"。

天聪五年（1631年，崇祯四年）七月，皇太极带领八旗兵征明，围攻大凌河。因为图赖为明兵所诱，冒昧轻进，多尔衮率兵随军进击。皇太极听到消息，给以特殊关爱，其实这件事与图赖没有多大关系。吴拜、准塔有护卫贝勒责任，其自由何能限制。皇太极诚有刘备摔孩子——"刁买人心"之嫌。

皇太极除给多尔衮掌管吏部大权外，有些重要工程也派他监督。崇德二年（1637年，崇祯十年）八月二十一日，决定修筑都尔鼻城（今章武）。这本是多罗饶余贝勒阿巴泰应当管的事，既有阿巴泰率八固山额真，每甲喇章京1员，每牛录甲士12人，夫役10名，前往兴工亦无不可，而皇太极派多尔衮前去"相度基地"，其偏重信任多尔衮胜于其他贝勒。然而，多尔衮确实在皇太极面前表现不凡。10多年中，阿济格、多铎、屡屡触犯法律，而多尔衮几乎没有犯过错误。详细审查，大过小错各有1件。崇德二年（1637年，崇祯十年）六月二十七日，多尔衮以国舅阿什达尔汉之侄、英俄尔岱之子闲散无甲，私令随往，受到罚银200两处分。这个错误，带有殉情性质。因为英俄尔岱是皇太极耳目大臣，他的亲戚是国舅阿什达尔汉，是皇太极亲舅。多尔衮为人机灵乖巧就表现在这里，既违法亦送情。皇太极罚他200两白银，在诸贝勒面前表明虽亲不护短，执法如山。同时，亦明正己身，威信更高。多尔衮的大错是崇德五年（1640年，崇祯十三年），率领八旗兵围困锦州时，私遣每牛录甲兵3人，还家1次；私遣每牛录甲兵5人，每旗章京1员，还家1次；移军离锦州30里驻营。引起皇太极愤怒，派遣内大臣昂邦章京图尔格，固山额真英俄尔岱，内院大学士范文程、希福、刚林，学士罗硕、额色黑等，往询睿亲王等遣兵归家及离城远驻之故。从皇太极的愤怒和派人前往审查中，似乎多尔衮这回该大难临头了。但皇太极还是法中动情，令内大臣图尔格等给多尔衮传话说："朕之加爱于尔过于诸子弟，良马鲜衣美馔，赏予独厚，所以如此加恩者，盖以尔勤劳国政，恪遵朕命故也。今于围敌紧要之时，离城远驻，遣兵归家，违命如此，朕岂能复加信任哉！"多尔衮听到皇兄发自肺腑的厚爱，亦非草木，动情地说："皇上爱臣过于爱子，岂待上谕。举国臣民以及外藩无不知悉，每思效死竭力，黾勉为国，以报圣恩。但臣识庸虑短，遣兵归家，离城远驻，背违上命，尚复何言，有死而已！"其实，多尔衮放人回家并非出于私心，或消极怠战。他的理由是："臣集众议每旗先遣能员一人，率每牛录兵五人还家修治盔甲器械，牧养马匹。伊等抵家时，奏闻皇上，更换衣服，可速来军营。今闻锦州敌兵马匹皆在他处牧养，内援之兵，皆亦退回养马，我等兵力有余，何畏锦州、松、杏三城之兵，即使敌兵合侵，我国更番之卒，必相遇而抵之，又何虑乎？众皆以为然，亦无阻者，是倡议者臣也，遣归者亦臣也。至离城远驻，因旧驻之处，青草食尽，所以远移以就刍牧耳。"显然，多尔衮作为全军统帅，根据情况，灵活处置，并无大错。面对皇兄责难，内心并不认同，所谓"有死而已"，今既违命，罪实应死，复有何辩的话便是心中不平。皇太极这次发这样大的火气，主要是想压压多尔衮的傲气。所谓"今乃敢于欺朕"一语，含义颇深。所以，在处分时，皇太极打破惯例，令多尔衮等自行领罪。聪明的多尔衮表现出大丈夫敢作敢当的英雄气概，明确表示："我既总掌兵柄，将所属之兵议遣还家之时，倡言由我，遣发由我，悖旨之罪甚重，应死。"肃亲王豪格受到父亲的严厉指责："尔同在军营，明知睿亲王失计，何得缄默静听，竟从其言。"自行议罪时，豪格也够义气，他说；"睿亲王，王也，我亦王也，但因睿亲王系叔父，所以令握兵柄耳。彼既失计，我不合随行，罪亦应死。"同时受到批评和处分的还有阿巴泰、杜度、硕讬等。其中对硕讬的批评更加严厉，几乎等于骂他。皇太极说："尔曾获罪，朕屡宽宥，以至今日，可惜虚有其表，不思竭力效忠，报朕屡次宥罪之恩，反若事不关己，今后再罹于罪，任法司治之，必不尔宥也！"结果从贝勒至大臣都受到不同程度的处分。多尔衮、豪格降为郡王，其余30多人均受罚。

从上述事实中不难看出，皇太极关爱多尔衮胜于亲子，多尔衮亦供认不讳，连外藩蒙古诸贝勒都知道。皇太极有一观点，认为听从我话，为国尽忠的人就是"贤"。而多尔衮的"举动皆合朕意"，所以称"贤贝勒"。

（2）晋爵荣升

多尔衮在诸贝勒中，除礼亲王代善、郑亲王济尔哈朗、颖亲王萨哈廉之外，官阶升迁最稳定。汗父死时，已初封贝勒。天聪二年（1628年，崇祯元年）三月二十九日，晋固山贝勒（旗主、和硕贝勒），成为镶白旗旗主。天聪四年（1630年，崇祯三年）七月十一日，汗与诸贝勒诣文馆，焚香盟誓。其词曰："金国汗与执政诸贝勒代善、莽古尔泰及阿巴泰、德格类、济尔哈朗、阿济格阿哥、多尔衮、多铎、杜度、岳讬、萨哈廉、豪格等。"其中多尔衮在诸小贝勒中名列第五。天聪五年（1631年，崇祯四年）十月二十八日，与大凌河投降汉官祖大寿盟誓中的排列顺序未变。从天聪九年（1635年，崇祯八年）十二月二十八日，第二年正月初一日，除大贝勒代善坐在皇太极右边，济尔哈朗两次缺席，多尔衮在诸小贝勒中已跃居第一位。多铎、岳讬、豪格、阿巴泰、阿济格等都排在后边。这恐怕与收取蒙古察哈尔额哲，获得玉玺，建树奇功以及掌握吏治大权工作出色有关。天聪十年（1636年，崇祯九年）四月初五日，诸贝勒正式登堂是：代善、济尔哈朗、多尔衮、多铎、岳讬、豪格、阿巴泰、阿济格、杜度等。初八日，皇太极上尊号，出场的贝勒排名顺序同上，尽管多尔衮在诸贝勒排名中位居第三，但在文、武各官恭请上尊号时，代表满洲贵族捧表文的却不是排在前边的代善、济尔哈朗，而是"管吏部和硕墨尔根戴青贝勒捧满字表文一道，科尔沁国土谢图济农巴达礼捧蒙古字表文一道，都元帅孔有德捧汉字表文一道率诸贝勒大臣、武各官诣阙跪进"。十一日，捧宝进奉者分左右两班，左班和硕贝勒多尔衮及科尔沁土谢图济农捧宝一，右班和硕贝勒岳讬及额哲捧宝一。多尔衮地位明显提升。二十三日，册封兄弟子侄军功时，多尔衮正式赐封为和硕睿亲王，排列顺序是："册封大贝勒代善为和硕礼亲王，封济尔哈朗为和硕郑亲王，封多尔衮为和硕睿亲王，封多铎为和硕豫亲王，豪格为和硕肃亲王，岳讬为和硕成亲王，阿济格为多罗武英郡王、杜度为多罗安平贝勒，阿巴泰为多罗饶余贝勒。"

终皇太极之世，多尔衮的排位都在济尔哈朗之后，究其原因有三个。其一，济尔哈朗平时更关心皇太极。杜度说他"常常念君"，应当是事实。萨哈廉病危时，只有济尔哈朗带头上疏劝皇太极"疾病之家，悉停亲临"，可谓关心备至。其二，多尔衮与济尔哈朗在诸小贝勒中过错较少，特别是锦州攻守战中，多尔衮受处分降为多罗郡王，而济尔哈朗却开辟近围锦州，创造出"围锦打援"新局面，受到奖励。其三，济尔哈朗为人稳重，忠实谨慎，虽无大绩，决不擅行。其位置偏前，防多尔衮骄气，不失皇太极之良苦用心。

五 皇太极之死

皇太极是大清皇权真正缔造者，但他走得太匆忙，所造之基尚乏完善。如果历史再给他一点儿时间，多顾及一点儿身后之事，局面可能更好。

（一）皇太极继嗣

皇太极在有生之年，就嗣位问题曾有过思考，并采取过措施，但令他十分失望。他从万历三十七年（1609年）长子豪格降生，至崇德六年（1641年，崇祯十四年）第十一子博穆博果尔降生，共有11子。以皇太极死的时间为准计算，他们是长子豪格（35岁）、次子洛格（1611—1621年，11岁卒）、三子洛博会（1617—1623年，7岁卒）、四子叶克舒（17岁）、五子硕塞（16岁）、六子高塞（7岁）、七子常舒（7岁）、八子无名（1637.7.8—1638.1.28）、九子福临（6岁）、十子韬塞（5岁）、十一子博穆博果尔（3岁）。

在11子中，除早死的次子、三子、八子外，尚有8子。以平常人眼光观察，从中选出一个嗣子，当不成问题。但实际上却把聪明、智慧、善于谋略的皇太极难住了。如果按照先汗做法搞长子继承制，豪格嗣位顺理成章。然而，大约是两个问题，皇太极排除了豪格继承皇位的机会。其一，在子以母贵时代，皇太极后宫是蒙古贵族女儿的天下，五宫并立。豪格母亲仅是乌拉贝勒博克铎之女，处于继妃地位。这位继妃是乌拉大妃阿巴亥从姑，在先汗时代扈伦四部之女曾主宰后宫，而今已成烟云。其二，豪格尽管身经百战，魁伟有智谋，但在他父亲心目中，终究是曾"怀异心以事朕"的人，父子之间的信任程度不高，故将豪格排在郑亲王和睿亲王之后。17岁的叶克舒母亲是庶妃，

79

地位自然低下。16岁的硕塞母亲地位稍高，是侧妃叶赫那拉氏，尽管后来他晋爵为亲王，但在后宫地位仍然偏下。至于7岁的高塞、常舒，5岁的韬塞之母在后宫的地位都是庶妃，他们爵位只能是公爵。3岁的博穆博果尔之所以封和硕襄亲王是因为他母亲是懿靖大贵妃，蒙古博尔济吉特氏，属于扎鲁特蒙古。就是说，在皇太极的脑海里皇嗣只能从五宫之子中挑选，而五宫中，非科尔沁后妃莫属。

基于上述考虑，崇德二年（1637年，崇祯十年）七月初八日，关雎宫宸妃海兰珠生皇八子，令皇太极不胜喜悦，认为立嗣时机到来。第九天（七月十六日），他集文武群臣于笃恭殿，颁诏大赦。赦文说："自古以来，人君有诞子之庆，必颁大赦于国中，此古帝王之隆规。今蒙天眷，关雎宫宸妃诞育皇嗣，朕稽典礼，欲使遐迩内外政教所及之地，感被恩泽。"其中的"皇嗣"之语已表明他立嗣意向。但不幸的是皇八子只活200天，于崇德三年（1638年，崇祯十一年）正月二十八日，便夭折了。两天后，永福宫庄妃布木布泰生皇九子福临。

（二）皇太极之死

皇太极在福临降生后的五年零七个月中，没有再提立嗣问题。在这期间他把主要精力投到骚扰中原与辽西争夺战中。特别是在锦州攻守战的紧张局势下，关雎宫宸妃海兰珠病逝，给他以沉重的打击。在松、锦之战中，他的病情不断发作。崇德八年（1643年，崇祯十六年）四月初六日，病情突然加重。通过李朝世子馆所，请药医朴柳达诊治，断为"风眩"。九月初九夜间，不幸"暴逝"。

从上述事实中，不难看出三个问题。其一，皇太极在确立国体、改革民族政策和统一战争的同时，在封建化道路上，紧紧抓住权力杠杆。在他通过聚集满洲望族、建设八旗汉军旗，将军权牢牢地控制在自己手中。通过与科尔沁蒙古政治联姻的后宫，将多尔衮紧紧地搂在怀抱，并千方百计地笼络他。其二，在皇太极经营的17年中，已为入主中原奠定了稳固基础。然而，不能忽视的是在宗室贵族中以各旗分隶而形成一个与皇权对抗的不满阶层，他们随时准备对新生皇权挑战。其三，从皇太极立嗣思想看，长子豪格，弟弟多尔衮都不在他考虑之列。

第四章 帝梦破灭定鼎中原

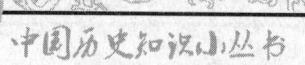

皇太极采取修根固本治国之策，预备攒足精神一举平定中原的战略思想，在他死后八个月，时机快速到来。他关爱过于亲子且最担心的多尔衮站出来了。

一 称帝之梦

众所周知，在爱新觉罗宗室中，已形成对皇太极的不满群体。李朝使者说"彼诸王辈皆分党，多有乖争之事，汗死则国必乱矣"。当52岁的皇太极匆匆离去时，这部分宗室群，便聚集在新主多尔衮旗帜下，向皇权继嗣挑战，展开短兵相接的激烈争夺。

（一）梦想的破灭

汗父辞世时，多尔衮已是15岁少年。精明、多智的他何尝不知母亲阿巴亥和舅舅阿布泰，曾为自己谋嗣皇位而惨遭失败。崇德八年（1643年，崇祯十六年）八月十四日，他梦寐以求的时刻在崇政殿诸贝勒会议上再次揭幕。

（1）多尔衮初梦

皇太极死后，多尔衮欲当皇帝的思想毋庸置疑。史称："方皇太极之甫殁也，有欲援立多尔衮，为以弟承兄之举者，多尔衮心为之动。"这是野史风闻之语。然而，其中有一句话不错，即"多尔衮心为之动"当是事实。他有一定的势力，即："夫太宗恩育予躬，特异于诸子弟者，盖深信诸子弟之成立，惟予能成立也。"这是他17年中，在皇太极呵护下，潜心努力奋斗的结果。这是他的优势。崇德八年（1643年，崇祯十六年）八月十四日清晨，他主动找索尼探问，有意寻找支持。因索尼不仅代表两黄旗大臣，而且是谋国高参，具有大政方针决策能力。受这位启心郎启发使自己令皇兄欣赏，没有索尼他很难做到。今日探问索尼本身,表明嗣位问题确实令他动心;阿济格、多铎在多尔衮面前请求他即位,声明"你不即位,莫非是害怕两黄旗大臣吗?舅舅阿布泰和固山额真阿山都说:'两黄旗大臣'愿立皇子即位的不过就是几个人,我们在两黄旗的亲戚都愿你即大位。"所谓两黄旗亲戚,主要是指舅舅阿布泰等人。而阿布泰"姊弟曾合谋,欲诣太宗,阴行奸恶"。今天阿布泰夫妇"乃欲成其前谋",可见,阿布泰舅舅的"前谋"就是推举多尔衮嗣先汗之位,这次是重新谋划,故有"欲成其前谋"之说。阿布泰原本在内务府供事,皇太极死后,不再去内务府,而是终日与多铎在一起,显然是在谋划推举多尔衮的问题;皇太极时期受到不同程度处分的宗室不满阶层,乘机助威。所以,增加了多尔衮的幻想。

八月十四日参加崇政殿会议的有:代善、济尔哈朗、多尔衮、多铎、阿济格、豪格等共十九人,这是一次具有决定性意义的会议。从这次参加会议的诸王意见来看,拥护多尔衮的人并不占优势,至多是他们三兄弟,公开表态的多铎、阿济格立场明确,多尔衮"犹豫未允",不敢明确表态。多铎心急如焚,竟跳出来,宣称"王不允,当立我",自己要当皇帝,并以自己的名字在先汗遗诏中为由。多尔衮一语双雕,称遗诏中"肃亲王亦有名,不独王也",言语之中表明不同意肃亲王继承皇位。代善无可奈何,说句和稀泥的话:"睿亲王若允,我国之福,否则当立皇子。"其语不过是送个人情,并无拥戴诚意。因此,令多尔衮在关键时刻失去称帝最佳时机。

在决定国家大事的关键时刻,资格最老的代善,尽管持有两红旗,但次子硕讬威信不高,且非旗主。孙子罗洛宏虽为镶红旗旗主,而德、才、威都拿不到桌面上,且太年轻。所以,在十四日会议上,多铎推多尔衮为帝;自告奋勇,无奈则云:"不立我,论长当立礼亲王。"对于代善这类伤脑筋的事已属过去,听后宣称:"我老矣,能胜此耶!"便转身走人。

我们已说过,皇太极没有令豪格嗣位意向。但他在世时,已形成以两黄旗、正蓝旗为核心、镶蓝旗为羽翼的强大向心力。豪格在皇太极诸子中地位最高,天命年间以战功封为贝勒,天聪六年(1632年,崇祯五年)封和硕贝勒,崇德元年(1636年,崇祯九年)晋和硕肃亲王,掌管户部,从长子继承角度,当立为帝。以两黄旗大臣为代表的保皇势力,最初倾向于他,豪格亦欣然承受。所以有两黄旗大臣图尔格、索尼、图赖、锡翰、巩阿岱、鳌拜、谭泰、塔瞻八人倡议之举。豪格派何洛会、杨善对济尔哈朗云:"两黄旗大臣已决定立肃亲王为君,当然还需要和你商量。"但他虽有此意,态度谨慎,以要商量为借口,不明确表态,这符合他不冒险、事事求稳的性格。豫亲王多铎后来说他"性格太软,不能说服大家,就没再提起此事"。实际上,两黄旗大臣初议,已征得和硕礼亲王认可。在崇政殿会议一开始,代善就开门见山地说:"虎口(豪格)帝之长子,当承大统。"当时斗争形势十分严峻,内大臣图尔格担心白旗变乱,下令所属三牛录护军披挂甲胄,手持弓矢,把守家门,害怕成为白旗刀下之鬼。十四日黎明,两黄旗大臣盟于大清门,令两黄旗巴雅喇兵张弓挟矢,环立宫殿。诸王大臣列坐东西庑,索尼与鳌拜,首言立皇子;在两黄旗逼宫态势下,对豪格有利,如果代善发言后,会议继续讨论,即使豪格不能如愿,也会把事情说个明白。然而,豪格错误估计形势,学习其父以退为进,谦虚地说:"福小德薄,非所堪当。"说完竟退出会议。这正中多尔衮下怀,以"虎口王既让退出,无继统之意"为由,便开始续写自己的文章。

(2)梦想之毁灭

在崇政殿会议前后,有一种值得注意的现象。那就是两黄旗大臣最初议立豪格为君,代善在会议上明确提出豪格承继皇位,而十四日,两黄旗三官庙会议后,索尼在答复多尔衮询问时,并未指名立豪格为君,而是说:"先帝有皇子在,必立其一,他非所知也。"言外之意,除豪格之外,还可以另行选择。索尼等两黄旗大臣在崇政殿逼宫中,也说:"若不立帝之子,则宁死从帝于地下而已。"其目标也避开豪格名字,除代善之外,保皇势力在公开场合,没有人点豪格继承皇位。而多尔衮在自己没有可能承继皇位的情况下,顺水推舟地说:"虎口王既让退出,无继统之意,当立帝之第三子,而年岁幼稚,八高山军兵,吾与右真王(济尔哈朗)分掌其半,左右辅政,年长之后,当即归政。"这第三子即指福临。

我们分析过皇太极后宫中,科尔沁蒙古的地位和影响。清宁宫的孝端文皇后执掌后宫大权,永宁宫的庄妃是她的侄女。皇太极在时,避开豪格,曾立皇八子为嗣，宫廷内外，包括多尔衮不会不知道。同时，皇太极在最后五年尽管没有立福临为嗣，但他对于福临"六龄即嗜观书史"，愿意学习父皇自幼读书，且已显"博于经籍"的苗头，非常高兴。曾对他"甚钟爱而属意焉"。皇太极死后第二天，九月初十，豪格属下章京敦达里和安达里殉葬前曾问诸王贝勒："如果先帝在天之灵，问起后事如何安排，我们将如何说呢？"诸王贝勒们说："先帝肇兴鸿业，我等翊载冲主，嗣位承基，务当实心辅理。如当得先帝在天之灵垂鉴保护，那正是我等心愿。"这种匆忙之中的答复，当时诸王权力斗争激烈之时，恰好反映皇太极"属意"，即后宫通过两黄旗大臣所表述的意见。多尔衮最后将福临推出，除各旗力量对比对他不利外，亦受后宫影响。他被迫同两黄旗合作，自然与后宫意见合一，史称：后宫"博尔济古特氏侦知，胁多尔衮入宫，立其子"，有其可能性；两黄旗大臣态度的微妙变化，应是受后宫影响，索尼是皇太极信赖最深的人，是多年皇太极侦查多尔衮的千里眼，在国家面临重大决策时机，索尼不能不考虑科尔沁，不能不想到大清政权后院安全。多尔衮在满洲贵族中只看重一人，就是索尼。皇太极对他更是百倍信任，命为内大臣，所以在继嗣问题上，维护皇权的积极性最高。因此，推出福临，索尼表达后宫之意当起决定性作用。

然而，多尔衮内心的伤痕，难于抹平。虽然将福临捧上皇帝宝座，但自己称帝之心不死。当时郑亲王济尔哈朗已看透多尔衮心意，曾说："皇子即帝位，更复何言？唯以他人篡夺为忧。"他的话并非空穴来风。长兄肃亲王悔不当初，在崇政殿乃"待失计矣"，而以硕讬为代表的宗室不满皇权分子，很快开始串联。他们的目的是"欲迁皇上而立墨勒根王"。代善第二子硕讬，萨哈廉之子阿达礼叔侄对于立福临不满，宣称："今立稚儿，国事可知，不可不速为处置。"代善曾警告他们："既立誓天，何出此言？更无生他意。"其中阿达礼为多罗郡王，是七大议政王之一，竟于十六日前往睿亲王府，告诉他："王正大位，我当从王。"硕讬身为固山贝子，也派府中人吴丹至睿亲王府宣称："王可自立为君。"这时的多尔衮，面对侄儿、孙侄儿，密谋叛逆，只是事后说曾"牢拒"，显然不真实，而是默默地等待他们串联，妄图为自己的皇帝梦实现最后一逞。任凭阿达礼等前往拜访郑亲王、豫郡王。多铎以"此非相访之时,始终不出相见",表明他已知道形势危险,况且参与阴谋的还有舅舅阿布泰夫妇。所谓"群情颇不悦",就是指这场为多尔衮谋权的这些人。聪明的多尔衮何尝不知自己幻想不成后的结局。直到硕讬、阿达礼再次返回礼亲王代善家,最后告诉他:众已定议立和硕睿亲王矣。"这告诉人们经过串联已决定,不过最后争得代善的同意,取得两红旗的支持而已。我们很难想象多尔衮真的"牢拒",还会允许两位侄儿、孙儿舍命为自己争位,且抱着成功的喜悦最后去告诉自己的父亲。大概多尔衮希望代善看在自己儿、孙的前程,会赞同这个方案,自己可侥幸称帝。如果不是礼亲王拖着"足疾",于十六日下午,将事件揭露出来,多尔衮仍会伏待。所以史称:"查阿达礼、硕讬之伏法,原非出于睿王之忠诚。"他是在礼亲王代善"差谕睿王,言辞迫切"的情况下,"惧罪及己,是以出首",而真正大义灭亲的却是礼亲王代善。

然而,有三个问题令人深思:其一,十六日傍晚事件被揭露,逮捕阿达礼及其母、硕讬之妻、吴丹、大学士刚林。将硕讬、阿达礼"露体绑缚",草草审判后,当夜就以"扰政乱国,以叛逆罪"将两个人论死。阿达礼母亲、硕讬妻子、吴丹等,以"结党助逆"、"同谋",急忙"俱伏诛",显然是杀人灭口。其二,大学士刚林在正红旗多罗郡王阿达礼身边,一直窥伺"伊主王阿达礼动静",而一听到形势不妙,直接"将伊主交与和硕眷亲王"。在判处他罪行时,以他交出本主后,将事件"俱首于内大臣"而无罪释放。刚林实则是多尔衮侦探,时刻窥视两红旗动静。其三,八月二十三日,多尔衮之兄巴布海的太监,投出一份匿名帖,问题牵连巴布海等多人,多尔衮不听劝阻,竟将巴布海夫妇及其子阿喀喇,坐造匿名帖,陷害谭泰,皆弃市。案件中牵连塔瞻之母,一蒙古夫人和三个太监被杀。多尔衮死后,福临以巴布海无罪为其平冤昭雪,实际上这宗案件是正蓝旗巴布海联合正黄旗舒穆禄氏家族的拥护豪格势力,对拥护福临的谭泰施压。多尔衮大开杀戒是打击豪格势力。

硕讬、阿达礼等推翻幼主案件说明四个问题:其一,多尔衮十多年梦寐以求的皇帝梦,宣告破灭。其二,他很善于观察形势,随机应变。如果他当时采取蛮干态度,将是一场血的厮杀,满洲贵族入主中原的事业将不堪回首。其三,福临即位是封建皇权思想的胜利,努尔哈赤提倡的八王共理国政彻底退出历史舞台。其四，多尔衮绝非正人君子，是心狠手辣之人。

（3）诸王共同发誓

诸贝勒崇政殿"定议同心翊戴，嗣皇帝位"。于是，按照满人习俗当共立誓言，"诏告天地"，开始层层发誓。首先是辅政王发誓，誓词是："兹以皇上幼冲，众议以济尔哈朗、多尔衮辅政。我等如不秉公辅理，妄自尊大，莫视兄弟，不从众议，每事行私，以恩仇为轻重，天地谴之，令短折而死。"其次是诸王、贝勒、贝子共誓，参加者是代善、济尔哈朗、多尔衮、豪格、阿济格、多铎、阿达礼、阿巴泰、罗洛宏、尼堪、博洛、硕讬、艾度礼、满达海、吞齐、费扬古、博和讬、吞齐喀、和讬等，誓言云："不幸值先帝升遐，国不可无主，公议奉先帝子福临缵成大位，嗣后有不遵先帝定制，弗惮忠诚，藐视皇上幼冲，明知欺君怀奸之人，互徇情面，不行举发，及修旧怨，倾害无辜，兄弟谗构，私结党者，天地谴之，令短折而死。"再次是诸位大臣立誓，参加者阿山、叶臣、英俄尔岱等84人盟誓："仅誓告于天地，我等如谓皇上幼冲，不尽躬竭力，如效力先帝时，而诣事本主，预谋悖乱，仇诣无辜，见贤而蔽抑，见恶而徇隐，私结党羽，构启谗言，有一如此，天地谴之，即加显戮。"三部分人盟誓的共同点是忠于皇上，秉公办事；天地鉴察；以寿命作保证。在共同盟誓之外，还有一段插曲，就是两黄旗主要大臣对多尔衮等不放心，所谓"皇子即帝位，更复何言？唯以他人篡夺为忧"。所以，有索尼、谭泰、图赖、巩阿岱、锡翰、鳌拜，盟于三官庙，誓辅幼主，六人如一体的盟誓，表明这场斗争并没有结束。

（二）顺治帝登基

皇太极经过17年艰辛，从八家共理国政中，将自己幼子托上皇帝宝座。然而，福临的皇位宝座在风雨飘摇中度过7年，才江山稳坐。

（1）即位登基

崇德八年（1643年，崇祯十六年）八月二十五日，为新皇帝即位，祭告宗庙。二十六日，满洲贵族以及蒙、汉各族大臣齐集笃宫殿，恭候新主登基。发布诏书云："我太祖武皇帝，受天明命，肇造丕基，懋建鸿功，贻厥子孙。

皇考大行皇帝，嗣登大宝，盛德深仁，弘谋远略，克协天心。不服者武功以勘定，已归者文德以怀柔，拓土兴基，国以滋大。在位十有七年，于崇德八年八月九日上宾。今诸伯叔兄及文武群臣，咸以国家不可无主，神器不可久虚，谓朕为皇考之子，应继大统。乃于八月二十六日即皇帝位，以明年为顺治元年。朕年幼冲，上赖诸伯叔兄、大臣，共襄治理。"这份诏书没有关于济尔哈朗和多尔衮辅政的意见，他表明十四日崇政殿会议结束时，多尔衮宣布福临即位被接受，而辅政问题尚有争议。但争议归争议，多尔衮实际上已走马上任。九月初九日，令济尔哈朗、阿济格率军征宁远。所谓"刑政拜除，大小国事，九王专掌之，出兵之事皆属右真王"。表明辅政王虽然以济尔哈朗为首，而实权在多尔衮手中。二十一日，"奉移大行皇帝梓宫敬安陵寝"。内部的权力分配，就此告一段落。

（2）风波迭起

崇德八年（1643年，崇祯十六年）八月十六日，固山贝子硕讬、多罗郡王阿达礼案件，实质是多尔衮争夺皇位重演。他取得辅政王地位，面对政敌豪格已是决定性胜利。这个结局，心中最不平的是肃亲王豪格，他是既悔又恨。悔的是不该糊涂，自动退让。恨的是多尔衮借机控制朝政大权，使自己处于臣子地位。他的矛头与多尔衮不同，他针对多尔衮，而福临说豪格是看穿了多尔衮的野心。

多尔衮心中明白，阻碍他美梦成真的最大威胁是豪格。然而，智谋、经验相对短缺的豪格，将这个时机过早地提到日程上来。进入顺治元年（1644年）多尔衮辅政的大势已成定局，济尔哈朗、阿济格率领八旗兵经过一个多月征战，已胜利地收服中后所、前屯卫等三城。不久，明朝宁远撤兵和中原的相关消息纷纷传来。满洲贵族尽管尚不知前途如何，而大学士范文程已明确指出，征明机不可失，与明朝之战"实与流寇角也"。如果满洲贵族再痴情内斗，将不堪回首。而此时豪格却仍沉浸在自身不平之中，大发牢骚地指责固山额真谭泰、护军统领图赖、启心郎索尼，"向皆附我，今伊等乃率二旗附睿亲王"。并放言："睿亲王平素多病，岂能终摄政之事，此番出征，令我同往，岂非特欲置我于死乎？和硕眷亲王非有福之人，乃有疾人也，其寿几何而能终其寿乎？设不克终事，尔时以异性之人主国政可乎？""塔瞻公乃我姨母之子，图尔格公素与我善，此辈岂忘我乎？""我岂似彼病夫？尔何注目视我，我岂不能手裂若辈之颈而杀之乎？"

从豪格的牢骚中可以看出四个问题：其一，他悔恨崇政殿的失误。其二，恨多尔衮，认为他"平素多病"、"有疾人也"、"非有福之人"，将"不克终事"。尽管讲的都是事实，但从国家大局说，叔父是一位经验丰富的政治家、军事家，难得的治国人才，不应当诅咒他。其三，多尔衮派他从征中原，并非欲置之于死地，而是必须承担的责任。多尔衮可能有私心，但大局不错。其四，对谭泰、图赖、索尼等听从睿亲王指挥，认为是背叛自己的想法是个严重误解。我们不能否定谭泰等人趋炎附势，但国家面临机遇，图赖、索尼等两黄旗大臣不能不听指挥。所以，豪格的牢骚有相当的内容是个严重的政治错误。

因正黄旗固山额真何洛会及硕兑、胡式、凌土、喀木图、开禅、硕格、达古等联名告发豪格："言辞悖妄，力谏不从，恐其乱政。"结果被剥夺所属7牛录，罚银5000两，废为庶人。内大臣俄莫克图、议政大臣杨善、甲喇章京伊成格、罗硕"坐附王为乱，不行出首"，受到"弃市"处分。何洛会再次受奖励，因为他原是正蓝旗贝勒莽古尔泰旗下大臣。天聪九年（1635年，崇祯八年），以告发莽古尔泰、德格类兄弟叛逆，逃避从逆罪，反而受奖，此次他再次得手。

当然，也有人对谁都不满，说："主上幼冲，我意不悦"；对多尔衮和济尔哈朗"二王摄政之处，亦不合我意"。特别是动辄"迫胁盟誓"，心实不服，不得不面从。无奈之下，只得仰天长叹，希望"天地神明，其鉴察之"。这就是以宗室公艾度礼为代表的部分人的心态。总之，直到多尔衮逝世，满洲贵族政坛可谓风波迭起。

（3）平乱意义

皇太极在17年中创造了奇迹，使满洲贵族江山空前稳固，强盛。明朝辽东巡抚黎玉田感慨地说，满人地方早期不过相当于中原"一个大县"，军力无法与中原相比，而今天"铸炮造药已十倍于我"，兵马器械"百倍于我"，掠

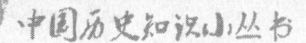

夺壮丁、兵民"不下十几万","辎重金帛又不止百千万"。最后他供认清人实力已"坐大",具备皇太极预想的攒足我全部精神,一鼓夺取中原的实力。多尔衮作为铁腕人物,不管有多少错误,在七个月中使国家摆脱内扰,功不可没。同时,其他各旗贝勒,包括豪格都是功臣,因为他只发牢骚,而不曾操起枪杆子。换句话说,皇太极聚集的人才具有相当的凝聚力和进取精神。

满洲贵族皇权交替之际,形势十分危险。明朝边将曾看到有机可乘,鉴于"群酋争雄",主张"密行间谍,迁出奇兵,联络李朝,跨海牵扯,使其自相猜忌,诛灭有期"。只因明朝国家机器不能正常运作,而不曾发生麻烦。

二　自称周公

多尔衮尽管皇帝梦想破灭，但受多年皇权思想影响，以辅政王、周公身份出现，代理皇权，在一段时期实行强权政治，是明智举措。

（一）统一王权

李朝人看得明白，"刑政拜除，大小国事"多尔衮一人独揽。崇德八年（1643年，崇祯十六年）十二月十五日，取消"凡国家大政，必众议佥同，然后结案"的决策方式，将管理部务贝勒职务一律解除。尽管豫郡王等勉强接受，所谓"复思皇上冲年登帝位。我等正当各勤部务，宣力国家，以尽臣职，今王等之言若此，谅出万全"，不得不遵从。三月二十日，多尔衮将摄政王地位法定化，摆在诸贝勒之上，规定："摄政王及诸王贝勒等仪仗，凡出猎、行军，摄政王仪仗前导奏乐而行"，其余和硕亲王、多罗郡王、多罗贝勒等带仪仗不前导。如专领兵马，或镇守城池，"仪仗前导，奏乐而行"。凡在内及出猎行军，"摄政王正坐，诸王两旁叙坐"。济尔哈朗原本地位高于多尔衮，应是第一摄政王，鉴于多尔衮如此揽权，便主动让贤。顺治元年（1644年，崇祯十七年）正月初十日，他召集内三院、六部、都察院、理藩院堂官会议，提出："嗣后凡各衙门办理事务，或有应白于我二王者，或有记档者，皆先启之睿亲王。档子书名，亦宜先书睿亲王名。其坐立班次及行礼仪注，俱照前例行。"这样，在短暂的时间内，多尔衮实现王权一统。为清军进关、统一指挥做了必要准备。

多尔衮大权独揽后，为表明自己公正治国，以身作则，正月初一日，将

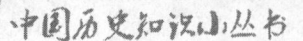

李朝国王因江华岛"全其妻子,不忍负恩",常常"较诸王独厚"的馈赠礼物取消,表示永远不私交、滋扰外国。李朝使臣不了解客观形势导致多尔衮变策真意,认为多尔衮内藏"危疑",是"市恩"行为。多尔衮对于诸贝勒功过依法办理,除处置肃亲王案件外,二月初五日,将多铎"擅领部员,按籍集视八旗女子"的违法行为,给予罚银500两处分。为出征有功的饶余贝勒阿巴泰增录军功。可见,王权一统局面初步呈现。

(二)继承遗志

有人不了解清军入关前满洲贵族统一中原的打算,误认统一中原始于多尔衮决策。天命七年(1622年,天启二年)四月,先汗曾说过:"况南京、北京、汴京本非一人所居之地,乃女真、汉人轮流居住之地。"皇太极继承父志,于天聪九年(1635年,崇祯八年)提出:"大兵若发,明朝皇帝若是放弃北京逃跑,应该追还是不追?"假如攻占北京,"人民婴孩如何安置"?他们父子的理论是满洲人与汉人同属一体,"自古天下非一姓所常有,天运循环,帝王代嬗"。中国改朝换代,满族有份。在给李自成的信中,明确提出:"尔等见明国无道逆行,故兴师征讨",我等"与尔同意",主张联合作战。

顺治元年(1644年,崇祯十七年),明、清、义军三方尽管信息不通,但中国政治形势已进入质变阶段。正月初一日,李自成在西安建国大顺,改元永昌,以西安为西京。初三日,崇祯帝召见左中允李明睿问策,认为形势严峻,"如今起义军势大,已逼近畿甸,实在是危急存亡之秋"。李明睿主张"只有南迁可以暂缓眼下之急"。崇祯帝优柔寡断地说:"朕早有此意,无人赞襄,故延迟至今,但怕诸臣不从,所以还要保密。"十五日,多尔衮统一诸贝勒、贝子、文武群臣征服中原的认识,"誓告天地,期同矢忠报国",突出国家利益高于一切的理念。二十六日,他从鄂尔多斯蒙古方面得到起义军攻取三边消息。对问题的险峻尚缺乏足够重视,再次写信给李自成,争取"协谋同力,并取中原,倘混一区宇,富贵共之"。令其没有想到的是就在辅国公艾度礼报告"宁远一带人心恐慌,闻风而逃"的三月十一日,仅仅过八天,李自成大军于十九日占领北京。四月初一日,南京兵部尚书史可法、户部尚书高弘图、兵部右侍郎吕大器、翰林院掌院詹事姜日广等官员数十人发布檄文，号召天下勤王。福王朱由崧于五月十五日晨时即帝位，是为弘光元年。"南明"第一政权诞生。

四月初四日，大学士范文程上疏强调五个问题：其一，对国内外形势做了深刻分析，认为国内形势是"先皇帝忧勤造肇，诸王大臣只承先帝成业，夹辅冲主，忠孝格于苍穹，上帝潜为启佑"，政局已稳定，正是"摄政诸王建功立业之机会也"。外部形势是明朝"流寇蹢于西突，水陆诸寇环于南服，兵民煽乱于北陲。我军爰伐其东鄙，四面受敌，其君若臣，安能相保"。其"中原百姓塞罹丧乱，荼苦已极，黔首无依，思择令主，以图乐业。虽间有一二婴城负固者，不过自为身家，非为君效死也。是则明之受病种种，已不可治。河北一带定属他人"。其二，鉴于上述形势，他认为目前是"我国虽与明争天下，实与流寇角也"。机会难得，"此时失机会，贻悔将来者亦此时"，显然是督促多尔衮尽快出兵。其三，此时范文程尚不知崇祯帝已故去半个月，提出招抚明朝贤能、抚众，同明廷"言归于好"，造成挟制明廷之局，共同抗击义军。防止将"已成之局而置之，后乃与流寇争"的不利局面。其四，消除"曩者弃遵化、屠永平"给中原人民留下的"无大志"印象，明确今天出兵是"进取中原之意"。申严纪律，秋毫无犯，并提出"官仍其职，民复其业"的政策。其五，提出利用和控制官绅办法，即"可令各城官吏移其妻子，避患于我军，因以为质，又拨其德誉素著者，置之班行，俾各朝夕献纳，以资辅翼。王于众论中，择善酌行，则闻见可广，而政事有时措之宜矣"。从中国政治局势看，满洲贵族为解决内部权力交替耽误一些时间，在夺取中原的问题上，已落后于农民军。然而，经过权力交替，内部重新整合，以多尔衮为代表的满洲贵族凝聚的民族国家实力，已形成拳头，"与流寇角"的时机已成熟。

（三）关门决战

山海关是长城内外锁钥，清军为其所阻，不曾越过雷池一步。它"外控辽阳，内护畿辅"。诚如古人云："譬之人身，京师则腹心也。蓟镇则肩背也，辽阳则臂指也，山海关则节窍窾却之最紧要者也。"清军不能夺取山海关，要想统一中原，难上加难。所以，山海关大战是明、清战争史上的重大战役，是以吴三桂、李自成、多尔衮为代表的中国境内三种势力错综复杂的组合与较量，它决定着当时中国封建政权的走向。

（1）吴三桂叛明

崇祯帝死前的14天，即三月初六日，在农民军逼近畿辅前夕，他派遣太监召总兵吴三桂放弃宁远城，退守关门，勤王京师。吴三桂为保存自己军事实力，照顾部下将领切身利益，不肯即刻增援，缓缓地搬迁军队家属和辽民50余万众。三月十日，农民军已占领居庸关，兵锋所至到达昌平。而吴三桂刚到山海关。如果马上急行军救援京师，尚有机会。但吴三桂还是迟迟不动，用宝贵的五天时间安排移民。二十日，他磨磨蹭蹭地到达河北丰润县，听到京师十九日被农民军占领，便带领军队回山海关。

李自成为招抚吴三桂，一方面派居庸关投降总兵唐通携带4万两军饷犒赏其军，同时令投降的提督京营总兵吴襄给其子吴三桂写信招抚，答应投降封侯。吴三桂见信，决定投降，并将山海关城防大权交给唐通和义军将领。从三月二十二日至二十七日，他与父亲相互暗中通信五封，讨论投降李自成还是投降清朝问题。结果考虑家属在京，与清朝过节较深，决定投降义军。吴三桂带领军队向北京进发。换句话说，作为明朝功臣之家，父子元戎，不顾国难、君父之仇，竟双双俯首称臣于农民军，显然是对明朝的背叛。

可惜，李自成、刘宗敏等农民军领袖们，目光短浅，进驻北京后，军纪日渐松弛。特别是对于明朝各级官员，除极少数中下级官员被录取外，90％的各级官员都成为考掠对象，甚至波及市民、商贾，丧失民心。吴襄尽管已投降，而吴三桂的爱妾陈圆圆亦不能幸免。三月二十五日，吴三桂在向京城进发中，不断侦探京师消息，到丰润一带，得知父亲被考掠，爱妾被夺走，大为愤怒。三月二十七日，扭转马头，四月初四日夺回山海关城，与农民军分道扬镳。

吴三桂在山海关联合当地士绅、官民，发誓复明，借兵清朝。众所周知，四月四日，正是范文程上疏摄政王的日子，清朝不知道关内发生如上事情。初九日，福临令多尔衮为大将军，带领多罗豫郡王多铎、多罗武英郡王阿济格、恭顺王孔有德、怀顺王耿仲明、智顺王尚可喜、多罗贝勒罗洛宏、固山贝子尼堪、博洛、辅国公满达海、吞齐喀、博和讬、续顺公沈志祥、李朝世子及八旗固山额真、梅勒章京，统领满洲、蒙古兵三分之二及汉军恭顺等"三顺王"、续顺公兵出征明朝。

（2）招降吴三桂

多尔衮在行军中带着熟悉中原，特别是熟悉农民军的高级参谋洪承畴。十一日，大军行至辽河，他咨询洪承畴时了解到农民军作战特点、动向，即"遇弱则战，遇强则遁。今得京城，财足志骄，已无固志。一旦闻我军至，必焚其宫殿府库，遁而西行"。洪承畴警告多尔衮看待农民军"未可以昔日汉兵轻视之也"。洪承畴除在军事方面作出一系列分析和建议外，对待招抚中原官民，提出："今宜遣官宣布王令，示以此行，特扫除乱逆，期于灭贼。有抗拒者必加诛戮，不屠人民，不焚庐舍，不掠财物之意。仍布告各府州县，有开门归降者，官则加升，军民秋毫无犯；若抗拒不服者，城下之日，官吏诛，百姓仍与安全，有首倡内应立大功者则破格封赏，法在必行，此要务也。"洪承畴的介绍和分析，构成多尔衮指挥山海关大战战略思想的重要组成部分。

十五日，吴三桂借兵使者副将杨坤、游击郭云龙到达翁后（辽宁省阜新境内），他们带着吴三桂信件。信中将他投降李自成的事只字不提，说了一大堆冠冕堂皇的话，即"三桂初蒙我先帝拔擢，以蚊负之身，荷辽东总兵重任，王之威望素所深慕，但春秋之义，交不越境，是以未敢通名。人臣之谊谅王亦知之。今我国以宁远右偏孤立之故，令三桂弃宁远而镇山海，思欲坚守东陲，而巩固京师也。不意流寇逆天犯阙，以彼狗偷乌合之众，何能成事。但京城人心不固，奸党开门纳款。先帝不幸，九庙灰烬。今贼首潜称尊号，掳掠妇女、财帛，罪恶已极，诚赤眉、绿林、黄巢、禄山之流。天人共愤，众志已离，其败可立而待也。我国积德累仁，讴思为泯，各省宗室，如晋文公、汉光武之中兴者，容或有之，远近已起义兵，羽檄交驰，山左江北，密如星布，三桂受国厚恩，怜此民之罹难，拒守边门，欲兴师问罪，以慰人心，奈京东地小，兵力未集，泣血求助。我国与北朝通好两百余年，今无固而遭国难，北朝应恻然念之，而乱臣贼子亦非北朝所宜容也。夫除暴剪恶大顺也，拯危扶颠大义也，出民水火大仁也，兴灭继绝大名也，取威定霸大功也。况流寇所聚金帛子女，不可胜数，义兵一至，皆为王有，此又大利也。王以盖世英雄，值此摧枯拉朽之机，诚难再得之时也，岂念王国孤臣忠义之言，速选精兵，直入中协、西协，三桂自率所部合兵以抵都门，灭流寇于宫廷，示大义于中国，则我朝之报北朝者，岂惟财帛，将裂地以酬，不敢食言。本欲上书于北朝皇帝，但未悉北朝之礼，不敢轻渎圣聪，岂王转奏"。

如果说多尔衮在明、清改朝换代的关键时刻，为大清王朝立的第一功是奉福临为帝，迅速摆脱内讧的话，接到吴三桂信后的决断，可谓第二功。吴三桂信件有两个重点内容。其一，"岂惟财帛，将裂地以酬"。其二，希望清军"直入中协、西协"。多尔衮将皇太极智囊团的领军人物大学士范文程从温泉请出，慎重决策。即刻采取三项措施：其一，拒绝"裂地以酬"条件，而是于十六日写劝降书，规劝吴三桂："昔管仲射桓公中钩，后桓公用为仲父，已成霸业。今伯若率众来归，必封以故土，晋为藩王，一则国仇可报，一则身家可保，世世子孙长享富贵。"多尔衮令妻弟拜然随同使臣郭云龙回复吴三桂。其二，拨转马头不但军行路线不走蒙古草原，也不按吴三桂要求走中协（喜峰口、龙井关）、西协（墙子岭、密云）而是直奔山海关。其三，"得书即遣学士詹霸、来衮往锦州，谕汉军赍红衣大炮，向山海关进发"，决心迎战关门。

吴三桂早有降清之意，因长期与清朝对战宁远，"难于反颜"，不好启齿。在部将童达行建议下，积极串联关门士绅吕鸣章和军中将领等官员253人，即所谓"说士遣官归命军前"。这件事大约决于十七、十八两日。二十日，吴三桂的第二次使者郭云龙、孙文焕已到达连山。将投降书送给多尔衮。投降书集中反映两个内容。其一，吴三桂已按照多尔衮的军事部署，在永平至山海关给农民军布下"陷阱"。其二，答应投降接受藩王封爵，即"愿如约"，福临当时接到多尔衮书后云："朕闻招降山海关总兵吴三桂。"表明吴三桂第二封信是投降书。

李自成鉴于吴三桂返回山海关，形势严峻，决定亲自出兵夺取山海关。四月十三日，派刘宗敏、李过为前锋官带兵5万，自己随后率兵7000余人，合计兵力在6万左右，号称10万。吴三桂为争得降清时间，在京城至山海关沿路设防三道：其一，派庠生高选、李友松等6人为投降讲和团，目的是延缓农民军进取山海关速度。他们在三河县与义军相遇，李自成虽有疑惑，还是被牵制很长时间。其二，吴三桂派出一支轻骑兵，在永平阻击。李自成发现投降团是阴谋，杀掉5人，逃走1人。其三，在关城外围以村民为主安设假营作为疑兵，待李自成攻破假营，抵山海关，5天的路程，却走8天。吴三桂实现了阻兵计划。

（3）关门决战

多尔衮在连山接到吴三桂降书，改变每日行军60里速度为80里，最后阶段日夜兼程，于二十一日晚间抵达距山海关2里许的威远台。李自成军队已在西石河一带摆开阵势，前锋官唐通率数百兵受吴三桂蒙骗，进入一片石。清军接到吴三桂请求，两军前后夹击，将唐兵消灭殆尽。此战揭开了山海关大战的序幕。

二十二日清晨，李自成给唐通配备2万兵，出九门口，直扑东罗城，企图阻止吴三桂兵败逃跑。李自成率领后继大军将山海关城团团围困。这时，吴三桂宁远兵力有4万左右，山海关黎玉田、高第守军万人左右，不算地方武装共5万兵力，比农民军实战兵力稍逊。清军总兵力在14万左右，合吴三桂兵力，当是农民军的3倍。战争第一阶段主要是吴三桂独自抗战，从清晨战至早晨8点左右，义军稍占优势。吴三桂见形势危急，屡请多尔衮出兵而多尔衮按兵不动。吴三桂急如星火，亲自率兵突围至其军前，跪拜摄政王，两人盟誓。吴三桂剃发后，多尔衮率军进入关门。清、吴合军后，多尔衮令吴三桂军为前锋，战争进入第二阶段，还是吴军与义军相战，时间长达3小时，多尔衮见两军完全疲惫，才令多铎率领的白旗兵冲出。李自成见清军参战，退兵逃走，义军惨败。

关门之战胜利后，多尔衮采取四项措施：其一，兑现盟誓，晋吴三桂为平西王。其二，令山海关城内军民等剃发。其三，以马步兵1万隶平西王为前锋，直趋燕京，追杀义军。其四，发布安民告示，对内要求诸将发誓，并传谕军兵：此次出师，所以除暴救民，灭流寇以安天下。进关西征，勿杀无辜，勿掠财物、勿焚庐舍，不如约者罪之。晓谕官民，示以不杀，共享太平。二十三日，对明朝官民发布文告，内容除回顾往昔明、清纷争外，主要强调三个问题：其一，要求官民剃发开门归降。其二，大军将秋毫不犯，官员主动归降晋爵加级，军民各安生业，不降者"俱斩之"。其三，明确将入主中原，所谓天下者乃天下人之天下，"唯有贤人治之"；天下之民，"唯有德者主之"，公开宣示君临中原。

山海关大决战是清朝入主中原，大业告成的奠基礼，满洲贵族自豪地说："我朝定鼎燕都，统一之基，实始于石河之战，逆闯既歼，大业遂定。"这是多尔衮利用矛盾，指挥军队取得的最佳战绩。可谓皇太极死后他立下的第三功。

（四）功过周公

多尔衮派出英亲王阿济格、豫亲王多铎率领两翼八旗兵，以吴三桂为前锋，向京城方向追击农民军。他从二十三日至五月初一日，用9天时间向京师继进。沿路为招抚官民做了四件事。其一，奖励投降官员。分别奖励抚宁县知县侯益光，昌黎知县徐可大，滦州学正孙维宁，开平卫指挥使陈任重，滦州生员赵仲水等。其二，赈济贫民。得到赈济的分别是利用抚宁县库存3500石粟内，动支1500石，赈济该城"饥民"；利用滦州库存4300石米及4933石粮内，动支1000石赈济该城民。其器，劝民复业。安民告示云："尔不必逃离各乡。农夫仍可耕田，商贾仍可行商，不违先例，切勿畏惧。凡归降者，其财物秋毫不犯。"其四，宣传称帝中原。在抚宁等县强调我军"特为肇基立业"而来。这段时期，由于农民军错误政策丧失民心，对吴三桂和清军入关认识不清，且抱有感激之情。多尔衮一路受到欢迎，如墨城堡民向多尔衮供大米、猪、酒等物，以至"民心大悦"。

（1）予法周公

多尔衮于五月初二至北京城，在明朝官民夹道迎接时，当众宣布两件大事，即这次带兵前"来定天下"，以图大业。同时表明"予法周公辅冲幼主"。为保证实现这个目标和愿望，他采取下列措施。其一，约束军纪。从山海关起程前，八旗各级官吏曾层层发誓，如不遵守法纪"天地共诛"。进入北京城，士兵乘城，日食炒面，不敢接受民食；无摄政王"标旗"不得进城。先后将强奸民妇者"弃市"，屠民家犬者"各鞭一百，贯耳鼻"，擅自在昌平陵地牧马的官员革职。其二，积极招抚军民。李自成于四月二十六日，回到北京城即皇帝位。三十日出城，奔往西安。吴三桂、阿济格等率兵追击。五月十二日，退回北京。时至五月底，燕京迤北，居庸关内外各城及天津、真定等处，畿辅近地基本平定。六月底，统治地域："自大同以西，黄河以北，尽皆底定；燕京以南，顺德以北，俱已来归。"多尔衮高兴地说："疆圉日扩，一统有基矣。"其三，舒解民困。六月十七日，他要求各级官吏察出"鳏寡孤独，谋生无计，即乞丐街市者"，给以赈济。七月初八日，宣布废除明朝末年的三项加派。布告说："大清摄政王令旨"，谕官吏军民人等，予闻德唯善政，政在养民；养民之道，必省刑罚，薄税敛，然后风俗醇而民生遂。至于前朝弊政，厉民最甚者，莫如加派辽饷，以至于民穷盗起，而复加剿饷，再为各边抽练，而复加练饷。唯此三饷，数倍正供，苦累小民，剔脂刮髓，远者二十余年，近者十余年，天下嗷嗷，朝不及夕。决定自顺治元年为始，凡正额之外一切加派，如辽饷、剿饷、练饷及召买米豆，尽行蠲免。同时，蠲赋税钱粮，从关外挽运粮饷接济京城民困。一时出现"官民大悦"的可喜情况。其四，为崇祯帝发丧。多尔衮为赢得中原官民之心，从五月四日到八日，给崇祯帝发丧三日。这件事很得民心，不仅京城百姓心悦诚服，身居江南的史可法，在给多尔衮的回书中也大加赞扬："殿下入都，为我先帝后发丧成礼，扫清宫殿，抚辑群黎……此等举动，震古烁今，凡为大明臣子，无不长跪北向，顶礼加额。"南明史臣马绍愉致吴三桂的书中也说："清兵杀退逆贼，恢复燕京，又发丧安葬先帝，举国感清朝之情，可以垂史书，传不朽矣。"

（2）迎帝入京

迎接顺治帝入京是多尔衮"予法周公"的重大举措。他既有个人恨怨和野心，也是识时务，顾全民族、国家大局的英雄豪杰。他刻骨铭心地知道崇德八年（1643年，崇祯十六年）八月十四日、十六日，自己皇帝梦破灭，只求得辅政周公的美名，才是正道。在他身后，有人说："皇上冲龄，远在盛京，彼若肆然自帝谁能禁之。"或称他"兵权在握，何事不可为，且吴三桂之所迎，胜国旧臣之所奉，只知有摄政王耳，其事更无难号召"。这是吏科副理事官彭长庚和乾隆帝不达时事之见。其实，国家正处于定鼎中原，面临强大压力，多尔衮对于能否最后取胜心中无数，他在四月二十四日给顺治帝奏文中说："进

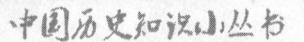

军如何,将平天意。"他哪里顾得上"图谋不轨",同室操戈,去"潜锄异己,以逞逆谋"。如果多尔衮真的像乾隆帝等人所说的那样,那他就是神经不正常。否则只能责备乾隆帝对多尔衮思想和当时内外政局缺乏深入、科学的了解。

从多罗英郡王阿济格的态度,我们不难看出当时满洲贵族在担心什么。清军刚稳定京畿地区,是否将迁都提上日程。阿济格认为,先汗刚入辽沈时,满人被汉人杀死很多,原因就是没有将汉人大批杀掉。今天进入中原如果不先动手,将后患无穷。他主张:"今宜乘此兵威,大肆屠戮,留置诸王以镇燕都,而大兵则或还守沈阳,或退保山海,可无后患。"这表明形势岌岌可危。多尔衮牢记皇太极教诲:"若得北京,当即徙都,以图进取。"然而,清军能否征服整个中国,多尔衮也在彷徨。顺治元年(1644年)六月十一日,他尽管决定迁都,但底气不足。在回答放弃北京而东归的意见时说:"人心未定,不可弃而东归。"他内心清楚,皇帝不来北京,主张东归的宗室贝勒们,不会安心致力于中原事业。就在这一天他派辅国公吞齐喀、和讬、固山额真何洛会前往沈阳奏请迁都。他向皇帝陈述说:"臣再三思维,燕京势踞形胜,乃自古兴王之地,有明建都之所。今既蒙天畀,皇上迁都于此,以定天下,则中图治,宇内朝宗,无不通达,可以慰天下仰望之心,可以赐四方和恒之福。伏祈皇上熟虑俯纳焉。"多尔衮的奏折明里是给皇帝福临,实际决策者自然是孝端、孝庄为代表的后宫。

顺治元年(1644年)八月二十日,顺治帝一行从盛京起行,九月十九日进入北京皇宫。行程29天。从迁都过程中看,多尔衮确有周公姿态。在北京通过礼部对于文、武百官礼仪进行缜密准备。九月初五日,圣驾行至曲树河堡时,他派遣甲喇章京顾纳代等迎驾。初十日,行至深河驿再派遣吏部尚书巩阿岱等迎驾。十五日,行至梁家店,有学士詹霸等自燕京迎驾,进马匹果品。十八日,行至通州,他自己率诸王、贝勒、贝子、公、文武群臣迎驾,亲自跪候驾过。入京诣皇太后前,行三跪九叩头礼。次诣帝前行三跪九叩头及抱见礼。从多尔衮迎帝入京,跪拜皇太后、皇帝等情况看,此时所谓"予法周公",当是真实思想。

（3）封叔父王

礼部尚书郎球领导礼部经过紧锣密鼓的十余天准备，十月初一，举行皇帝即位大典。

告天即位，仍用"大清"、"顺治"等号。这次皇帝即位大典除按照中原传统封建礼仪举行外，一个突出的问题是加封多尔衮"为叔父摄政王"。主要是对他的功绩从四个方面评估：其一，在皇太极时期的功绩给予高度评价，指出："太宗文皇帝嗣位，西并蒙古，东臣朝鲜，拓土开疆，显庸创制。皇考命叔父摄政王，征讨元裔察哈尔，俘其后妃世子，迁其邦族，获制诰玉宝。又随皇考征朝鲜，率领水师破江华岛，尽掠其国王眷属，遂平朝鲜。"在其战绩叙述中，特别强调"各处征伐皆叔父倡谋出奇"。这句评语是个绝顶的评价。其二，认为皇太极之所以"特加爱重"多尔衮，是因为他具备两个优势，即"体国忠贞，助成大业"，此语符合实际，"幼而正直，义无隐情"，此语基本符合实际，但他内心世界的隐私无法否定。其三，册文中将在关外皇权交替之际，其私密行为掩盖起来，专门强调"我皇考上宾之时，宗室诸王人人觊觎，有援立叔父之谋，叔父坚誓不允。念先皇殊常隆遇，一心殚忠，精诚为国"，并突出"辅朕登极，佐理朕躬"，给出"高于周公"的评价。其四，占领燕京，"抚定中原，迎朕来京，膺受大宝"的功绩，认为是"此皆周公所未有，而叔父过之"的"硕德丰功"。鉴于如上奇功、特谋，给多尔衮"用加崇号，封为叔父摄政王，赐之宝册，式昭宠异"，并"特令建碑纪绩，永垂功名于万世"。命礼部尚书郎球等建碑纪绩。当时在京城的外国人说，这是多尔衮在为自己树碑立传。

十月十三日，顺治帝对诸位宗室加封。郑亲王济尔哈朗为信义辅政王，复和硕肃亲王豪格爵，晋封多罗武英郡王阿济格、多罗豫郡王多铎，俱为亲王。封多罗贝勒罗洛宏为多罗衍禧郡王，封硕塞为承泽郡王。

三 进兵江南

多尔衮等满洲贵族尽管在畿辅等北方地区站稳脚跟，但面临的统一中原任务仍十分严峻，阶级矛盾和民族矛盾等各种冲突刚揭开序幕，真正立足中原更加艰难。

（一）反清浪潮

中国社会经过多年变乱，民心不一，多尔衮的首要任务是治理北方，安定民心。然而，没过多久，民族矛盾逐渐上升，反清浪潮到来。

（1）京畿变乱

多尔衮在进京路上，受到百姓欢迎的局面，没维持多久，京畿便开始变乱。从五月至七月有三河县民为乱，所谓"无知奸民乘机窃发，谋害邑令"；昌平州"贼"作乱；天津等处"乱民"闹事；各处"土寇"纷起，流言遍地。对此，满洲贵族十分惊慌，对于"土寇蜂起，乌合唱乱"、"传布讹言，最可骇异"的严重形势，策划要从实下手，以安畿甸。因此，采取诸多措施：其一，严禁讦告。当时京城风气就是动辄告状，所谓"首告纷纷"。许多人闲来无事，投机取巧，"以越诉为等闲，以诬告为常事"。教唆建讼，败俗伤财。多尔衮接受大学士范文程建议，下令严禁，凡是五月二日以前之事，既往不咎。此后，倘奸棍讼，沿袭恶俗，陷害良民，依法处罪。其二，发兵镇压。派出汉军固山额真巴颜、石廷柱等统兵分别镇压、安抚昌平、天津等处乱民。其三，设立保甲，加强邻里之间约束。其四，积极解释"屠民东迁"流言。其五，收缴民间马匹、兵器。

（2）变乱起因

多尔衮等采取各种措施后，"土贼窃发"形势，未见好转，是什么原因他不解。开始认为"必有流贼奸细潜相煽惑，贻祸地方"；是京畿小民好为讹言。这些探讨不无道理，但采取措施后，形势仍旧。进京将近一个月，他才弄明白根在自己身上，就是推行剃发令，激化了民族矛盾。

多尔衮等遵照皇太极遗训，不改满洲发式、服饰制度，并将本族衣冠制度作为政治标准，作为一心还是二意、做清人还是当明人的准绳。这是皇太极民族政策改革不彻底的表现，是民族压迫政策。多尔衮到达山海关，第一个剃头的是吴三桂。百姓看后，认为清朝人轻看中原人，刺激了民族情绪和尊严。接着关城、进京沿路百姓，一律要求剃发归降。福临在入京路上也念念不忘剃发归降。五月八日给崇祯帝发丧后即刻下令："凡投诚官吏军民，皆着剃发，衣冠悉遵本朝制度。"半个月后，五月二十四日，京畿形势严重，多尔衮被迫采取退让政策，言不由衷地说："予前因归顺之民，无所分别，故令其剃发，以别顺逆，今闻甚拂民愿，反非予以文教定民之本心矣。自兹以后，天下臣民，照旧束发，悉从其便。"

我们之所以说多尔衮的政策是言不由衷，就是指他宣布的是临时性缓解民族矛盾的手段，而不是诚心改变政策。尽管他同时采取禁止满洲庄头等抢夺，令官商"两得其平"贸易，努力宣传"满汉官民，俱为一家"等。但中原汉族人民仍不买账，反清浪潮一浪高过一浪。

（二）通牒江南

多尔衮为安抚京畿地区，用去半年时间，到七月份对南方消息开始关注。七月十二日，招抚山东、河南侍郎王鳌永密报："近闻南中已拥立福王，改元弘光。以史可法为内阁。封总兵刘泽清、刘良佐、黄得功、高杰等分据各镇。"指出江北之地，彼所必争。请即补镇臣，移驻曹、单，控扼淮、徐。这时，河北、河南、山东和山西，在清军镇压下，相继派出地方官管理，逐渐稳定。多尔衮半年前抱着得寸则寸，得尺则尺，没有信心的态度大为改变。二十七日，派南来副将韩拱薇等传谕史可法，向南明政权发出最后通牒。主要

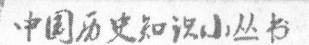

内容有三点：其一，招抚南明。以吴三桂为榜样，希望南明官员主动归降。所谓"亲郡王将军以下，一切故封，不加改削；勋戚文、武诸臣，咸在朝列，恩礼有加。耕市不惊，秋毫无扰"。其二，否定南明政权合法性。认为南明"拥号称尊，便是天有二日，俨为敌国"。只要削号归藩，永绥福禄，位在诸王侯之上。其三，进行军事威胁，即"兵行在即，可东可西，南国安危，在此一举"。

史可法于九月十五日的回书中，除强调南明政权合理合法外，亦强调三个问题：其一，明朝是中原正统王朝，清朝是"夙膺封号，载在盟府"的地方政权。希望多尔衮不要"以义始，而以利终"，窥视中原领土。其二，希望联合讨伐农民军，即"伏乞坚同仇之谊，全始终之德，合师进讨，问罪秦中，共枭逆贼之头，以泄敷天之愤"。其三，告诉多尔衮南明已派出使团，希望"两国世通盟好，传之无穷"。史可法的回书，从政治上说，地位十分软弱，不切实际，是一厢情愿的幻想。特别是多尔衮告诉他，吴三桂已投降清朝，而史可法硬是说"我吴大将军"。义军败退陕西，面对清朝最后通牒，两军根本不具备联合条件。

（三）消灭南明

从顺治元年（1644年）七月至顺治二年（1645年）五月，是清军平定中原进展最快的时期。主要是稳定北方，消灭南明政权。

（1）平定北方

山东是江南运河向京师输送粮饷的命脉，山西是煤运等资源通道。平定山东、山西是确保京师政权稳定的重大决策。是时，山东反清主要力量是义军旗鼓赵应元占领青州府。总兵刘泽清的将领杨威称帝登莱等府。农民领袖宫文采领导的满家洞起义军。清朝鉴于形势需要，先后派出和硕肃亲王豪格、饶余郡王阿巴泰等领兵驻镇济南。先后将各地起义平定。肃亲王将南明防河将领睢州总兵官许定国招抚。

为扫平西进大军障碍，多尔衮将山东驻军固山额真叶臣等调往山西，先后攻破米脂县等5州20余县，击败陈有福军，占领太原府城。至顺治元年

（1644年）十一月，山西全省悉平，唐通归降。

（2）克取潼关

顺治元年（1644年）七月，农民军退守陕西，经过一番休整，很快组织反攻。分路向河南等中原腹心进军，河南巡抚罗绣锦报"流贼"2万余人，渡黄河攻怀庆府。企图恢复清军对中原地区的占领。南明四镇之一高杰所部进驻淮阳。中洲南有明兵，西临"流寇"，张缙彦受明直隶、山西、河南总督之职。凌驷结连"土寇"，敌情险峻必先行解决河南，除去肘腋之患，则河北可保无虞。明朝主事凌驷、张缙彦假投降，并受明官职，搞两面政权。他们鉴于南明朝中无定策，文武不和衷，沿黄河防线无重兵防守，便联合地方武装刘洪启、李际通等加强沿河防线。是时，投降农民军的明副将董学礼兵临淮庆府，与南明势力有会合之势。

多尔衮鉴于形势严峻，于十月令英亲王阿济格为靖远大将军，同平西王吴三桂、智顺王尚可喜率领八旗兵西征秦中，十九日出征。二十四日，清廷向南明宣战，声讨其三大罪行：其一，即"尔南方诸臣当明国崇祯皇帝遭流贼之难，陵阙焚毁，国破家亡，不遣一兵，不发一矢，如鼠藏穴"。其二，我兵进剿，"流贼西奔"，南方尚不知京师确信，没有遗诏，擅立福王。其三，不讨敌报酬，诸将各自拥众，扰害良民，自生反侧，以起兵端。为此决定"爰整六师，问罪征讨"。二十五日，命和硕豫亲王多铎为定国大将军与恭顺王孔有德、怀顺王耿仲明等率领八旗兵出征江南。任务是："如已克流寇，即遵谕仍赴南京，如流寇闻风遁走，豫亲王即追蹑贼后至西安。"

是时，大顺军2万余人渡过黄河，进攻河南怀庆。怀庆府北邻太行山，南界黄河，是南北冲要。大顺军攻克济源和孟县，在栢乡迤西击毙清军提督副将金玉和，乘胜追击，一举攻克怀庆府城沁阳。董学礼驻扎怀庆。十二月十四日，豫亲王兵至孟津击败大顺军，分兵两路，主力部队乘胜追击，招降董学礼，直奔潼关。同时派护军统领图赖，先率精兵渡黄河，义军都司黄士欣、果毅将军张友声等遁去。沿河15寨堡兵民，望风归服。睢州总兵许定国、玉寨首领李际遇等所据1府2州12县大小山寨千余，官兵4万余众降清。二十二日，师至潼关20里立营。二十九日，汝侯刘忠敏据山为阵，被斩杀过半。顺治二年

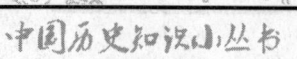

（1645年）正月初四日，刘芳亮领兵千余来窥清军大营失败。十三日，清军进驻潼关。当日，大顺军出蓝田口，奔往商州。豫亲王率兵于十六日自潼关起行，十八日至西安。

（3）追击江南

靖远大将军英亲王阿济格于十月十九日出兵。是时，三秦基本平定。阿济格率军收复陕西38座城镇，随后追击大顺军。李自成率西安府马步兵13万，会合湖广襄阳、承天、荆州、德安四府所属官兵7万，共计20万，声言欲取南京，水陆并进。清军随后追击。大顺军进入九宫山。刘宗敏等被俘，李自成不知所终。收降宁南侯左良玉之子左梦庚等总兵12员，马步兵10万。攻克河南、湖广、江西、南京等属城共63座。

（4）福王被俘

顺治二年（1645年）二月十六日，镇守平阳固山额真阿山等率领满洲、蒙古、汉军官兵及科尔沁兵，会合定国大将军和硕豫亲王多铎往征南京。三月初七日，兵从虎牢关、龙门关、南阳三路趋归德。二十九日占领河南、开封、归德三府。南明御史凌骃被俘。四月初五日自归德府起行，十八日薄扬州城。二十五日克扬州，史可法殉国。五月初五日，进至扬子江。十五日占领南京。忻成伯赵之龙率魏国公徐州爵等9人，项城伯常应俊等8人，内阁大学士王铎等16人，巡抚、提督以下23员，监军道等49员，参、游以下86员，步兵238300人投诚，福王被擒。

四 艰苦历程

从顺治二年（1645年）闰六月十三日到多尔衮病逝的5年中，最初多尔衮认为南明第一政权已轻而易举地被推入坟墓，倍感欣慰，庆幸地说："今天下一统，大业已成。"今后是"统一天下，满汉一家，同享生平"之时。为教育八旗子弟，注意民族关系，对待汉人不得歧视，命令内院大学士太子太保兵部尚书兼都察院右副都御史洪承畴以原官招抚江南；升礼部右侍郎孙之獬为兵部尚书兼都察院右副都御史翰林院侍读学士提督军务，招抚江西；尚宝寺卿黄熙允招抚福建；原任大同巡抚江禹绪招抚湖广；刑部郎中丁之龙招抚云贵。似乎如此，江南很快就会平定。然而，他只是在法制层面上主张民族平等，而剃发令等民族歧视政策不在其内。正是这一点使他生平最后时刻陷入艰苦的战争历程。

（一）北方动乱

京畿是满洲贵族统治的心脏地区，直到多尔衮生命结束，"土贼横行"的严重局面始终未得解决，其间有"土贼"杀死知县张必科，攻陷庆云。天津"妖妇"张氏假称故明天启后，"谋为不轨"。东明"土贼"，称天正年号，纠众数十万，围困县城。北直隶接壤山东、河北一带，"盗贼"日炽，商贾不前，耕桑失时。兵到则东剿西遁，兵撤则勾连复起。"贼首"刘洪起等长期占领河南汝宁、西平等县。郑州"土寇"杨秉孝等，啸聚党羽，潜号设官，谋攻邳城。范县"土寇"作乱，如皋李七等威胁凤阳安宁。

山东胶州等地"贼首"谢迁联结南山"诸贼"，攻陷高苑、淄川等县城，众达数万。"贼首"丁维岳、张尧中陷城劫库，势成燎原。"土贼"犯东平，知州战殁。清廷不得不出动大兵弹压。顺治五、六年（1648、1649年），为镇压山东曹县"土寇"竟派出英亲王阿济格、郑亲王济尔哈朗等出兵。

顺治五年（1648年）十二月初八日至第二年（1649年）八月二十八日的9个月中，大同总兵姜瓖叛变。山西、陕西等重镇忻州等50%的州县落入叛军手中。在姜瓖叛变前后一年时间，多尔衮忧心忡忡，五次出兵，直接亲临大同三次。直到顺治六年（1649年）八月二十八日，姜瓖部将总兵扬振威等斩姜瓖等投降，这场战争才结束。

（二）东南激战

南明第一政权灭亡后，顺治二年（1645年）七月初三日，多尔衮命定国大将军和硕豫亲王多铎退兵，多罗贝勒勒克德浑为平南大将军前往代之，继续完成平定江南任务。八月初四，靖远大将军和硕英亲王所部官军也返回京城。尽管两路大军胜利返回，多尔衮兴奋地宣布："江南各省底定。"但当年六月在八闽、浙东地区，唐王隆武政权、鲁王政权先后诞生。反清斗争并没有结束，顺治三年（1646年）正月十二日，江宁府城内百姓与"城外贼"相互勾结，30多位首领人物，拥戴明宗室潞安王等"同谋作乱"，于十八日夜率兵2万余人，三路进犯。同时，在潜山太湖间司空寨有"贼首"石应莲等，拥故明樊山王叛乱。有"逆绅"长兴伯吴日生等出没太湖。有故明废绅侯峒曾等潜通鲁王，对大学士洪承畴及巡抚土国宝等进行策反。明朝推官陈子龙，受鲁王部院职衔，"结联太湖巨寇，潜通舟山余孽"。有苏州提督吴胜兆谋叛。有故明宗姓朱履祧"讹言倡乱"等大案频发。

在安徽先后发生故明翰林金声受唐王敕书，募集乡兵10余万，制造甲胄、枪炮等项，分布山隘，抗拒清兵。有故明唐王朱聿剑兵，在大学士阁部黄道率领下进攻徽州。

从顺治三年（1646年）至顺治六年（1649年），江西反清势力此起彼伏。顺治三年（1646年）有故明永宁王及其子朱慈荣等率兵围攻抚州、建昌。有明永胜伯郑彩率兵增援抚州。顺治四年（1647年），在瑞金、石城、兴国、英德等州县"土贼"纷起。在东安县有明瑞昌王率众叛乱。吉安等处有郭应铨等盘踞龙泉山中与"渠魁王来八勾连作乱"。有明宜春王朱议衍率众从江西入据汀州山寨反清。顺治五年（1648年）二月，有江西总兵金声桓称豫国公，王得仁称建武侯，用隆武年号，据南昌反叛，攻陷郡邑。有明巡抚吴江、兵部尚书余应柱等久聚南康、湖口，"党恶助逆"，与金声桓声势相依。顺治六年（1649年）正月，多尔衮派出征南大将军固山额真谭泰、固山额真何洛会等前往弹压，地方相继平定。江西金声桓反清，将近11个月，令多尔衮如坐针毡。

同期，浙闽战场斗争亦十分激烈。顺治二年（1645年）闰六月，贝勒博洛率兵直趋杭州。鲁王势力张名振、王之仁、钱肃乐、张国维等与清军对峙钱塘江。顺治三年（1646年）五月二日，清军突破钱塘江，"江东底定"。七月初十日，平南大将军多罗贝勒勒克德浑班师回京。在福建有唐王属下阁部李永茂、黄道周等率兵数十万众，声言进攻南赣。顺治三年（1646年）有"浮梁、余千等县逆寇勾连闽贼倡乱"，进犯饶州、抚州。十一月初一日，征南大将军多罗贝勒博洛再次出兵，唐王在汀州被俘，福建基本平定。直到顺治六年（1649年）四月，经反复征战，"全闽底定"。

（三）征战湖广

从顺治二年（1645年）至顺治七年（1650年）的6年中，在两湖战场呈现农民军余部与南明第二政权唐王隆武势力相结合的反清态势，而清朝动用孔有德、耿仲明、尚可喜"三顺主"兵力进行弹压。顺治二年（1645年），在黄冈县有"巨寇易道三、王光淑，拥众猖獗，联络四十八寨"抗清。顺治三年（1646年）十一月，南明第三政权永历朝诞生。平南大将军多罗贝勒勒克德浑于十二月十八日，自江宁乘舟，向湖广进发。顺治四年（1647年）正月初十日抵武昌。是时，有义军一只虎所部占据房县、白马洞。光山伯刘体纯攻犯襄阳。明总督何腾较所部犯岳州。总兵王朝宣等占据衡山、安仁、新化、龙阳等县及衡州、常德二府。有"潜称镇武伯"者，用永历年号，盘踞郧阳。义军"牛万才窥犯松滋"等地。顺治五年（1648年），有刘大刀等据兴国合谋于明瑞王等人为乱。顺治六年（1649年），清廷派出和硕郑亲王为定远大将军与明总督何腾蛟及义军将领马进忠等战于湘潭、宝庆、衡州、辰州、沅州、靖州、全州，何腾蛟被擒。八月二十三日，郑亲王奉命班师。顺治七年（1650年）正月二十三日，大军回至京师。四月，孔有德等"三南王"率领大军再战湖南、广西，两军形成拉锯战。

（四）争夺两广

在顺治三年（1646年）至顺治七年（1650年）的五年中，孔有德等"三顺王"改封"三南王"驻镇两广。顺治三年（1646年）八月，多尔衮命恭顺王孔有德为平南大将军与怀顺王耿仲明、智顺王尚可喜等率领满、汉官兵进征湖南、两广。平定湖南后，因江西提督总兵金声桓反叛，而撤回京城。顺治四年（1647年），唐王朱聿键弟朱聿鐭在广州府建立绍武政权。清廷派遣署两广总督事佟养甲，署提督李成栋率师进剿。顺治五年（1648年），义军将领李锦在湖广地区。孔有德等"三顺王"班师。十一月，署提督李成栋据广州反叛，称惠国公。清廷派遣和硕郑亲王出兵弹压。顺治六年（1649年），封孔有德为定南王，耿仲明为靖南王，尚可喜为平南王，分别进驻广东、广西。顺治七年（1650年）十一月，平南王、靖南王攻克广州，定南王夺取桂林。各自开府驻镇，是为"三藩"驻镇地方之始。

（五）西北征战

义军领袖张献忠于顺治元年（1644年）十月，在成都建立大西政权，改元大顺，以成都为西京。清廷感到是个潜在威胁，"难为收拾"。顺治二年（1645年），在招抚的同时，派遣内大臣何洛会为定西大将军征讨。顺治三年（1646年），改派和硕肃亲王豪格为靖远大将军，统兵讨伐张献忠。先后击败二只虎、贺珍等"贼渠"，收复邠州、庆阳、延安、鸡头关、汉中等地。十二月二十七日，在西充境击毙张献忠，大破其军，四川平定。

从顺治三年（1646年）至顺治七年（1650年），在陕西的反清势力声势浩大。顺治三年（1646年），有"逆寇贺珍、孙守法、胡向化"等活动在西安、汉中地区。商州有"逆贼二只虎"。顺治四年（1647年）有贺珍、孙守法、刘二虎、武大定等转战于兴安、紫阳等州县。顺治五年（1648年），在巩昌、临洮、兰州等处有反清回民起义。顺治六年（1649年），有南明定远侯赵荣贵率众万余人犯阶州。在汉羌有山阴王反清。有"逆贼王永强"和甘凉回民起义领袖米喇印、丁国栋"倡谋作乱"，攻破同官县、定边、花马池等地。同时，有平阳府"盗贼蜂起"，各属州邑，相继失陷。在浦城、宜川、安塞、清涧等处"贼寇"纷纷起义。在榆林、保德、府谷、榆镇西协、定边有"贼渠刘登楼、任一贵、谢汝德"等活动。清廷派吴三桂出兵弹压。

从上述的事实中不难看出三个问题：其一，多尔衮在皇太极逝世之后，心存称帝幻想，只是阻力太大，不得不放弃。其二，他的可贵之处在于胸中有民族和国家大局，想称帝，不蛮干，整军入关，为统一中原作出重大历史贡献。其三，他不知变通，坚持皇太极遗训，推行剃发令，使统一中原步入漫长、艰苦历程，给中华民族造成重大损失。

【第五章】满汉文化大交融

一代王朝兴起，必有一代豪杰群体支持，而豪杰群体的出现，必是社会经济、政治变革而托出的产物。多尔衮便是满族从打牲、采集、牧业经济向农业经济过渡，社会从部落、奴隶制向封建制过渡的大变革时代而诞生的英雄群体人物之一。其父兄作为先驱者，已将满族社会引上封建化道路。然而，当他率领清军进入高度封建化的中原地区时，别无选择，只能沿着这条路走。同时，他以"超人的谋略和精明"，顺应历史潮流，与中原士大夫联手，进一步开创和奠定一代王朝基业。因此，他的"聪明才智"使最有学识的中原人"都钦佩不已"。我们仅举数例，略加分析。

一 安定民生

满洲贵族进入中原时，摆在面前的是烂摊子。民以食为天，王朝末年崩溃的经济是首先要解决的问题。多尔衮采取多项措施。

（一）开源济急

顺治元年（1644年），中原地区面临严重饥荒，走出京城大门就会看见："畿南荒旱，小民饥馑，啖泥食草，面无人形。"京城周围省份，同样"地土荒芜"，人口稀少，百姓流离失所，嗷嗷待哺，而"民以蠲赈望之上，上乃以输纳责之下"。赈济贫民，筹集军饷，免征赋税，官员俸禄等，无不使有司望屋而兴叹。

为开源济急，多尔衮一则从清朝关外盛京将"币银取之百余万"，发往北京，大批粮食，"挽输不绝"，并求助于李朝人供应。然而，尽管关东有库藏，但偌大个中原，何能源源供给，为解决长远经济难题，他从明朝旧官那里得知,"山东乃粮运之道,山西乃商贾之途",只要控制东、西两个通道,便可"财富有出,国用不匮矣"。于是,统一中原的战争加快步伐进行,成为解决经济困难的重要手段。

明朝王公贵族在京城的俸饷,主要依靠京东大运河,将江南苏、松、常、嘉、湖等地缴纳的税饷北运。每年普通漕粮征集数额多达400万石。另有供给皇家食用的白熟糯米17万石,各府糙粳米4400石,称为白粮。合起来,叫作漕白粮。多尔衮为恢复漕运,于顺治三年(1646年)八月二十六日,设淮安总理漕储满洲户部堂官,监督管理。尽管官吏贪污、"民命旦夕难支"等原因,北运漕粮,多有挂欠,每年常常缺额少则30万石,多则70万石。但多数可以运到京城,基本满足京城所需粮食供应,有利于中央政权稳定。同时,满洲贵族按明朝制度,命江南提督织造原太监车天祥继续"照旧织造",以供应京城皇家需要。

(二)整顿赋税

多尔衮深知,"国计民生,首重赋税"的道理,为清理明朝赋税积弊,实现既满足军需供应,"以裕国课",又减轻人民负担,达到"轻徭薄赋,与民休息"的目的,顺治三年(1646年)四月,他要求对明朝横征暴敛的赋税,进行改革,"该蠲的蠲,该革的革"。命前明大学士冯铨会同户部尚书英俄尔岱等,对明朝册籍进行彻底核查,如在京各衙门的钱粮款项额数,今如何收支销算;在外各省钱粮,三饷蠲免额数,民间实际垦种土地有多少,应实征、起解、存留各多少,在内责成有关部门,在外责成抚按,严核详查,最后拟定《赋役全书》。

与此同时,从顺治元年(1644年)十一月开始,加强盐课银管理。将京城九门盐法管理权,从北城盐察御史衙门手中,转归户部。汝宁的淮盐,仍归两淮巡盐御史管理。临洮、巩昌的原食西和、漳县盐,仍归甘肃巡按监管。凡是盐商仍然使用明朝"旧引"者,一律改称清朝"新引"。经过清理和整顿,7年时间共征收盐课银多达1000万两。

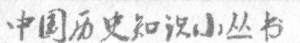

（三）旗人生计

满洲贵族入主中原，民族大搬迁时，正当秋成时期，多数百姓故土难离、水土不服等牵扯，不愿意进关，而满洲贵族深知本民族人数偏少，有势单力孤之危，命令全数搬迁。为安置八旗生计，清政府三次圈占近京300里至500里之内所谓明朝故明国皇戚、驸马、公、侯、伯、太监等死于寇乱者的无主田地，给予满洲宗室王、贝勒、贝子、将军及八旗官兵。主要地域大部分是在今近京畿辅地区。从顺治元年（1644年）至康熙二十三年（1684年），长达40年，在畿辅地区，凡宗室王、贝勒、贝子、将军之庄田、园，共13380顷有奇。凡勋戚、世爵、职官、军士庄田共14128顷有奇。据有关专家统计，畿辅八旗庄田，占地数目大约6万余顷。圈占、更换、退拨等经过调整后，在京畿满洲"百万之多，处处裕然也"。特别是诸王、大臣等各级官员，占地很多，所谓："今诸大人之地，广连阡陌，多至抛荒，则亦委于无用已。"所以，清军入关初期，满洲官民经济生活相当富裕。

（四）经济拮据

终多尔衮一生，由于民族矛盾和阶级矛盾尖锐，战争频仍，军需浩繁，国家财政经济拮据。顺治八年（1651年）三月初六日，福临问户部尚书巴哈纳等人国家库存情况时，得到的回答是俸银支出每个月需要15万两，而大库中现存只有20万两。其经济拮据程度可想而知。福临批评多尔衮将国家库存都用光了。多尔衮经济活动中，确有不当之处。顺治七年（1650年）七月初四日的摄政王谕，就是个错误决定。他认为京城夏季"地污水咸"，自己想躲开这个季节，到边外去避暑，决定加派9省钱粮250余万，建筑避暑城。这是他"靡费钱粮，重累百姓"的做法。顺治帝掌政后，立即取消这个决定。

二 承明之旧

满洲贵族与义军不同，其阶级性与朱明政权一致。所以，承明之制是顺水推舟。现就对明朝宗室政策、承明之制等问题略加分析。

（一）宗室政策

满洲贵族对明朝宗室政策，大体有两个杠杆：其一，政治界限，即投降者恩养，反叛者杀无赦。凡是主动归诚的明朝宗室诸王，都送北京恩养。其二，级别不同，待遇有别。

（1）宗王待遇

凡是明朝宗室诸王，只要剃发归降，清廷都采取恩养政策。从顺治元年（1644年）、顺治二年（1645年）的情况看，有襄陵王、怀安王、荆王、衡王、汝宁郡王、秦王之子等。有故明晋王妃、德王妃及公主、藩王外孙等。除临时奖励藩王、赐给衣服等物外，每年给赡养费等，照郡王等级，镇国将军定岁给赡养银300两、辅国将军200两、奉国将军100两，并分给相应的地亩，如宁德长公主、驸马给"银百两，地二百垧，以资赡养"。妃、嫔多则60两，少则30两、20两不等，并有适当粮食供应。

（2）保护陵寝

清廷对明朝皇帝陵墓采取保护措施。和硕豫亲王多铎进入南京后，对明太祖陵特意采取措施保护。顺治元年（1644年）十一月二十日，决定明十三陵，除万历皇帝陵寝外，其他12陵，各设太监2名，陵夫8名，并按照役夫名额给以田地。众所周知，清军进入北京后，曾经给崇祯帝发丧3日安葬。顺治二年（1645年）十一月，募集资金对崇祯陵墓进行修葺。足见满洲贵族对明宗室政策，不是权宜之计，而是国策。对于损害陵寝者，严法处置。顺治三年（1646年）三月二十二日，昌平乡民王科因为"盗发明陵"，处以杀头之罪。

对于归降的明宗室诸王及其妻子等死后，分别给以恤典、安葬。顺治三年（1646年）正月二十三日，议定：亲王给银200两，守墓8人，祭田90亩。郡王给银100两，守墓4人，祭田60亩。亲王已封之子及妻给银100两，郡王已封之子及妻给银50两，将军给银50两。诸王之祖母及母各视所封给银，令自行祭葬。

（3）一般宗室

多尔衮执政期间，有关明宗室政策已基本锁定。除皇室宗王、妃、嫔、公主、驸马等外，一般勋戚、宗人的处置也有具体政策。凡是享受宗禄已故去者，产业入官。人尚在的分别等次，酌给赡田，载入民册。已故勋戚田地，赏赉及私占者入官。自置产业，仍给本人赡养。但不再享受昔日优惠待遇，宗室禄田与民田一体起科，"一体纳赋"。政治方面，"其宗室名色，概行革除。犯法者与小民一体治罪"。就是说，一般宗人地位等同齐民，"一应地丁钱粮，杂泛差役，与民一体均当"。

（二）制度交融

如果说皇太极在关外改革将满族推向封建化，接受中原传统文化形成浪潮，那么，满族入关后，多尔衮为适应中原高度封建化发展形势和传统文化发源地水平需要，而宣布的所有政策都是将本民族向封建化推进顶峰。他揭开了满、汉文化大融合的新篇章。满、汉制度交融，是以中原传统制度为母体，吸收满族在皇太极时期曾经交融而形成的制度之间的再交融，从层次上说是更深入的交融形态。

（1）承明之制

清朝国家制度基本上是沿用明制。清军进关后，多尔衮接受大学士范文程"广闻见"之议。将明朝文、武官员一律接收，政府机构照样运作。当时在京城的外国人描绘说："鞑靼人袭用原来的官阶等级，在首都仍设立六部和明朝的体制一脉相承。"认为中原人和"鞑靼人融为一体了"。为什么出现这种情况，有的专家分析：其两个主要谋士范文程和洪承畴都有深厚的中原传统文化底蕴。范文程曾祖范锪在明朝嘉靖时做过兵部尚书，祖父曾是沈阳指挥同知。其文化影响之深可想而知。洪承畴是万历年间进士，先后担任陕西总督、五省总督、蓟辽总督，对明朝典章制度、汉族风俗习惯并不陌生。他们提出"官仍其职，民复其业，录其贤能，恤其无辜"的政策。其实何止于此，皇太极时期形成的智囊团，除范文程外，诸如宁完我、张存仁、胡贡鸣、王文奎、马国驻等只要翻开《天聪朝臣工奏议》，便可知道皇太极时期掀起的中原传统文化热，而形成的制度在满洲贵族上层人物头脑中，早已不是陌生的事。其中设立六部是宁完我首先提出，与中原六部名称一致，而内涵不尽相同。其中六部承政、启心郎用以监督六部贝勒，为满人特有。六部设尚书、主事等官是用明朝六部之名，填充满洲八分诸小贝勒为首的分权之实，成为皇太极与三大贝勒斗法的重要手段。然而，入关后的六部逐渐向明朝传统六部模式演变，已是融合后再融合的产物。

　　有些制度因与满洲贵族切身利益一致，多尔衮便顺水推舟，全盘继承。如："一切题奏本章都照旧例"、"京文武官员只给俸禄、柴直，仍照故明旧例"、"大理寺执掌，准照旧例举行"、茶马贸易仍照明制，等等。但多尔衮在根本问题上丝毫没有放松，那就是政府机关实行满、汉两乘，实权掌握在满族官员手中。对于本来很好的制度，由于明朝吏治腐败，而被扭曲的制度，进行拨乱反正。譬如，明朝各省地方官上奏本章，要经过通政司封进六科衙门、内阁，上奏皇上，而明朝末年上奏本章不经过通政司、六科衙门，或者根本没有本章，竟以私揭，"妄付邮递抄传"。多尔衮下令禁止如上混乱现象，要求中央大臣上奏本章由通政司封进，都要经过内院请旨下部，复奏施行。地方"各省本章由通政司封进"，也送内院，奉旨请行。"非经奉旨下部，不许擅以揭帖先行发抄"。这样，多尔衮通过内院，将这方面大权牢牢地掌握在自己手中。

　　多尔衮入关后，并没有仅仅满足承受皇太极时期在制度方面改革的现有成果，而是孜孜求治。顺治二年（1645年）闰六月初七日，他对大学士们说：

"予近览《洪武宝训》，皆说军国大事，实有荆棘，足裨治理。"不难看出，他在追求进一步仿照明制，进行新的改革。因他精通汉文，可以直接阅读《洪武宝训》，而多数满、蒙官员尚难做到。于是，他组织大学士范文程、刚林、祁充格、冯铨、宁完我等高官至誊录官等下级官员共90余名进行翻译工作。经过10个月努力，完成任务。

（2）参用满制

满族在封建化、吸收中原国家统治制度，并非不加分析地全面继承，用清史专家王钟翰教授的话说："两代官制多名同实异，这是因为清代乃以一个生产力发展较为落后的少数民族入主中原，挟其祖辈相传的固有旧制，故在官制上有许多重要的改革。其改革上显著表现为沿袭汉制，间参用满俗，两种制度交相混合掺杂，有隐有革，损益参半，具有一代独创之特点。"举例说，亲王的印文，"故明亲王用一字，郡王用二字"，这件事多尔衮就没有照明朝制度，明确指示："一朝有一朝之制，不必照故明只用一字，我朝诸王印文照封号全写。"又如，清初仿照明朝制度的内阁、六部都是一品衙门，内三院却是二品衙门，但运作的实权、私密性，后者却高于前者。总之，清初的制度是仿明制为主，仍行"参汉酌金"政策。

（三）整合律令

清初律令，在多尔衮时期主要处于学习、整顿和制定阶段。大多具有探索、变通性质，但满族作为统治民族的法律地位首先得到肯定。

（1）法制探索

顺治元年（1644年）九月初二日，刑部右侍郎提桥上奏："修明律令，需人甚急。"多尔衮明确指示，凡各衙门中有才识通明、熟谙律令者，各部堂官开送内院，酌情派出。这次修明律目的是根据摄政王意见，制定《大清律》。经过一年半努力，不见成效。然而，国家需要治理，没有成文法律，很是麻烦。所以，顺治三年（1646年）六月十八日，刑科给事中杨璜叫苦："龙飞三载，更定律令，尚未颁行，天下无所遵守。不但犯法者不知其得罪之由，而用法者避免乘一时之意。"希望"所司勘定颁示"。顺治四年（1647年）正月,《大清律》终于制定成功,"颁示中外"。尽管有人说《大清律》是《大明律》的翻版,但内容总有满族文化交融其间。因为在4年之中,摄政王曾多次强调:"详译明律,参酌时宜。"凡是审问案件,"务将满汉条例,逐一开列,移送刑部定拟具奏",这些指令已在社会上运作。修律官员直接接受指令:"律官参酌满、汉条例,分别轻重差等汇成一编进览。"譬如,明朝晚期量刑律令:"只有杖决二法,重者奇重,轻者奇轻。"多尔衮指示,要"援古酌今,详明切当,分别杖流绞斩之例",务求法得其平。同时,最后决定权在皇上手中,"必俟陈断遵行",刑部不能擅自决断。总之,初定《大清律》可谓是在《大明律》基础上的初步探索。

(2)清律变通

刑法是社会生产关系的反映,常常与社会性质有关。清朝在数十年中从奴隶制,飞速向封建制度发展,在刑法方面带有很多落后生产关系痕迹。努尔哈赤时期法律十分残酷,犯死罪者常常八分其尸;丈夫犯有偷窃罪,处死其妇人,办法是将锅烧红扣在她头上,折磨致死;有贯穿耳鼻、鞭责等刑法。皇太极时期酷刑尽管有所减少,但仍然合法存在。清军进关后,多尔衮于顺治元年(1644年)六月初九日,命各个衙门人犯,一律按照清律"鞭责旧制",不许使用明朝杖责。明朝旧官对此有不同看法,认为鞭责"不足以威众"。多尔衮针对官员犯赃严重,也认为"鞭责似觉过宽",决定"自后问刑,准以明律"。将鞭责折合成杖责,"以三鞭准一板"计算。

清朝法律规定,凡是犯死罪者"俱用斩刑",而明律规定有绞刑、问斩之分别。顺治元年(1644年)九月十一日,决定死刑按明律,"仍分别绞、斩"。对于那些罪不致死者,用"以板易鞭"之刑。多尔衮下令废除关外酷刑,如顺治二年(1645年)闰六月十五日,宣布废除"割脚筋之刑"。顺治三年(1646年)四月十二日,宣布:"耳鼻之在人身,最为显著,贯穿耳鼻之刑,永行革除。"事实表明,满洲贵族在律令方面主要采用明律,部分参用清法,废除非人道酷刑,推进了法制文明发展程度,是一个进步。

(3)首崇满洲

明朝最高权力机构是内阁,崇祯帝死前(1644年)由七名大学士组成,

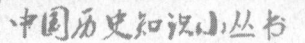

即范景文、陈寅、魏藻德、方岳贡、邱瑜、蒋德璟、李建泰。国家重大事情，皇帝直接召见他们对话。清军进关后，因在甲申之变中，原有大学士范景文自杀，蒋德璟逃往南京，陈、方、魏、邱在京追赃死亡，仅有李建泰归降。内阁大学士开始只有洪承畴、冯铨、李建泰等人。李建泰以罪降革，反清被杀，由洪、冯唱主角，但今非昔比，不具实权。明朝内阁，凡是内外文武官民奏疏及各部院复奏本章，都发到内阁拟票、批红，然后由内阁发到六科。再由六科抄发各部院，而清初的内阁大学士洪承畴、冯铨等人，接触不到各部题本、奏章。仅有的权力是"官民奏闻"等琐碎之事。顺治元年（1644年）六月初二日，洪承畴、冯铨上疏，奏明情况。尽管从五月五日，清廷宣布在京内阁、六部、都察院等衙门官员，俱以原官，同满官一体办事，并将在关外的六部官职名称加以更改，如改承政为尚书，参政为侍郎，理事官为郎中，副理事官为员外郎，额哲库为主事。启心郎暂且不变。实际上，内阁、六部汉官都不具有实权，只忙些烦琐之事。

满洲贵族从统治民族地位出发，在各级衙门中实施满、汉两乘，印把子掌握在满洲人手中，所谓"首崇满洲，固所宜也"的话尽管出自多尔衮死后的第三年，而在国家政权运作中，开始就是如此。多尔衮承皇太极之旧，任命六部首席官员都是满人，如吏部尚书巩阿岱，户部尚书英俄尔岱，礼部尚书郎球，兵部尚书韩岱，刑部尚书吴达海，工部尚书星纳，甚至顺治五年（1648年）令陈名夏、谢光启、李若琳、刘余佑、党崇雅、金之俊分任六部尚书，但亦无实权。即使授予实权，他们也难于胜任，因他们"不胜恐惧"的心态，何能操持大政。所以，"首崇满洲"是无条文的国家大法，贯彻于满洲贵族政权的各个角落。

三 用明旧官

多尔衮率领清军进关，建立诸多丰功伟绩。其中最值得关注的是在吏治方面，他刹住了明朝末年吏治腐败风气，在一定程度上为解放社会生产力铺平了道路。范文程、洪承畴为多尔衮谋划"官复原职，民复其业"政策的结果，取得两项效益。一则这些汉官在一定程度上为稳定地方政权作出贡献。二则不问往事，正邪兼收，在使用中进行清洗。既清除了明朝吏治中的残渣余孽，也清洗了新朝吏治源头，这是重大历史贡献。

（一）南北官任用

清廷在关外尽管培养不少人才，但进入中原后，官吏短缺成为建立地方新政权亟待解决的问题。利用明朝旧官，势在必行。顺治元年（1644年）五月初三日，多尔衮决定明朝"各衙门官员，俱照旧录用。可速将职名开报"。初六日，宣布："在京内阁、六部、都察院等衙门官员，俱以原官同满官一体办事：从当年五月到八月，有故明大学士谢升、冯铨等高级官吏40余名上任。原守卫山海关总兵高第、守卫柳沟总兵刘芳名、巡抚宣府都察院右佥都御史李鉴、太子太傅都督总督天津骆养性、兵部左侍郎刘余佑、右侍郎金之俊、职方司员外郎赵开心等300余名被录用。

由于推行放手用人政策，从顺治元年（1644年）五月到顺治二年（1645年）四月的短短1年中，将关内关外汉官放出总督、巡抚、道员、布政使等地方大员，遍布北方。如总督宣大山西等处军务吴孳昌，总督河道内秘书院学士杨方兴等，总督宣大等处军务的原宣府巡抚李鉴，总督陕西三边军务王文奎、孟乔芳，总督两广军务佟养甲等；巡抚陕西雷兴，巡抚山东方大猷，巡抚山西宣府陈锦，巡抚登莱马国柱，巡抚宁夏焦安民，巡抚甘肃黄图安，巡抚天津张忻，巡抚保定郝晋等；保定南道向列星及青州道兼布政使韩昭宣，济南道王标极，蓟州道李永昌，布政使分巡东昌道李栖凤，分巡济南道李翔凤，分巡济宁道朱国柱，分巡武德道高士俊，分巡青登莱道崔光前，分巡兖东道章于天，分巡登莱道丁文盛，分巡冀南道马鸣佩，山西粮储道迟变龙，河北道苏弘祖，河北道申朝纪，山西按察使司副使兼布政使司参议河东道吴嵩允，宿迁兵备道赵福星等。

从上述任命的总督、巡抚、道员、布政使等官员名单中，我们可以看出三个问题：其一，皇太极在关外积极培养治国人才大见成效，在31名地方高官中，入关前培养的汉官占59%。其二，多尔衮放手用明朝关内新降汉官占41%，表明多尔衮入关初期政策的正确性。其三，这个时期使用的明朝官吏多是山东、山西、河北、河南等北方人。所以，清初满洲贵族有一种用汉人倾向，即重视赫图阿拉汉人胜于辽沈汉人，重视辽东汉人胜于关内汉人，重视关内北方汉人胜于关内南方汉人。汉人与满人的民族大融合基本是按照这个层次逐步深入发展的。顺治元年（1644年）七月，多尔衮决定对南明政权开战，认为统一南方时机成熟，先后于八月向四川、云南、广西、贵州派出监察御史。顺治二年（1645年）五月，弘光政权灭亡后，明朝南籍官员在北方任职者，南逃现象基本停止。以二月份原翰林院修撰陈名夏北来投顺开始，任命南方籍的官员日渐增多，特别是和硕豫亲王多铎与和硕英亲王阿济格南征过程中，任命大批南方官员，总计多达630余人。就清政府说，是件大好事。多尔衮赞同某些汉官看法，即"江南底定，人才毕集"，正是以均劳逸，而畅群情的极好机会。既然天下一统，任用官员，不必分南北，"一体差用"。同时，为笼络汉族官兵，多尔衮同意礼部意见，汉官顶戴、坐褥都照满官之例，并将多铎招抚的汉族公、侯、伯、总兵、副将、参游等官374员，拨入八旗，编组牛录。但有的汉官对多尔衮用人政策不甚理解，希望将招收的明官，分清源头，批评现有做法是"泾渭不分"，特别是指出弘光政权"新用之人"，当与"故明旧臣"加以区别，查清旧册履历，补以原职，时间断至顺治元年（1644年）三月等。其实，多尔衮有他自己的用人原则。

（二）严法治官吏

在国家定鼎时期，多尔衮何尝不想多用一些在明朝曾"抗直忤时，孤洁莫援，因而放弃山林"的人。他明知道现在所用汉官，不过是"悉取材于明季所黜"人才，借招徕名色，"邪正兼收"。但他还是希望对于这种情况，"不要苛求"。如果他们不遵本朝法纪，贪赃枉法，问斩就是了。就是说，以清朝法律为准绳，在施政中重新过滤，分别贪、廉，加以整顿。

（1）叛逆罪臣

严法管制是推行吏治清廉的重要手段，清初能够很快稳定政局，主要靠严刑重法进行管理。多尔衮对于叛逆及有叛逆性质的官员，决不手软。从顺治元年（1644年）至顺治六年（1649年），他先后处置诸多重大案件。如山西巡抚黄允昌、泾阳知县张锡蕃从孙守法反叛，依法"弃市"。大学士李建泰"招纳亡命，谋为不轨"，查明"正法"。苏松提督吴胜兆谋反，鞫实伏诛。原任延安府推官顾咸正，叛逆伏诛。太子太傅都督总督天津骆养性与南明使臣关系不清，"削职逮问"。通州道郑辉、三关镇臣郝之润等，或优游养寇，或纵兵肆掠，一律解任。大同总督吴孳昌匿部奏闻，革职。巡抚高斗光擅用催饷旗号，遍诈商民，并代人侦探清军消息，革职。天津巡抚李犹龙、户部侍郎王公弼以招抚为名，赴"贼营会饮"，俱革职为民。陕西署按察司事提学道参议吕云藻，以纵重犯游击韩岫，致令其脱逃，革职。

（2）失城罪臣

山东淄川县知县刘修已、教官成荣，坐失城弃市。游击潘延吉，同知耿嘉乐等见"淮安土贼"攻城，弃城逃走，"俱革职提问"。兴安县知县霍进、铅山县知县康永纲失城。光泽县知县林宸谟从逆，一律"递职逮讯"。宣大总督耿焞以姜瓖反叛革职。偏元巡抚綫缙以闻警离汛，"削职逮问"。永州道彭尔述逶巡规避，贻误地方，革职为民。建昌参将胡大功，庸懦丧师，至广昌失陷，"革职拟罪"。巡抚吕逢春以济南、东昌、兖州等府州县失守，降二级调用。

（3）贪贿罪臣

多尔衮在入关之初，明确宣告："我朝臣工，不纳贿，不徇私，不修怨，违者必置重典。"希望明朝旧臣不要"重蹈明朝故辙"。如果"仍前不悛，行贿营私，国法俱在，必不轻处，定行枭示"，并申明清朝立法之严肃性，即"贪官必诛，屡旨甚明，何必论赃多少"；"有贪贿枉法，剥削小民者，照常治罪，不在赦例"。这种反复申述反对贪贿的政策，起到一定的震慑作用。但官吏冒险玩法仍然屡见不鲜。从顺治元年（1644年）至顺治六年（1649年），竟发生10余起大案。如天津巡视南城监察御史熊世懿，隐粮2000余石，受到削职处分。京城吏部司务傅作舟受贿弃市。大学士李建泰为贪官求情革职。福建福宁道彭遇飙贪贿，削职提问。甘肃巡抚许弘祚私馈固山贝子满达海革职。甲喇章京管户部理事官吕聘齐，私馈和硕郑亲王济尔哈朗，受到革职处分。汉羌总兵尤可望坐冒饷、科罚、闻警规避、妄杀兵丁、擅造龙旗、窝藏伪官、奸淫良妇等，数罪并罚而弃市。福建巡抚周世科，贪婪无忌，依法问斩。陕西按察使刘允、江西布政使张毓泰以贪婪革职。

（4）结党罪臣

吏科都给事中向玉轩、刑部主事程浩、佥都御史赵开心、工部主事王球、犯官庄宪祖等相互"私嘱"，结党把持，俱革职为民。多尔衮时期最大结党案件是顺治二年（1645年）闰八月十一日冯铨案件，致使"内外大小群情汹汹"。发起人是给事中许作梅、庄宪祖、杜立德，御史王守履、桑云、李森先、罗国士、邓孕槐、吴达等交章劾内院大学士冯铨、礼部侍郎孙之獬、李若琳等，主要揭发过去的事情，说冯铨是故明天启阉寺魏忠贤党羽、索贿等事，孙、李实其同党等。

众所周知，多尔衮曾担任吏部贝勒多年，受到很大历练。他自信地说："别的聪明我不能，这个人事我也颇用功夫。"所以，冯铨案件提出后，他于重华殿传集内院大学士等官对案件亲行审理。结果认为这三个人"皆系恪遵本朝法度者"，冯铨"剃发勤职。"孙之獬在宣布剃发令之前"即行剃发，举家男妇皆效满装。李若琳亦先剃发"。按照清朝的政治标准，三人不但无罪，反而有功。杜立德等规为"结党谋害"好官的团伙。对此，给事中龚鼎孳很不服气,在摄政王面前争辩说:"冯铨乃背负天启,党附魏忠贤作恶之人。"冯铨反口说:"忠贤作恶,故而蒸发,前此铨即具疏告归田里,如铨果系魏党,何为不行诛戮,又何为不行治罪。流贼李自成将我故主崇祯陷害,窃取神器,鼎孳何反顺陷害君父李贼,竟城御史。"摄政王听后心中暗自高兴,装作怀疑之态问道:"此言实否?"龚鼎孳处境尴尬,口中回答:"实。"而内心仍不服,且辩解说:"岂止鼎孳一人,何人不曾归顺。魏徵亦曾归顺唐太宗。"其语言愈来愈走板,摄政王笑着说:人果自立忠贞,然后可以责人,己身不正,何以责人?鼎孳自比魏徵,以李贼比唐太宗,殊为可耻,似此等人,何得佻口论人,但缩头静坐,以免人言可也。"最后警告说:"此番姑从宽免尔等罪。再蹈故明陋习,不加改悔,定不尔贷。"数日之后,以李森先奏疏内请将冯铨父子肆诸市朝的话太过分,将其革职。

多尔衮管理吏部多年,对南方汉人和北方汉人、明朝官吏之间的阉党、东林之间的分野,了如指掌。他说:"南人优于文而行不符,北人短于文而行可嘉。"内心更倾向北方人。不过在执政过程中,他很会利用矛盾。诚如有的清史专家所说,多尔衮虽然年轻,却是个颇有手段的政治家,他不仅在统治阶层中安排好满、汉实力对比格局,使矛盾缓和,还可以互相补充,互相制约,而且在汉族统治阶级中安排好不同派系对比格局。通过一派揭发,发现另一派罪行,再通过另一派反击,发现这一派劣迹,时而教训这些人,时而斥责那些人,最终使不同党派谁都不敢轻举妄动。

(5)违纪罪臣

在顺治三年(1646年)至顺治五年(1648年)的三年中,有诸多汉官违纪,受到国法惩处。如安徽巡抚刘应宾滥给副、参印劄;湖南巡按御史宋一贞携妾归里,赴任违限;山西左布政使王点违制刊刻科场条约;原任顺天督学曹溶、河南学道房之骐,滥送贡监违例、溢额;陕西平庆总兵官臧延龄妄奏营兵缺马;通政使司右通政王志举,违例求升等一律革职。

有的虽未革职,但根据情节轻重,给予降调处分。如直隶天津巡抚张忻剿静海等处"土寇"失利掩饰,降二级调用。原任保定巡抚于清廉、巡按监察御史多樠以失纠贪移道臣高登庸罪,各降一级调用。

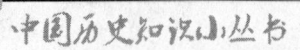

总之，明朝不良旧官在摄政王严法之下，纷纷被清除原有官职。多尔衮临死前，在全国进行首次大计考核，将谢允复等816名官吏分别革职、降调、致仕等处理，使清朝吏治源头逐渐清晰。其吏治手段是两条，其一，遵循皇太极办法，从我者即"贤"。冯铨原本阉党，老奸巨猾，孙之獬、李若琳等无不如此，他们毫无民族气节，都是政治投机分子，多尔衮利用明朝旧臣之间矛盾，以实现满洲贵族统治，手段可谓高明。

四 求贤取士

多尔衮作为一代豪杰，他并没有满足使用和利用明朝旧官，而是积极谋取治国真才和本朝培养的人才。采取积极求贤，开科取士，设立学校等重要措施。

（一）求贤若渴

在顺治元年（1644年）七月以前，多尔衮曾多次阐述他求贤若渴之意。综合其意大体有四种情况。其一，对于明朝归降官吏很不满意，认为"类多明季旧吏及革职废员"，远远不能满足当前人才需要。其二，"治理天下全在得人"，如何选用好官是当务之急。其三，希望得到真才，以"先收人望"，即将那些"隐迹贤良"、"山泽遗贤"、"名贤硕德，并侨寓人才"、"肥遁山林，隐迹逃名之士"尽快挖掘出来。这些人才如能在朝，有利于收拾民心和加强国家治理。然而，现在这种人在朝者仅是"落落晨星"，实在太少了。其四，希望各级官员积极荐举。他要求畿辅、山东、山西、河南等处抚按都要留心访举，不得轻视。只要是"我心爱之人，虽万金不惜"。七月十一日，原大学士谢升被召将入朝，多尔衮十分高兴，在批示中云："谢升人品不错，前朝时就很有名望，他忠心归顺，所以特发手谕，把他行取来京重用，仍着该地方官照旧例护送。"十二日，再次催促："谢升已特旨敦聘，其他部院堂上官、翰林官、科道官、吏部官等都着地方官尽快护送来京，以便擢用。"他在谈到自己何以如此求贤时说："得贤则治理雍熙，不得贤则民生憔悴。予所以辗转夙夜寤寐思服者，皆深为斯事虑也。"真是求贤若渴。

（二）开科取士

清初开科取士目的明确，一则急需人才，二则收拾士子之心。前者重要，后者更不能忽视。顺治二年（1645年）七月初七，浙江总督张存仁鉴于江南士民反清斗争风起云涌，明确提出："今又借口剃发反顺为逆者，若使反形既露，比处处牢大兵剿扑。窃思不劳兵之法，莫如速遣提学开科取士，读书人有了出士希望，从逆之心自然不存。"这件事清廷在福临登基后，已作出安排。定出文、武举人考试的大体时间表，并强调本朝正式在京考试前，明朝"文武进士、文武举人"可以核用。只要是"才华出众、孝悌著闻者，不拘廪增附学，俱许提学官特荐试用"。用现代语言表达，就是承认明朝士子的学历。

顺治二年（1645年）乙酉科乡试，有北方六省士子参考。考试办法照明朝旧例。主考官是侍读金之俊、编修罗宪文。共考中山东等省士子95人。廷试取贡生李思问等227人。同时，也进行武举考试。顺治三年（1646年）正月二十六日，应礼部奏请的"龙飞首科"，受到高度重视，多尔衮亲自批示"开科之始，人文宜广"，录取人数增至400名，房考20名，并强调"后不为例"，可见比明朝放宽了尺度。考试总裁官是大学士范文程、刚林、冯铨和宁完我。题目是"王道之始也"。殿试时，多尔衮代皇帝到重华殿出题，主要针对清入主中原之后应遵循什么原则才能长治久安，如何整顿吏治、民风等。

考试结果，取中进士400名，其中大拜者4人。他们是聊城傅以渐、高阳李蔚、柏乡魏裔介、临朐冯溥。他们后来都是大学士，成为顺治、康熙年间的名臣。这龙飞首科对于稳定满洲贵族在中原地区的统治起了重要作用，因为400名进士中，除4位大学士外，有8位尚书，15位侍郎，3位督抚，并有都察院副都御史、通政司、大理寺卿、内院学士等6位高官。同年，武举考试取中郭士衡等进士200名。分别授予参将、游击、都司、署守备等职，加强了满洲贵族对绿旗官兵统领和指挥能力。

这次考试人员组成特点主要是直隶、山东、山西、河南4省人荣登进士榜，只山东省就考取99名。所以，清政权在一段时期，"实为此四省人所左右"。顺治四年（1647年），清廷破例，二次举行考试。结果三鼎甲竟为江南人独占，第一甲第一名进士吕宫，第二名程芳朝，第三名蒋超。在取中的300名进士中，南方人124人，占4%。有人计算，在多尔衮摄政的7年中，共取中进士1100余名。所以，招贤纳士，稳固政权，多尔衮贡献非凡。

（三）八旗设学

清廷进驻北京后，利用京城有利的教育资源，积极推进教育事业发展。从形式到内容将关外教育与关内教育有机结合，揭开了不同民族文化碰撞、融合的开端。

清朝的关外教育有三种形式，一种是以宗室为代表的满洲上层贵族，请汉族老师作为私塾家教，饶余郡王阿巴泰的家便是典型。第二种是八旗教育，每旗大约请两名汉族教师，可能这是入关后八旗官学前身，不具规模。第三种是接受明朝辽东各卫、所的学校教育。名字叫作"辽学"，以汉族子弟为主，共有15所。清军入关后，这15所学校都内迁，改附永平府。顺治初年，由于"侨居失业，学问久荒"，很不景气。平西王吴三桂于顺治五年（1648年）移驻汉中，辽学随往。

顺治初年，八旗子弟经过皇太极时期大兴文治，对于中原传统文化并不陌生，并且产生极大兴趣。顺治帝迁居北京，八旗子弟受中原儒家文化高度吸引，争入国子监读书。国子监祭酒李若琳条奏说："满洲子弟济济盈庭。"这不仅反映满洲子弟对于学习中原传统文化的进取精神，也反映入关初期满族并非人们想象的那样落后，否则岂能有如此学习氛围。

顺治时期八旗官学的产生，不是直接在各旗建立官学，任命教师，招收学生而设。它是从国子监中分出来的学校。当时国子监衙门"在城东北隅"，八旗子弟要从北京城四面八方奔去，因为"诸子弟往返，晷短途遥"，实在太辛苦。经过李若琳申请，将国子监中的"国学二庭六堂教官"，即"以二厅六堂分配八旗"派出，"分教八旗子弟"，立为书院，各旗下仍设学长4人就各旗书院。定于每月逢六日，各师长率子弟到国子监考课。当时八旗教学规模不大，顺治元年（1644年），每牛录各取官学生1名，以10名习汉书，余习满书。顺治二年（1645年），每牛录增额1名，与原额习汉书10名外，加10名，余俱习满书。当时是八旗分四处，两黄旗、两白旗、两红旗和两蓝旗，按旗色分别办学。

加速民族文化融合是清初文化教育的重要内容，就八旗官学说，满洲子弟加骑射、清语教学，无疑是加强本民族文化教育。但分出汉语教育课程，并在四处八旗官学中每处配备有汉人"伴读十人"。两种民族文化教育内容，在课堂上直接交融。在国子监，教员多是"顺天府生员，教满洲子弟读书"。有满洲学员习汉书班，由汉族学员习清书班，各班又都"习礼"，即儒家礼教。因此，国子监成了满、汉文化大交融的最佳平台。

清初的国子监教育具有重大意义，当时摄政王制定的国策，"首以满、汉同心合力为念"。目的十分明显，就是要求达到尽早实现"满汉一家"愿望，而妨碍做到这一愿望的是"语言文字间隔难懂，未免彼此有异同之见"。然而，国子监率先使两个民族文化接轨，找到切合点。顺治四年（1647年）二月初三日，多尔衮高兴地看到，汉族"习满书庶吉士刘泽芳、张文明、韦成贤、玉紫绶、夏敷九、沙澄、胡兆龙、陆嵩、李霡、艾元征等"10余名学生毕业，受到奖励，而正在国子监"分别读满、汉书"的庶吉士周启寓等20余员，在学士查布海、蒋赫德等教育下逐渐成长，到顺治六年（1649年）已准备任用他们为科道官员，以实现"出而巡方，亦使与满洲镇抚诸臣，言语相通，可收同寅协恭之效"。

随着满、汉语言逐步得到沟通，新旧人才结合，顺治三年（1646年）十二月二十日，满文《金史》、《辽史》、《元史》、《洪武宝训》等书首先翻译出版。从此开始，以太和门西廊翻译书房为重地拣择旗员中谙习清文者充之。凡《资治通鉴》、《性理精义》、《古文渊鉴》诸书，皆翻译清文以行。其深文奥义无烦注释，自能明晰，成为一时盛事。其中，户曹郎中何素，翻译绝精，所译《西厢记》、《金瓶梅》诸书纷纷问世，八旗子弟"人皆争诵焉"，有力地推动满人学习中原传统文化势头，加快了两种文化的相互认同。

五 满汉同风

多尔衮是大清江山重量级奠基人，继皇太极之后，坚持满、汉文化认同政策。所谓"满汉一家"、"满汉一体"、"满汉同风"等，都是当时流行的口号，为满洲、汉官双方认同。

顺治六年（1649年）四月十二日，多尔衮代表皇上身份在殿试天下贡士左敬祖等制策时说："从古帝王以天下为一家，朕自入主中原以来，满汉曾无异视，而远近百姓，犹未同风，其满人尚质，汉人尚文，习俗或不同欤，音语未通，意见偶殊，畛域或未化欤。今欲满汉为一体，使之同心合力，欢然无间，何道而可。民为邦本，食为民天。自兵兴以来，地荒民逃，赋税不充，今欲休养生息，使之复业力农，民足国裕，何道而可。"为此他采取许多实际步骤。

（一）同神祭孔

清朝入关前，努尔哈赤鉴于本民族已进入农业民族，曾向万历帝请神。但万历帝非常吝啬，只送给一位土地神。努尔哈赤非常高兴，认为这象征明朝将把国土送给我，何乐而不为。但不久他在赫图阿拉建立七大庙，中原的太岁、观音、关公等神，却不请自来，都成了满人的神。皇太极大兴文治，因学习儒家传统文化，开始祭孔，在盛京有孔子庙。但祭孔缺乏正规性。多尔衮时代便将中原祭孔方式全部继承下来。7年中共祭孔11次。从祭孔活动中，可见他重视程度。顺治二年（1645年）正月二十一日，他批示："更孔子神牌为大成至圣文宣先师。"六月初八日，亲自"谒先师孔子庙行礼，赐师生胥隶银二千二百余两"。顺治三年（1646年）四月二十八日，决定重修盛京先师孔子庙。在他看来，满洲人征服中原，包括中原传统文化等所有物质、精神财富都属于满洲贵族所有。因此，遣官祭孔开始派大学士范文程，给人的感觉好像是说那是你们的孔子。但范文程去过四次，而后改派满洲大学士刚林、祁充格，孔子也成满人的了。更令人惊奇的是，从顺治三年（1646年）三月二十六日开始，多尔衮决定凡是致祭城隍、孔子、关圣君方式"俱仍旧例"，而派遣的官员一律"着遣满官"。同时决定"用满官赞礼，祝词用满文"。从这次开始，中原的城隍、孔子、关圣君等都满洲化了，他们随着时代的变迁，不知是什么时候也都学会了满族语言文字。事实生动地表明，满、汉文化认同在摄政王时期已加速向前推进。这既是社会发展的需要，也是多尔衮的重大历史贡献。

（二）熔融共祖

人们常常说满族是中华民族大家庭中一员，但人们很少知道满、汉文化在微观方面交融的实际情况。敬重祖先是中华民族传统文化重要内容，满人在关外已形成同样的道德习惯。顺治三年（1646年）七月初八日，有汉族御史于嗣登进入太庙，其行为有不敬表现，受到革职处分。可见，在太庙问题上，两个民族具有完全共识。

明朝太庙主要体现中原汉族皇帝世系，并承认元世祖的地位。多尔衮作为清朝开基人物，从少数民族角度重新调整太庙牌位，以今天的观点看，调整后的诸位皇帝和功臣牌位，真正体现出大中华的观点。顺治二年（1645年）三月初三日，根据礼部请示，历代帝王按故洪武初年立庙，将原始帝王皆入庙享，"而辽金各帝皆不与焉"。多尔衮认为不合理，宋朝曾向辽朝纳贡，对金称侄；宋与辽、金分统天下南北。太庙应当有辽太祖及功臣耶律曷鲁、金太祖、金世宗及功臣完颜粘没罕、完颜干离。元世祖之上追增元太祖及功臣木华黎、伯颜。明朝应增加功臣徐达、刘基。这样才能"以昭帝王功业之隆"。

在祭祀太庙问题上，同样体现出满、汉文化交融状态。满人在关外，凡是遇到皇帝生日万寿节，作为一国之君要亲自到奉先殿上香行礼，派官祭陵，上香烛，供酒果。明朝祭陵有读祝。顺治二年（1645年）正月初五日，多尔衮谕令：遣官祭福陵、昭陵、四祖庙，只上香烛，供酒果，不读祝。半年之后，他改变主意，增加读祝，"增设满读祝官八员，一切典礼，俱照国朝旧制行"。下令"停读汉文，只读满文"。这样，金太祖、金世宗及功臣完颜粘没罕、完颜干离等人，一定会听得懂，辽人、元人亦可知其大概，而汉族各位帝王和功臣可就为难了，需要加强学习。好在多尔衮对汉族诸位皇帝、功臣也算照顾，将满人七月十五日祭太庙的日子，改成汉人七月初一日祭太庙。这样，汉族帝王等有足够的思想准备，而北方的帝王就不习惯了。同时，多尔衮将往昔给祖宗献酒果、香烛等供奉，也取消了。祭太庙用胙牛（生牛）改为荐熟牛等，意思是北方少数民族诸帝和功臣们，你们都要入乡随俗，委屈着点。清初这一幕幕满、汉文化大交融，基本倾向是所谓"照旧例"，按照中原传统文化习俗办，即后进民族认同先进民族文化成为主要取向。在有些不涉及满洲贵族切身利益的民族习俗方面，多尔衮毫不犹豫地用汉族习俗。如顺治七年（1650年）四月二十六日，立福陵、昭陵石像，完全采用汉族帝王陵办法。福陵卧骆驼、立马、坐狮子、坐虎各一对，擎天柱四，望柱二。昭陵立像、卧骆驼、立马、坐狮子、坐兽、坐麒麟各一对，擎天柱四，望柱二。

（三）共祭英灵

回顾清初的历史，满洲贵族因为将自己民族习俗作为政治标准，强加于其他民族，做了蠢事、坏事，甚至是罪行。但从深层次、微观去研究，他们不仅在轰轰烈烈的军事行动中，为统一中华作出应有的牺牲和贡献，而且带领北方相对滞后的少数民族，提速融入大中华怀抱，学习先进方面亦功不可没，而首先操作者便是多尔衮。

多尔衮带领本民族努力适应和学习汉族先进和已规范的文化习俗，有时你会看到他具有博大的胸襟。现举三个例子：其一，节日渐从汉俗。满人在皇太极时期，遇到汉族清明节，有的人随俗祭扫，有的便自行祭祀。顺治二年（1645年）二月初四日，多尔衮谕令礼部，凡是遇到汉人清明节，盛京总管要率领城守章京往祭福陵、昭陵。其东京、兴京祖陵，令城守官奠祭。这是清朝官方首次宣布清明祭扫随汉俗。顺治三年（1646年）正月十五日，正式决定盛京每年岁除、清明及庆贺祭昭陵、福陵礼。事情虽指昭陵，但从此满人祭扫习俗已划一，其他节日依然。其二，认同中华帝王统续，共祭英灵。从顺治二年（1645年）三月初三日，多尔衮派遣户部尚书英俄尔岱祭历代帝王为始，满洲贵族对下列帝王认同无疑，即太昊、伏羲氏、炎帝、神农氏、少昊、金天氏、帝颛顼氏、高阳氏、帝高辛氏、帝陶唐氏、帝有虞氏、夏禹王、商汤王、周武王、汉高祖、汉光武、唐太宗、宋太祖、元世祖、辽太祖、金太祖、金世宗、元太祖、明太祖，共21帝。其三，认同汉族民族英雄。他们列出的历代祭配享的汉族功臣有风后、力牧、皋陶、龙、伯夷、伊尹、周公旦、太公望、诸葛亮、张良、萧何、韩世忠、岳飞、刘基等。众所周知，韩世忠、岳飞是汉族抗金民族英雄，先金完颜氏是满族先人，满洲贵族不计前嫌，于顺治二年（1645年）三月初三，派遣礼部尚书觉罗郎球等诸多满族高官前往祭祀，我们不能不说多尔衮作为政治家，在这个问题上可谓胸纳百川，也是对中华文明最大的认同。

当然，多尔衮时期并不是所有的习俗都从汉俗，有的本族习俗仍然坚持。如顺治二年（1645年）四月初八，佛诞之期，明朝没有浴佛习俗，多尔衮重申："仍照旧例浴佛。多罗郡王以上俱往祭。是日着停刑，禁止赛神、屠宰，各旗满洲、蒙古、汉军俱照例传谕。"满人在关外，凡是六月份，不伐树、不焚骼、不上坟。明朝也没有这种习俗。多尔衮重申："着照例传谕旗下各官，其汉官不必传谕。"这一点不要求汉人从满俗。

多尔衮在入关初期，创制垂统，做了诸多大事，诸如设立汉族藩镇、创立绿旗营伍制、设立八旗驻防、仪礼、官服等制度，都各有创意，此不赘述。

从上述事实中不难了解，在创制垂统过程中，多尔衮有四大功绩：其一，他用自己的聪明、智慧，经过艰苦努力，奠定了中原大一统格局。其二，在继承中原制度、律令基础上，为一代王朝法制建设作出重要贡献。其三，对腐败的明朝家当进行必要的清理，为康乾盛世举行了奠基礼。其四，为满族的进步和完全融入中华民族大家庭铺平了道路。

【第六章】

从周公到太上皇

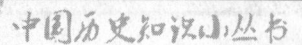

多尔衮在清初的百余年间，在政治上颇具争议。在近现代清史学家中，尽管总体肯定，但涉及他的诸多问题分歧依旧。解决分歧，不能只凭历史结论和某些现象加以推论而定，应当从当时政治形势、本人社会关系和思想境界去综合研究。本章将详细讨论他从甘当周公到追求太上皇的问题。

一 辅政当周公

多尔衮在盛京皇位争夺中失败，但鉴于当时政治形势严峻，他没有蛮干。其基本思想认为清朝基业，即"溯兹鸿绪"是"二圣所遗之业，予必力图保护"。推举福临为帝，虽不得已而为之，然而从长远看，对他也有好处，即"俟皇上春秋鼎盛，即行归政。予之声名，岂渺小耶"。在觊觎皇位而无望之后，夺得摄政王大权，亦曾心满意足。所以，顺治元年（1644年）五月初二日，当他率领大军来到朝阳门，受到明朝文武百官迎接时，他坦然地说："予法周公辅成王。"可见，摄政王甘当周公的思想昭然。其思想境界来源于数十年创业所形成的氛围；来源于皇太极建立的封建皇权及其形成的封建意识；来源于多尔衮在皇太极多年关爱下所形成的敬业精神。

（一）孜孜以求治

聪明的多尔衮没有忘记："太宗恩育予躬，所以特异于诸子弟者，盖深信诸子之成立，惟予能成立之也。此意予洞知之。"既然推举新帝，在相当长的时期，他可谓专心为大清国孜孜求治，生怕在他摄政下，出现任何差错。顺治元年（1644年）五月二十九日，他在一次退朝时，回过头来询问诸位官员说，你们有过错，我都及时警告，而我自从摄政以来，并未听到你们有一句

"规谏"的话，难道我所做的事都是对的吗？当诸位大臣回答说，"王所行尽善，一无可议"时，他当即给予驳斥，即"尔等此言殊谬，虽圣祖行政，亦不能尽善，故谏诤时闻，予之所行，岂遂一无可议，尔等皆先帝宣力之臣，暗练政事，以后予事有未当者，应抗颜谏说"。足见他孜孜求治的事业心何等强烈。两年之后，顺治三年（1646年）二月，他心情基本未变，曾对户部尚书英俄尔岱、范文程等贴心官员说："予为上摄政，唯恐事多阙误，生民失所，日夜焦思，又素婴风疾，劳瘁弗胜。予有过毋或詹徇，其一一指陈。至国家事各有篆书，户部唯英俄尔岱，内院唯范文程、刚林、宁完我、额色黑是赖，皆当勉力，勿惮劳。"从他带着病体，孜孜求治，不辞辛劳看，可谓完全是为了大清江山。

（二）育帝怜宗亲

从福临称帝那一天起，很长时期多尔衮确实尽心竭力地拥戴和培养他，没有不忠的表现。顺治元年（1644年）十二月，可能是和硕豫亲王多铎与和硕肃亲王豪格关系日渐接近，并谈到皇太极宾天时的心情和想法，刺激了多尔衮那段往事，令他心情不快。所以，他不顾亲兄弟面子，将阿济格、多铎曾跪请拥戴自己称帝的事实一并公开，自鸣："予时以死自誓乃已。"这件事表明他拥戴福临为帝的决心此时仍然未变，同时既然公开揭露内幕，自然是甘心自阻再称帝之路。

顺治二年（1645年）三月十二日，年满8岁的福临，聪明好学，学业大为长进，"满书俱已熟习"。大学士冯铨、洪承畴联合上疏，提出进一步培养皇上的学习计划。教学纲领是皇帝必须通过对六经学习，达到了解"帝王修身治人之道"。然而，皇帝欲了解六经，当务之急是"必习汉文、晓汉语"。建议"择满、汉词臣，朝夕进讲"。七月二十九日，同样的问题，由工科给事中许作梅再次提出，即"择国学中满洲子弟通汉语汉书及汉子弟聪慧端方者数人，更番侍读，句读明，音义辨，然后慎简贤良博学之臣为讲读等官。皇上时御经筵，群臣尽心开导，于六经诸史中，检其有益君身治道者，录请圣览，凡历代兴亡治乱，风土物情，人才进退，不越几案而得之，而圣学王道合二为一矣"。多尔衮经过认真思考,回复说:"即时典学,诚属要务。"足见,在他的关照下,朝廷上下都在关心皇上健康成长。

多尔衮不仅关心皇上,而且对政敌和硕肃亲王豪格等宗亲,也抱着热诚关怀的态度。顺治三年(1646年)正月,他派豪格出征四川,临行前他代表皇上赐给"金鞍良马",豪格"跪而受"之。这件事引起他恻隐之心,令他久久不能平静。三个月之后,他对户部尚书英俄尔岱、刑部尚书宗室吴达海、大学士刚林、祁充格、宁完我等说,他现在操国家赏罚大权,诸王、贝勒、贝子、公等即"繋兹天黄,诸王昆弟",都是太祖、太宗事业的继承者,应当"优养安荣",而每每令他们在他面前"坐立拜跪",于心不忍。特别提到豪格"屈体"一事,他念念不已。这时的多尔衮有屈己宁人之心,当月,他作出一个重要决定:"嗣后诸王大臣,差遣在外,凡有奏启,只令具本御前。予处启本,永行停止。"如果按照这种心情和做法继续下去,福临亲政的日子很快就会到来,多尔衮必是历史上第二个周公。当时,摄政王的声望相当不错,外国人赞扬他:"以公正和仁慈赢得平民百姓的爱戴。"

(三)甘心当周公

顺治初年,多尔衮以周公身份,对福临百般维护,不惜动用国法对轻视皇上的行为给予惩治。

(1)责轻视皇上

福临即位,在宗室王公中,引起强烈反响。有的直接反对摄政体制,有的轻视皇上。面对这种情况,毅然维护皇上是多尔衮的明智之举。不难想象,如果满洲贵族内部兵戈相见,中原将不知落入谁手。当时发生轻视皇上的案件,共有五起,多尔衮都毫不手软地加以处置。

顺治元年(1644年)六月二十七日,有镇国公艾度礼对于福临即皇帝位不满,即"主上幼冲,我意不悦"。同时,对于辅政二王要求诸贝勒等王公们频频发誓,大为不快,并将自己的不满情绪,写成书面材料,对天焚烧。后惧别人揭发而被迫向摄政王坦白自首。尽管如此,国法森严。法司审实后,将艾度礼及其妻子、儿子海达礼,判处死刑。顺治二年(1645年)十月初十日,多尔衮针对和硕豫亲王多铎示恩于豪格，批评其亲弟多铎为"奸人"，毅然将他曾劝自己称帝的内幕，揭露出来。尽管以事在赦前为借口，免去处分，但使多铎处境十分尴尬。当年正月初二日，宣府巡抚李鉴，以赤城道朱寿鐅贪酷不法，将上疏劾奏。朱寿鐅通过和硕英亲王阿济格部下官员绰书泰向阿济格请援，给李鉴施加压力，企图蒙混过关，而李鉴坚持依法办事，不给阿济格面子。绰书泰受阿济格影响，轻视皇上，竟斥责李鉴说："尔何不惧王，反惧冲龄皇帝耶。"事件被揭露后，将绰书泰和他的4个儿子都依法处死，并没收其全部家产。当年八月十九日，护军统领伊尔德，在福临"避痘南苑时"，擅自将皇上守门护军额数减少，并忌妒鳌拜、巴哈那等为皇上效力，受削去世职等处分。二十七日，阿济格当众称顺治帝为"孺子"。事件被揭露，将阿济格由亲王降为郡王，罚银5000两。没有及时揭发的固山额真谭泰削去公爵，降为昂帮章京，解固山额真任、赎身。鳌拜罚银100两，功绩不准议叙。额色黑鞭100，准折赎。事实表明，多尔衮在竭力维护皇上威信，认真从事摄政职责。

（2）尊帝不自肆

为使朝廷摄政体制得到巩固，多尔衮不仅动用法律手段处理不尊皇上的诸贝勒、大臣，而且自己模范带头尊重皇上，丝毫不敢轻视各种礼节。顺治二年（1645年）五月的一天，他上朝时，见到诸位大臣下跪迎接自己，即转身回府，表示拒绝。因为这些朝臣"徒知尊王而不知王之尊皇上也"。同时，辅政王济尔哈朗及内大臣等议定，皇叔摄政王辅国理政，赏罚等于朝廷，而"一切仪制，亦应加礼"。多尔衮郑重地表示："予在上前，未敢违礼。"十月，浙江总督张存仁送来"缎二匹，茶叶百斛"，他毫不留情地批评"馈遗礼物，尔为封疆大吏，正宜表率僚属，恪遵训旨，乃尔送本王，岂前旨尔未之闻耶，今后勿复为此"，重申"毋得献媚本王"。十月，他与和硕郑亲王济尔哈朗、和硕肃亲王豪格，谢恩入朝。临别时福临以叔父功高盖世，提出除朝贺大礼外，一般小节可以免去，即"无与诸王同"。多尔衮听到皇上对自己关照，十分感动。回奏说："上年幼冲，臣不敢违礼。俟上春秋鼎盛，凡有宠恩，自不敢辞。"这一段简短的对话，确实体现出成王与周公的关系。十二月，多尔衮召集诸王、贝勒、贝子、公、大臣等，传语告诫大家不要"谄媚"自己。又批评诸王、贝勒、大臣："但知献媚于予，未见有尊崇皇上者，予岂能容此"，并重申太宗死时自己"誓死"不当皇帝，奉福临"缵承大统"，而"今乃不敬皇上，而媚予，予何能容"。同时指出，自今以后，"有尽忠皇上者，予用之，爱之；其不尽忠，不敬皇上者，虽媚予，予不尔宥也"。这个时期他时刻铭记朝廷乃"君之朝也"。顺治四年（1647年）十二月三十日，多尔衮指示礼部，今后凡是元旦上朝行礼，初二日至摄政王府行礼的规定取消，"郡王以下及各官免至予处行礼"。上述一系列做法都表明，多尔衮在切实维护福临的皇权。所以，外国人记载他以"忠实著称"。

（3）执法而无亲

多尔衮执法无亲，主要表现在对和硕豫亲王多铎、和硕英亲王阿济格犯错误而不讲兄弟情面，执法如山。如顺治元年（1644年）二月初五日，都察院承政公满达海劾奏多罗郡王多铎，擅自带领部员"按籍集视八旗女子"。经过法司勘实，罚多铎白银500两。相关人员都受到应有的处罚。顺治五年（1648年）七月十三日，发现辅政德豫亲王多铎以黄沙衣一袭，授平西王吴三桂子吴应熊。经法司审议，多尔衮命罚银2000两。前文提到多尔衮揭露他劝自己称帝等事，都表明多尔衮对其亲弟并不屈法袒护，而是依法办事。

英亲王阿济格常犯错误，多尔衮对这位亲兄同样执法无情。顺治二年（1645年）七月二十日，申斥他"欺诳"，竟虚报李自成身死，义军被消灭，未奉旨而班师等罪过，免王公等往迎之礼。以轻视皇上，擅称"孺子"，受到降亲王为郡王处分。顺治三年（1646年）正月二十二日，阿济格因"张盖坐午门"，受到处分。顺治六年（1649年）六月十四日，多铎死后，阿济格向多尔衮提出："予乃太祖之子，皇上之叔，何不以予为叔王。"受到多尔衮严厉拒绝，并传语，今后不准阿济格"预部务及交接汉官"。他可能确认这位亲兄除了能打仗外，根本没有治国之才，其秉公执政，未曾偏私。

二 太上皇美梦

从摄政王角度说，多尔衮忠实地履行自己的职责，拥戴福临称帝，始终不渝。但作为成熟的政治家，他私心过重，暗藏野心，这是他死后围绕其人品掀起政治风波的主要缘故。他除堂堂正正地摄政外，在政治上尚有暗箱操作，不为人所知。那就是他特别注重名声，控制内院，为母昭雪，谋求太上皇。当太上皇是他称帝失败后，旧梦的变种。如果说他晚年有什么谜底不曾揭开，就要研究他暗箱操作的全部内幕。

（一）依法护名号

"摄政王"、"皇父"两个词组合而成的"皇父摄政王"，是多尔衮最重视、最感兴趣的美名。这个美名的形成有三个因素：其一，外国人说顺治帝登基的同一天，即顺治元年（1644年）十月初一日，福临称多尔衮为"阿玛王"。阿玛，满语为"ama"，"父亲"之意。似乎从这时多尔衮就被福临称作"父王"。其实满族称"阿玛"有时是尊称,非为实称。这位外国人卫匡国如果记的属实，当是尊称无疑。从当时官方文献记载，福临在十月初七日，这个确定的时间，加封多尔衮为"叔父摄政王"，颁诏天下，这才是历史事实。顺治二年（1645年）五月初四日，陕西道监察御史赵开心认为从皇上到朝臣都称"叔父摄政王"不合适，"叔父为皇上得称之，若臣庶皆称，则尊卑无异"。他别出心裁，主张于"叔父"上加一"皇"字。其意得到多尔衮赞同。从此将"摄政王"、"皇叔父"两个尊称视为神圣不可侵犯。这"摄政王"是他放弃皇帝之尊得来。所以，顺治四年（1647年）四月二十六日，甘肃巡抚张尚祚在提本内称"皇叔父",而遗弃"摄政王"三个字,令多尔衮大为恼火,结果张尚祚的乌纱帽不保。然而,"皇"字,对于多尔衮得来更加艰难。顺治二年(1645年)十二月二十二日,河南乡试录内称"皇叔父为王叔父"。多尔衮看后,更为不快,骂主考欧阳蒸、吕云藻等,"摄政王封号,久奉明旨,中外恪遵,欧阳蒸辄敢任意改移,悖慢不敬,无人臣礼,殊属可恶",因此两位主考官的乌纱帽都丢了。更令他生气的是顺治四年(1647年)四月初九日,有顺天巡按廖攀龙、顺天文安县知县李春元在奏疏内都"称皇叔父摄政王为九王爷"。将多尔衮心爱的两个尊称都给抹了。当然,他火上心头,大笔一挥"革职"。事实表明,多尔衮对待朝廷命名坚持严肃性,无可厚非。同时,名称涉及自身声誉,如果上述官员都是廉洁官员,只为此事丢官,岂不可惜。假如是故意错写,亦该辨明是非,再行处理,方为合理。由此可知,他为名誉很是动心。

(二)搬开绊脚石

清朝入关初期,内三院为咨询机构,握有重权。大学士范文程在皇太极时期特授"秘书院大学士。每议大政,必资筹划。宣谕各国敕书,皆出文程手",受到极大重视。多尔衮掌政后,"畿内甫平,军兴四出,誊布文告,应给军需,事无巨细,皆决于文程。案牍委积,昼夜立阙下,兼听并观,凡所措置,无不周当"。从范文程从事的工作,足以证明内三院在清初权力天平上砝码有多重。所以,大学士冯铨、洪承畴曾疏奏内阁无大事可做,于是多尔衮将"内阁与内三院合并办公,统称内院"。尽管先后有冯铨、洪承畴、谢升、李建泰、宋权等明朝旧臣入阁,但权力中心仍在原内三院人员手中。所以,当六部出现"任事不实,仍蹈汉习,相互推诿"的情况时,希望从内院中拣选"通达治理之人"。入关初期,内三院重量级人物要数大学士刚林、范文程、希福等人。从首崇满洲的理念出发,自然刚林、希福掌握印把子。

多尔衮摄政,要想事事如意,必须令刚林、希福等言听计从。希福是满洲赫舍里氏,其兄硕色巴克什及其子索尼等都兼通满、汉、蒙古文字,为书香门第之家。归附努尔哈赤后,加入满洲正黄旗。这个家族为清朝在关外统一战争，招抚各蒙古部等作出过重大贡献。多尔衮初任吏部贝勒时，在官吏考核中，希福首先受到嘉奖。崇德元年（1636年，崇祯九年）五月，初改文馆为内三院，设立大学士、学士，以希福为弘文院大学士。编修太祖实录、翻译辽、金、元三史等重任他都唱主角。

皇太极死后，在皇权交替时期，赫舍里家族是彻头彻尾的保皇派，在两黄旗中起骨干作用。尽管出面的是索尼代表两黄旗，但希福是在内三院握有重权，掌握档案、册籍。这使多尔衮大感头痛。"恶希福不附己"，于顺治元年（1644年）八月，借口将希福革职罢官，并"籍没家产，夺其原管牛录"。从顺治八年（1651年）二月，福临给希福问题定性为"冤抑"，平反昭雪看，希福必是触犯多尔衮的根本利益，妨碍他的手脚之故。

那么，多尔衮用谁取代希福呢？他重用祁充格。顺治二年（1645年）二月，祁充格代替希福走马上任。祁充格前文曾介绍过，早年他是皇太极在藩邸时的随身秘书。崇德初年，皇太极命他为启心郎，监督礼部贝勒多铎。因崇德三年（1638年，崇祯十一年）多尔衮为奉命大将军征战中原，多铎没有出送。皇太极责备祁充格失职，处以重刑，并将他交给正白旗多尔衮监管。这样，祁充格抱着满心不高兴，投到多尔衮怀抱。此时，多尔衮重用他，必定经过慎重思考，因为祁充格既熟悉后宫人事关系，又通晓文墨、册籍，对自己忠心耿耿，人才难得。

从顺治二年（1645年）至顺治八年（1651年），我们看看内三院便知道多尔衮在这里的用人情况。内国史院都是刚林掌权。尽管顺治三年（1646年）至顺治七年（1650年）迁顺天巡抚宋权充实，但实权未变。刚林原属满洲正黄旗，多尔衮摄政后，主动投靠，用顺治帝的话说是多尔衮取去了刚林，直到顺治八年闰二月二十八日被处死。内秘书院主要是范文程、洪承畴，8年中没有变化。内弘文院希福罢官8个月后，即顺治二年（1645年）六月十八日（阴历五月十四日）多尔衮命祁充格为弘文院大学士，取代希福的位置，直到顺治八年闰二月二十八日被处死。其间尽管顺治二年有冯铨、宁完我、李建泰、谢升等在其中任职，但他们只办理一般事务，决不会影响多尔衮决策。况且宁完我是以满洲身份参政，冯铨受多尔衮百般保护。李建泰、谢升当年即退出，弘文

145

院只有祁充格、冯铨、宁完我3个人。这样看来，内三院刚林、祁充格掌政，内秘书院只抓面上工作。因范文程德高望重，凡是内院排名总是他领衔，而汉人宁完我、冯铨、洪承畴资格老，排名也稍微偏前，一般行文是范文程、刚林、宁完我、冯铨、洪承畴、祁充格。而实权自然由满洲人掌握。

（三）为慈母昭雪

多尔衮将希福清除出内弘文院，代之以祁充格，有其深刻的历史背景。众所周知，顺治元年（1644年）七月，多尔衮通过致史可法信，向南明政权发出最后通牒。他认为统一中原已胜券在握，在胜利的赞扬声中，他心傲志骄。当年，在祭祀福陵时，将继妃富察氏请出福陵，移到陵外，将蒙古明安贝勒之女博尔济锦氏附葬福陵。在触动慈母陵寝过程中，多尔衮已暗下决心，为母亲昭雪。他通过祁充格、刚林等将太祖、太宗实录草稿拿来，亲自阅看。对于记录在案的事实，深为不满。他决定"削书其母殉葬时事"。回忆往事，令他内心不平，同时提出"太宗文皇帝之即位，原系夺立"。不难想象，他厌恶希福，将他置之死地而后快，这是根本原因。他能够看到原稿记录是在希福罢职，祁充格上任后才得以实现。涂改的整个过程是他亲自"看改"两本，命抄录员郑库讷"抄录罪状档册"。整个档案篡改由他直接指使，与祁充格、刚林"同预逆谋"，其余部分由祁充格、范文程动手涂改。特别是"将盛京所录太宗史册，在在改抹"。范文程说当时情况是："睿主令改，不能争执。"因此，范文程"托疾家居"，原因在此。

多尔衮通过篡改档案的办法给自己母亲昭雪，并将其母排位供奉入太庙。这件事是他20多年深藏内心的不满和仇恨，借助自己权势，得以初步发泄。从这里，我们看到他为人的另一个侧面，心存仇怨和不平。

（四）礼部拟仪注

自从乾隆年间以降，关于孝庄皇太后下嫁多尔衮的传闻，在民间口碑和野史中相继流行。近年由于影视事业大发展，沿袭并发挥野史情节的"戏说"兴起。有些史学家不平，掀起"实说"新潮。然而，由于多尔衮诸多谜底难揭，"实说"不实，问题仍难解决。目前，主张孝庄皇太后下嫁者列出5条或8条根据，反对者也不示弱，同样提出对应的5条或8条进行反驳。老实说，诸位专家学者对于这个问题，都有相当深度的研究，辛苦多多，令人佩服。古人说，"尽信史，不如无史"。正史也好，野史也好，都有信、疑问题，只是各占多少而已。为了更好地说明问题，举野史中一条重要材料稍加分析。史称："顺治帝年小，未经此事。是史臣乃大书特书于策曰：皇太后下嫁摄政王，群臣上贺表，当时又有恩诏誊黄，宣示天下。其略曰：'太后盛年寡居，春花秋月，悄然不怡，朕贵为天子，以天下养，乃独能养口体，而不能养志，圣母以丧偶之故，日在愁烦抑郁之中，其何以教天下之孝。皇叔摄政王现方鳏居，其身份容貌，皆为中国第一人，太后颇愿纡尊下嫁，朕仰体慈怀，敬谨遵行，一应典礼，着所司预办。'"这段资料没有准确时间，根据多尔衮思想发展、周围的人事关系分析，材料内容有真有假，真的少，假的多。所说"顺治帝年小，未经此事"此话是真，而"朕贵为天子，以天下养，乃独能养口体，而不能养志，圣母以丧偶之故，日在愁烦抑郁之中，其何以教天下之孝"。此话是"史臣乃大书特书"的结果，顺治帝既不知道此事，也不可能这样说。若果真说了，那才是大不孝。所谓"群臣上贺表"、"恩诏誊黄，宣示天下"等，如果有此等大张旗鼓的事，顺治帝何以不知。说"皇叔摄政王现方鳏居"，更是天大笑话。众所周知，多尔衮"六妻四妾"，爱妾多人，何谓"鳏居"。至于"太后颇愿纡尊下嫁"，更是强加于人，这是因为对孝庄皇太后人品缺乏了解而生出的讹言。然而，世间没有无本之木，也没有无源之水，捕风亦因有影。关于皇太后下嫁这样大的传闻，必有它特定的社会背景。这里，首先研究礼部拟仪注问题。

在礼部档案中有关于皇太后下嫁之事，据光绪朝学士柯劭忞说他的"先世有通籍于顺治初年者"。所见确切："相传当时太后下嫁，敕礼部议礼，部议成书六册，名曰《国母大婚典礼》。"乾隆朝大臣纪昀发现这份档案，请"高宗削之"，从此"咸有知者"。按照如此记载，档案乾隆朝即已销毁。目前，主张皇太后下嫁与否的双方都等待档案发现，以断是非。其实即使档案真的发现，也未必能断定皇太后一定下嫁。笔者认为这份档案不能简单地否定，

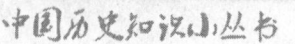

我们要围绕它进行探索。

　　构成礼部档案存在有七个因素：其一，多尔衮要做太上皇是问题的根源。这是他皇帝梦破灭后的新梦想，所谓当初"若以我为君，以今上居储位，我何以有此病症"。他念念不忘昔日皇帝梦，而今天的现实，只有做太上皇。他对"皇叔父"的"皇"字那样情有独钟，与他的思想大有关系。多尔衮死后，刚林、祁充格"欲尊墨尔根王为皇帝"，就是秉承多尔衮生前意愿。其二，多尔衮启动太上皇程序，始于顺治三年（1646年）初。当时的政治形势是南明政权灭亡，福王朱由崧幽禁在北京。征南大将军贝勒博洛率领清军突破钱塘江防线，鲁王被赶跑，唐王被俘，南明第二政权灭亡。平南大将军勒克德浑进驻南京后，奉命转战湖广。和硕肃亲王豪格率领大军进入四川，张献忠战死。平定全国在即，多尔衮对形势估计乐观。他功高志骄，既篡改实录后，又瞄准太上皇位置。其三，主子有欲，奴才捧场。多尔衮手下不乏其人。野史中诬称范文程与多尔衮"密计"皇太后下嫁事。这是冤枉范公。范文程自从被迫篡改实录后，退居称病。多尔衮私事再不找他。参与密谋的是刚林，具体奔忙者是祁充格。祁充格从顺治二年（1645年）六月十八日，被多尔衮从一个"永不叙用"的人物，毅然跃升弘文院大学士，他感激涕零，成为篡改实录的主角。从顺治三年（1646年）至顺治六年（1649年），作为弘文院大学士他很少出面，多尔衮在顺治三年云：内院"惟范文程、刚林、宁完我和额色黑是赖"，额色黑是镶白旗所属学士，暂代祁充格弘文院事。祁充格在幕后与多尔衮"密计"，并有联系内宫之嫌。其四，礼部制礼仪，必须内外配合。多尔衮命觉罗郎球为礼部尚书。郎球是景祖翼皇帝第三兄索长阿曾孙，原是多铎的人。崇德三年（1638年，崇祯十一年）以议政大臣，曾出任礼部承政。皇太极给他的任务是监督豫亲王。多铎不出送多尔衮出征，郎球受到处分，拨入正蓝旗。可见，多尔衮将皇太极时期受到处分的宗室人员都收在自己帐下。然而，郎球为人尽管正派，不肯有意做坏事，但也不敢承担风险，更不愿意得罪人。正当多尔衮想通过礼部制仪注时，他洞察到其中风险，很不积极。于是，多尔衮索性将他发配军旅，随同平南大将军勒克德浑从顺治三年（1646年）正月至七月南征。这期间在礼部的有弘文院大学士兼礼部尚书冯铨、礼部左侍郎李若琳、礼部右侍郎兼秘书院事钱谦益等。从顺治五年（1648年）李若琳迁升礼部尚书，及顺治八年（1651年）冯铨与李若琳以"朋比为奸，着革职为民，永不叙用"看，两个人都有参与制仪注之嫌，而更确切的消息是乾隆三十四年（1769年）六月，乾隆帝在内府看到的"仪注"，咬定是"钱先生所定"。野史称："顺治三年（1646年）后，群臣上奏，皆称皇父摄政王。"这个时间比正史记载提早两年。光绪年间学士柯劭忞的先世有通籍于顺治初年的人说，曾在礼部看到顺治四年（1647年）、顺治六年（1649年）的考试卷"窃取而归，则见其上有'皇父摄政王'字样"。其"称皇父摄政王者，仍有三卷"。如果诸说可靠，"皇父摄政王"之称当从顺治三年、四年即已在内部相继暗用，而顺治三年（1646年）六月之前钱谦益恰好在礼部。因此，钱谦益定仪注应是事实。其五，钱谦益有深刻的反清背景。其人字牧斋，一字受之，自号蒙叟，偶称绛云老人，或敬他老人。明神宗万历十年（1582年）九月二十六日生于常熟城中坊桥东故第。曾祖体仁，字长卿，是吴越武肃王22世孙。顺治元年（1644年）五月二日福王监国。十五日即皇帝位，以第二年六月六日起为弘光元年。钱谦益为礼部尚书兼翰林院学士，掌礼部事，加太子太保。顺治二年（1645年）五月，从大学士王铎等迎降。钱谦益是江南才子，威望很高。弘光政权派出使清朝使臣的议和书都是他起草。投降清朝从顺治三年（1646年）正月至六月，任礼部右侍郎。因为清朝将在北京幽禁的福王杀害，他"即引疾归"。此后他的活动与仪注大有关系。其六，野史所谓"太后颇愿纡尊下嫁"的话十分荒唐。因为清朝后宫中有五宫，以清宁宫为首。孝端文皇后是孝庄文皇后姑姑，居长。多尔衮既然称"皇父"，其皇母居首的自然是孝端，而五宫皇后一体，五母难分，多尔衮必接管整个后宫，才称得上太上皇。从常识说，单独娶孝庄于理不合。礼部制仪注是暗箱操作，后宫以沉默相抵制当是实事，祁充格等少数人为主子捧场，只是一厢情愿，并不具实施价值和时机。有关仪注问题，后文将继续追踪。

三 美梦仍不醒

多尔衮清除内院政敌希福、起用祁充格、篡改实录、为母昭雪、制定仪注五部曲，欲将太上皇，即"皇父摄政王"名号公之于众，得到宗室诸贝勒，特别是资格较老的王爷承认，阻力更难逾越。因此，利用罪宗、诸小贝勒、贝子等扫清阻力，从顺治四年（1647年）开始行动。

（一）擅权独尊

在满洲贵族内部权力之争中，没有汉族等其他民族的份。多尔衮欲将全部大权掌握在自己手中，为所欲为，必须寻求宗室内部力量相制约，利用罪宗是其重要手段。

（1）重用宗室

前文提到用郎球为礼部尚书，是多尔衮用罪宗的重要事例。提拔舒尔哈齐之孙，追封贝勒图伦之子吞齐，从镶蓝旗镇国公，相继升为辅国公、固山贝子、多罗贝勒。令贝勒阿敏第四子恭阿恢复宗室，封镇国公。阿敏第三子固尔玛浑复入宗室、晋封辅国公、晋封固山贝子。令贝勒杜度第七子萨弼复入宗室、封辅国公、晋封固山贝子。杜度第二子穆尔祜复入宗室、晋封三等镇国将军、晋一等镇国将军、封辅国公、晋封固山贝子。硕讬之弟勒克德浑封多罗贝勒，平南大将军。

多尔衮利用宗室子弟，制约有权势的贝勒是其集权的重要手段。顺治五年（1648年）六月，他以赐贫乏宗室为名，受接济的许多人在八旗中占有重要地位。如公瓦克达、固山贝子尚善、公喀尔楚浑、拜伊图、巩阿岱、锡翰、苏布图、扎喀纳、努赛、富喇塔、杜尔祜、穆尔祜、特尔祜、杜嫩、萨弼、顾尔玛洪及宗室巴尔楚浑、巴思翰、胡世巴、篇古、德马护等。

（2）擅权执政

多尔衮在满洲贵族诸贝勒中，工于心计。在争夺皇位不成之际，摇身一变，夺得摄政大权。和硕肃亲王豪格等各个如同傻子，令他摆布、处置。顺治帝向北京搬迁，表面看他真的在做周公，而内心对于权力却认真计算。派出奏请迁都的何洛会是满洲正黄旗固山额真，通过揭发肃亲王豪格表明他已站在多尔衮一边，同时兼皇帝旗属首领。多尔衮派他作为盛京总管并辖属熊耀、锦州、宁远、凤凰城、易州、新城、牛庄、兴京、岫岩、东京、盖州、耀州、海州、鞍山、广城等城，实际上接管了整个东北驻防，从身份看别人说不出话来，而皇帝一走，地区大权却由多尔衮说了算。足见，他用心何等良苦。

多尔衮擅权大体经过两个阶段，顺治三年（1646年）以前，尽管他在努力抓权，也有郑亲王济尔哈朗等让权的问题。郑亲王在皇太极时代排名在他之上，对他有制约作用。初定辅政王时，郑亲王如不主动退让，并协助提高其权威，他也会有所收敛。郑亲王最后不得不吞下这个苦果，自我检讨说因为"畏其声威"，而忍气吞声。结果多尔衮的权力无限膨胀。其权力大膨胀是从顺治四年（1647年）开始，日渐严重。加上梦寐以求的"皇父"美梦没有得到认可，皇帝该归政时，仍不放手。所以死后定成"逆谋"罪。

多尔衮执政到第四个年头，逐渐有些忘乎所以。他将国政当成家政。皇太极称帝时，曾要求诸贝勒宣誓，凡是议政王会议内容，不允许告诉妻子和属役人员，而多尔衮竟将博洛、尼堪晋爵为端重亲王、敬谨亲王这样重大决策告诉身边侍卫穆尔泰、额尔德赫及亲近大臣罗什、博尔会、额克亲、吴拜、苏拜等人，并传到两黄旗，再经辗转令博洛、尼堪听到，最后到达郑亲王济尔哈朗耳中。由此可以想见，多尔衮擅权到破坏国家法制程度。所以，济尔哈朗等骂他不令自己预政，而以母弟多铎为辅政叔王，背誓肆行，妄自尊大，以朝廷自居。"不奉上命，概称诏旨"；诸位贝勒骂他不令自己"入朝办事"；皇帝更是满腹怨言，指责多尔衮将大内信符，收归王府；所行国家大事"朕惟拱手以承祭祀，凡天下国家之事，朕既不预，亦未有向朕详陈者"。多尔衮权力达到顶峰,是在打击郑亲王,逼死肃亲王之后实现的。

(3)打击郑亲王

和硕郑亲王济尔哈朗以辅政王身份,原本为首。鉴于多尔衮虎视眈眈地揽权,他处处主动退让,而多尔衮仍然视他为权力路上的绊脚石。顺治三年(1646年)八月二十六日,大学士范文程、祁充格、宁完我以甘肃巡抚黄图安诚请终养一事,没有直接报告多尔衮,而是先告诉郑亲王。这等小事辅政王济尔哈朗原本有权过问,但他小心翼翼,命令"姑待之",意思是不要忙于处理。多尔衮知道后,大发雷霆,批评范文程、启心郎额尔格图、副理事官胡敏等"徇情","擅自关白辅政王",竟下法司勘问。所行何其霸道。顺治四年(1647年),多尔衮以辅政王济尔哈朗"殿台基踰制及擅用铜狮、龟、鹤"为由,罚辅政王白银2000两,至辅政王威信扫地。

众所周知,济尔哈朗是个胆小谨慎,相当稳重的人。多尔衮欲置他于死地,很难找到借口。于是,他利用宗室诸位贝子、公等巴结、攀附自己的心理,给辅政王制造麻烦和罪过。顺治五年(1648年)三月初四日,贝子吞齐、尚善、吞齐喀及公扎喀纳、富喇塔、努赛等共同出来讦郑亲王济尔哈朗。主要罪状是,向北京搬迁时,郑亲王索要夫役修房;衍禧王、饶余王、贝子和讬薨逝时,不令福晋会丧;顾尔玛洪、罗讬是有罪之人,而郑亲王加以宠爱;郑亲王分给的房屋不堪;在王府聚会时座位不合理等问题。如上的鸡毛蒜皮等琐碎家务事,多是镶蓝旗内部事情。这些人都是济尔哈朗亲弟篇古的子侄等,他们看到叔父势力渐微,落井下石。多尔衮知道这些琐事摘不掉"辅政王"这顶乌纱帽,便将所谓"当国忧时,图尔格、索尼、图赖、锡翰、巩阿岱、鳌拜、谭泰、塔瞻八人,往肃亲王家中,言欲立肃王为君,以上为太子,私相计议"的事,重新翻出来;再将顺治帝从沈阳向北京搬迁时,郑亲王令罪废的肃亲王所属正蓝旗走在豫亲王多铎所属镶白旗前边,并将自己的镶蓝旗从后行,而移至御营附近,并令肃亲王之妻"在辅政叔德豫亲王、和硕英亲王之福晋前行"。最后以"擅谋大事"、"与肃亲王同谋"等罪名,将郑亲王爵革除。同时,借机将"谋立肃亲王"的公图赖、谭泰、巩阿岱、索尼、锡翰、鳌拜、公塔瞻、公图尔格等一律定罪,尤其对铁杆保皇派索尼处罚最重,"尽革所有职,赎身为民，徙居昭陵"。多尔衮的这种做法，完全是有意打击辅政王济尔哈朗，诚心摘掉他"辅政王"乌纱帽，并打击阻止他称帝的两黄旗大臣。众所周知，济尔哈朗作为辅政王，他有权处理本旗事，有权在搬迁中调整队伍。其最大的问题是谋立肃亲王问题，当时他态度比较慎重，与豫亲王多铎跪请多尔衮相比，构不成问题，而多尔衮说豫亲王的问题是在大赦之前，免议。那么，郑亲王的问题也在大赦之前，何以不免议？其执法不公，十分显然，完全出于私心，故意打击报复。

（4）逼死肃亲王

和硕肃亲王豪格是一位足智多谋、英勇善战的将领，为人性格直爽、刚毅。顺治三年（1646年）至顺治四年（1647年），他用两年时间将四川平定，将农民军著名将领张献忠击毙。他为清朝统一中原作出不可磨灭的贡献。当"戴着胜利桂冠的征服者回到北京，不但没有得到应有奖赏，反而受到他……摄政阿玛王的贬辱"。多尔衮利用随同肃亲王出征的正白旗亲信、侍卫苏拜等人所谓"战功被夺"，诬称"地方全未平定"，提拔"罪人杨善弟机赛补护军统领"，即所谓"乱念不忘"、"仇抗不已"及"玩忽军务"等罪名，强加于豪格，而直率不屈的豪格，在强势面前不知忍耐，竟大发脾气，他"极为愤怒，把鞑靼式的帽子扔在地上，轻蔑地践踏它"。正好给多尔衮提供借口，将他幽禁。对于多尔衮一伙的"构陷威逼"，他无法忍受，便"可悲地上吊自杀了"。

历史上许多冤案，多是后人给予平反、昭雪。肃亲王豪格冤案当时人就看得明白。顺治八年（1651年）二月，顺治帝认为，在关外废黜肃亲王豪格案件，就是肃亲王发现多尔衮"心怀篡逆，不能忍隐发言"所致。郑亲王济尔哈朗等明确指出逼死肃亲王冤案是多尔衮有意"构陷"。顺治十四年（1657年）二月十七日所立的肃亲王碑文中称："睿王摄政，掩其开疆拓土之勋，横加迫胁，幽禁之惨，忠愤激烈，以疾薨逝。"外国人卫匡国说：多尔衮因为"害怕这个有勇无谋的人做出鲁莽的举动，破坏鞑靼的事业才这样做的"。后世史学家多同情豪格，指责多尔衮所定的罪状是"吹毛求疵"。

多尔衮在和硕肃亲王问题上犯有严重罪行。其罪有四：其一，豪格是满洲贵族入关后少有的身经百战、有勇有谋的宗室大将，统一中原正需要这样人才，在出征四川时已跪在他面前，俗语说"杀人不过头点地"，而多尔衮却不饶他，自毁长城，对满洲贵族事业是个重大损失。其二，多尔衮贪财。逼死肃亲王后，"将官兵、户口、财产等项既与皇上，旋又收回，以自厚其力"。损人利己，全无公心。其三，"逼死肃亲王，遂纳其妃"。违反皇太极立法。其四，削弱皇权。肃亲王死后，多尔衮冠冕堂皇地将正蓝旗归在皇上名下，但将"多尼王归正蓝旗"，任命投靠自己的何洛会为该旗固山额真，侍卫顾纳代为护军统领，阿喇善为蒙古固山额真。加上两黄旗大臣、侍卫，用多尔衮的话说："予既摄政侧目于予者甚多，两黄旗大臣侍卫等人，皆信实。予出外欲赖其力，以为予卫。俟归政，然后隶于上。"事实表明，皇帝的兵权已被多尔衮剥夺。

总的来说，多尔衮集权、打击郑亲王、逼死肃亲王的真正目的是为他登上"太上皇"宝座扫清道路，即恢复"以我为君，以今上居储位"的梦想。所谓"俟归政，然后隶于上"的话，亦表明他无意推翻福临皇帝宝座。

（二）争太上皇

多尔衮死后，以顺治帝为首的满洲贵族上层，揭露他一系列"悖逆"行为，给他翻案的朝中大臣许尔安等分别受到处分；百年之后，乾隆帝再度翻案，才把案情扭转过来。但无论是朝中大臣，还是乾隆帝提出的翻案理由都不真实，多尔衮的真意是当太上皇。

（1）继选辅政王

多尔衮从进入北京的那一天起，身体就被病魔缠绕。加上他对自己个人得失计算过细，心情不舒畅，严重影响身体健康。顺治三年（1646年）初，病情日渐加重。当年二月他对户部尚书公英俄尔岱说，"予为上摄政，惟恐事多阙误，生民失所，日夜焦思，又素婴风疾，劳瘁弗胜"，已产生畏难情绪。他把希望寄托在亲弟多铎身上，当和硕豫亲王多铎以定南大将军带兵消灭南明第一政权，将福王朱由崧俘掠回京后，他立刻加封他为"和硕德豫亲王"。此后，他迫不及待地将和硕郑亲王济尔哈朗"辅政王"乌纱帽拿掉。通过他控制的内院大臣刚林、祁充格和礼部尚书郎球名义，于顺治四年（1647年）七月初一日,召集各部尚书、启心郎等说:"兹内大臣、礼部金以和硕德豫亲王剿灭流寇、底定陕西、殄福王、平江南及击败喀尔喀部落土谢图汗、硕雷汗厥功深茂,应进封为辅政叔德豫亲王,予初亦念及此,尚以王为予季弟,故犹豫未果。然予恭摄大政,简贤黜不肖,国之巨典,毋容瞻顾,尔等偕诸王定议以闻。众金以为然。"显然,多尔衮是通过内院和礼部贯彻自己的政治意图,尽管表现羞羞答答,但还是将自己亲弟推上辅政王宝座。在他诚谕德豫亲王多铎时,有一句语重心长的话,即"汝继予辅政,益加勤勉,斯名誉非小矣"。这"继予辅政"本意,具有代替之意。第二天,福临亲临太和殿,册封和硕德豫亲王多铎为辅政叔德豫亲王。换句话说,从顺治四年(1647年)下半年,多尔衮已有弃辅政王,甘做太上皇思想。

(2)太上皇佐证

顺治四年(1647年)十二月三十日,在辅政德豫亲王多铎带领下,和硕郑亲王济尔哈朗、多罗郡王博洛、镇国公固山额真拜伊图、辅国公内大臣锡翰、巩阿岱、固山额真何洛会、宗室韩岱、内大臣多尔济等商议,派遣索尼、冷僧机、大学士范文程、刚林、祁充格等启奏,决定元旦节给皇上敬酒时,多尔衮"入班行跪礼,俱应停止"。最后奉谕:"以后凡行礼处,跪拜永行停止。"这个礼节的取消主要原因是多尔衮功高、有病。从病体说,情有可原。从功高说,不尽合理。多尔衮说:"若以我为君,以今上居储位,我何以有此病症。"今天病体只换来不下跪,他自然不满足。所以,第三年,即顺治六年(1649年)二月十三日"皇父摄政王"之语,便在致李朝的"清国咨文中"出现,而在国内是在上一年的十一月,同样的词句在蒋氏《东华录》中记载甚明。这件事在国内意见尚未统一。郑亲王济尔哈朗、多罗郡王博洛等,明确表态说,这是多尔衮"自称为皇父摄政王",没有经过朝廷会议。多尔衮指责其阻力是"索尼、鳌拜辈一向参差"所致。因此,在辅政德豫亲王多铎,与两黄旗中少数大臣、侍卫及攀附多尔衮的冷僧机、巩阿岱、锡翰等配合下,内外相结合,贯彻多尔衮做太上皇意图,"遂将索尼遣发,鳌拜问罪",并将"宗室博穆博果尔俱逐退,勿令近御"前。

多尔衮死后,清廷在揭发、清算他的"悖逆"行为时,有"潜逆至尊、盖造府第，亦与宫阙无异"、"其仪仗、音乐、侍卫之人俱与皇上同"、"王曾不令人知，备有八补黄袍，大东珠、素珠、黑狐褂"。由多尔衮的侍女吴尔库尼呼罗什、博尔会、苏拜、詹岱、穆济伦五人至。嘱之曰："今可潜置棺内及回家殡殓时，罗什、苏克萨哈、詹岱、穆济伦将八补黄袍、大东珠、素珠、黑狐褂潜置棺内。"对于这些做法，郑亲王济尔哈朗、巽亲王满达海、端重亲王博洛、敬谨亲王尼堪及内大臣等认为是"潜逆至尊"。为多尔衮翻案的人认为是将要送给皇上。各有说法，莫衷一是。事实很清楚，多尔衮是为做太上皇做准备。至于他欲迁驻永平，并非谋反。他早就说北京夏天地下水苦不堪饮，只有春、秋、冬三个季节较好。他想做太上皇以后，夏天到永平，或者去避暑城。结果这些未经朝廷商议，暗中操作的诸种事情都成了他"悖逆"的罪行。

（3）本无悖逆心

多尔衮在追求太上皇的道路上走得不顺，原本令亲弟辅政德豫亲王代替自己辅政，事情刚有个头绪，江西提督总兵官金声桓、广东提督总兵官李成栋和大同总兵姜瓖先后举起反清大旗。从顺治五年（1648年）二月至顺治六年（1649年）三月的1年中，弄得他手忙脚乱，焦头烂额。调兵遣将，亲自出征，光是大同共出兵5次，专征姜瓖3次。刚喘一口气，顺治六年（1649年）三月初十日，"皇父摄政王"旗号刚刚实施，辅政德豫亲王多铎出痘消息报至。8天后，多铎讣至居庸关。多尔衮真是无可奈何花落去，"去缨易素带泣"。这些事都给他冰冷的太上皇宝座雪上加霜，实难承受。

从此，多尔衮情绪日渐低落，渐入胭花色情之中。顺治七年（1650年）十二月初七日病重，初九日病死于口外喀喇河屯，享年39岁。多尔衮临死前，曾"召英王语后事"，史称"外莫得闻也"。多尔衮是否有叛逆之心，必须研究英亲王及多尔衮周围人员的表现。

密召英亲王所语何事，无人知晓。从英亲王表现，是分成两步骤夺权，即通知儿子贝子劳亲多带兵来，准备胁迫两白旗服从自己，实现夺权愿望。英亲王希望早见到多尼，以便争取他。劳亲按照英亲王旨意，擅自带兵前来，与父亲会合，并护多尔衮灵柩直奔京城。从阿济格表现，似乎多尔衮密召是个阴谋。但从多尔衮周围的人看，并非如此。这里有三个问题值得注意：其一，自从顺治六年（1649年）和硕德豫辅政亲王多铎病死后，阿济格要求辅政起，多尔衮对其兄采取防范措施，不允许多铎儿子多尼及镶白旗大臣到阿济格家去。阿济格供认其"不令多尼阿格诣我家"。阿尔津等在回答阿济格时说，之所以将镶白旗分成两部分，以多尼"所属人员置之一所"，唯恐生嫌，所以分隶两旗。英亲王为争取多铎部下将领，急于召见阿尔津、僧格等人。阿尔津"以自本王薨后，三年不诣英亲王所"，不肯奉诏。这些事实表明，多尔衮没有团结兄长夺取皇权之意。其二，刚林攀附多尔衮，人所共知。当他发现阿济格情况不正常，竟派300骑兵向京城进发。他立刻策马"日夜驰七百里"，先行到达京师，"遍告宗王、固山等为备"，及时制止英亲王变乱。其三，多尔衮旗下几位最忠实的侍卫，即满洲侦察英雄瓜尔佳氏吴礼堪的两个儿子，吴拜及其四弟苏拜，他们各世袭二、三等伯爵；满洲大族三等总兵官他塔拉氏达音布本族萨弼图亲弟博尔惠；著名总兵官巴都里之子罗什；公塔拜第二子，议政大臣额克亲等，多尔衮死时都在身边。他们侦知阿济格5次为多尔衮临丧而不至；召其第五子郡王劳亲，以兵迎胁摄政王所属人附己；怨摄政王不令豫亲王子多尼诣己处；诘责豫亲王旧属阿尔津、僧格，且讽端重亲王博洛等速推己摄政等诸种表现。他们认识到阿济格在争取摄政王下属支持劳亲，一旦"得我辈必思夺政"。于是额克亲、吴拜、苏拜、博尔会、罗什、阿尔津会议：英亲王"不得多尼王，即欲得我两旗，既得我两旗，必强勒诸王从彼。诸王既从，必思夺政。诸王得毋误谓我等以英亲王为摄政王亲兄因而响彼耶。夫摄政王拥立之君，今固在也。我等当保王幼子，依皇上以为生。遂急以此意告之诸王"。多尔衮亲近大臣、侍卫对阿济格的防范意识，可知多尔衮临死时没有令其亲信支持阿济格之意，更没有"悖逆"皇上，史载其"无成谋"的意见没有错。

（4）留下的班底

从顺治六年（1649年）、七年（1650年）间，多尔衮重用的人员，可以看出他的基本班底组成。三月十二日，封太宗第五子多罗承泽郡王硕塞、阿巴泰子多罗端重郡王博洛、褚英第三子多罗敬谨郡王尼堪"俱为亲王"。四月二十九日，令代善第七子贝子满达海为和硕亲王。顺治七年（1650年）二月，将部院务事交给和硕巽亲王满达海、博洛和尼堪料理。同时，令多铎子亲王多尼、硕讬弟顺承郡王勒克德浑，穆尔哈齐的四子贝子务（吴）达海、宗室辅国公锡翰、穆尔哈齐第三子镇国公汉（韩）岱并议政。一般各部院事务由固山额真谭泰、何洛会，内大臣冷僧机、大学士刚林、范文程等"裁决"。遇到军国大事，"集英亲王、议政大臣、固山额真、公同商议"，然后报告摄政王。这个班子有三个特点：以年轻的宗室子弟组成；多数是他亲自提拔、重用人员；远支宗室子弟占很大比例。

　　从上述的事实中不难看出三个问题，其一，多尔衮内心存在称帝美梦，常常以一种失望情绪，耿耿于怀。他梦想皇太极死后自己称帝，以福临作为继嗣。但是内部权力平衡的结果，神圣的皇位与他擦肩而过。于是，他不得不求其次，做了摄政王。他的主导思想始终在维护福临的皇位，不想取而代之。特别是顺治元年（1644年）至顺治三年（1646年）有明显表现，想甘当周公。其二，他是中国历史上难得的伟大的政治家、军事家，但不是成熟的封建社会忠臣，不能与历史上的周公相提并论。他在忠君的背后，通过暗中操作，谋求太上皇宝座，引火烧身，一时身败名裂，造成长期历史误会。礼部制定太后下嫁仪注，符合他思想发展脉络。有人说"王自拟诏书"亦不无道理。其三，在胜利面前，居功自傲，歪曲事实，残酷打击政敌，枉法擅权，造成严重损失。

【第七章】

野火烧毁太后名

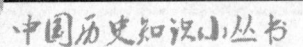

关于孝庄皇太后下嫁多尔衮的风波，在中外朝野流传了数百年。随着"戏说"和"实说"出现，形成5种或8种对立观点。其中《建夷宫词》、皇父摄政王、太后下嫁诏、多尔衮亲到内院和太后不葬昭陵等问题。争来争去，没有结果。本书不想重复争辩，只从多尔衮身边发生的事情，加以分析，令读者自辨。其中要害是皇父摄政王和汉族知识阶层反清势力相结合，是这场野火燃烧的源头，现加以粗浅地研讨。

一 挟制两黄旗

满洲贵族争权，主要是控制八旗，而控制八旗的手段是争夺各旗中的望族。皇太极的两黄旗骨干力量依靠满洲望族支撑。多尔衮摄政后，为挟制后宫，在争取、瓦解两黄旗方面，苦心经营，不遗余力。现就满洲三大望族的变动情况，讲讲事实。

（一）费英东家族

费英东之父索尔果，为苏完部长，姓瓜尔佳氏，是满洲八大姓之一。努尔哈赤起兵第六年率部归附。其子费英东授命为札尔固齐，充任五大臣，隶满洲镶黄旗。费英东战功卓著，为满洲名将。其弟、子、侄等多人为一代著名将领。如其九弟卫齐效命于努尔哈赤时代，其第二子赵布泰、第三子鳌拜、第四子穆里玛。费英东第六子索海、第七子图赖等都是满洲镶黄旗骨干力量。其后图赖与兄纳盖、弟苏完颜，改拨正黄旗。可见，这个家族在两黄旗根基很深。在皇太极、多尔衮时代，特别是在权力交替时期，图赖和鳌拜表现突出。

皇太极死后，图赖是最坚定的保皇派。他同索尼等两黄旗诸大臣密议，拥戴皇子继承皇位,将6岁的福临推上皇帝宝座。福临宣誓即位后,两黄旗六大臣盟誓也有他们参加。图赖具有典型满洲人的直率、粗犷性格。多尔衮最怕的满洲大臣就是图赖和索尼两个人,一个勇略绝伦,一个智谋深远莫测。顺治二年(1645年)十月三十日,图赖以一等公身份,公开向多尔衮申明自己的政治立场:"皇叔父王保辅皇上,效力甚多,难以枚举。图赖向年效力太宗,王之所知。今图赖之心,亦犹效力于太宗,不避诸王、贝勒等嫌怨。见有异心,不畏容忍。大臣以下牛录章京以上,亦不徇隐其过恶。图赖誓之于天,必尽忠效力。"其意很明显地告诉多尔衮,彼此保辅皇上,没有他路可走。顺治三年(1646年)正月十三日,多尔衮召集诸大臣在午门议事。图赖以护军统领身份,指责多尔衮:"尔何将谭泰之罪耽延三日不结。"多尔衮被批评得无言以对,只是无可奈何地说:"曩追流贼至庆都,分兵前进,因诸将争先,尔曾诮嚷于肃亲王、豫亲王、英郡王,且唾于诸王之前。今又以言逼我。我不能堪,似此怒色疾声,将逞威于谁耶,予与诸王非先帝子弟乎。"语毕还府。诸位议政王看到多尔衮难堪,便将图赖抓起来。多尔衮面对这位忠耿将领,只能信服地说:"图赖虽声色过厉,然非退而后言可比,且为我效勤矢忠,无他咎也。"便乖乖地放人。图赖具有父风,"勇而有谋,以身任事,果断刚决,在军中每以寡克众,所向无敌"。如果说多尔衮在顺治前三年,许多事情暗中操作,不敢明目张胆地叫板,与图赖等两黄旗中刚正大臣正气有关。可惜,当年十一月至第二年四月,图赖以固山额之职在进军福建金华府时"暴卒于军",年仅41岁。顺治四年(1647年)多尔衮瓦解两黄旗得手,"恶其素不附己,追论其罪",将其子辉塞爵位剥夺。

鳌拜是卫齐第三子,从天聪(1627—1635年)初年参战,屡立战功。崇德二年(1637年)夺取皮岛,冲锋陷阵,战功卓著,由牛录章京超升为三等梅勒章京,赐名巴图鲁。清军入关前晋升为一等昂帮章京。在皇太极死后的权力交替中,也是坚定的保皇派,是两黄旗大臣中密议的积极参加者。福临即位后,为防止有人觊觎皇位,六大臣盟誓,他是其中之一。终多尔衮之世,对他无可奈何,并晋为一等侯爵。所以,福临亲政,成为四大辅臣之一。

（二）杨古利家族

开国元勋杨古利额驸之父是珲春地方库尔喀部长，姓舒穆禄氏，满洲八大家之一。努尔哈赤起兵后两年，他前来归附，隶属于满洲正黄旗。他勇敢善战，刚正不阿，树立为官吏典范，效力两朝。他是满洲异姓中唯一封王的人，崇德二年（1637年）出征李朝阵亡，封为武勋王。舒穆禄家族，出了诸多名将，除杨古利外，有其弟那木泰、楞格礼为正黄旗固山额真、佐理大臣。其子内大臣超品公塔瞻。谭泰是杨古利额驸叔父登古申之子，本旗都统。谭布，谭泰之弟，入关前升为甲喇章京。宜（伊）尔德，武勋王杨古利额驸伯祖达古巴图鲁曾孙，官至一等伯。在皇太极死后，两黄旗出面保皇的八大臣中，舒穆禄氏有固山额真谭泰、公塔瞻参加。

多尔衮失去继承皇位机会后，瓦解两黄旗，舒穆禄氏家族是个突破口。其中重要人物是正黄旗固山额真谭泰。谭泰这个人私心很重，目光短浅，往往看不清大势。他被皇太极视为"耳目之臣"，而他顾及本家族小利，竟漠视皇太极的叔伯兄弟济马护，并与济马护弟弟巩阿岱"詈辱几至攘臂"。谭泰因有如上的弱点，被多尔衮一打一拉，便投其怀抱。顺治二年（1645年），谭泰见皇帝年幼，多尔衮权势日重，产生轻视皇上思想。竟"擅隐谕旨"，索尼认为其行为是"忘君背旨"，公开揭发他不忠。顺治三年（1646年）正月初三日，他奉命带领大军出征西安。他患得患失，认为出兵西安"道路迂险"，军行迟缓。否则，可以直取南京。图赖将他的话转告豫亲王多铎及诸位将领。当即将其意写成书文，交到希思翰牛录下塞尔特手中，准备送给摄政王。牛录章京希思翰见到书文，觉得此事对谭泰不是好事，便将书文投到河里，毁灭证据。众所周知，军中无小事，谭泰得知部下欺君行为应当执法，而他却派启心郎觉和诧嘱咐塞尔特"钳口"，不要说出去。结果事情被揭发，将谭泰逮捕下狱。多尔衮见有机可乘，派手下人给狱中的谭泰"送野雉野豕肉"。谭泰会其意，感激涕零，私相转告："王若拯我已死之身于监禁之中，吾当杀身报恩。"多尔衮大喜，顺治五年（1648年）正月二十一日，将谭泰从狱中接出，悄悄地养起来，并恢复正黄旗固山额真之职。从此，谭泰更加轻视皇帝。福临到摄政王府看望多尔衮，他作为固山额真，不亲自护驾，竟坐在多尔衮身边，不是认真检讨自己行为，也不去体会多尔衮并无弃皇上而自立之意，却无耻地声称："我死亦在此门，生亦在此门。"其卖身投靠嘴脸，昭然若揭。于是，多尔衮先后命他为吏部尚书、刑部尚书等要职。同时，他将已死去的，当初共同盟誓的"图尔格、图赖茔室，尽行拆毁"，以报答多尔衮曾经对他的恩宠。

护军统领、伯爵伊尔德可能受到谭泰影响，对福临也有轻视言论。顺治三年（1646年）随从征南大将军博洛大军出兵浙东、福建。归来后，多尔衮将其家族从正黄旗迁入正白旗，他"怨愤"地说："何如此屡迁"，其实是他轻视皇上言论所致。足见，多尔衮为瓦解两黄旗，用心之良苦。

（三）额亦都家族

弘毅公额亦都巴图鲁家族，姓钮祜禄氏，满洲八大姓氏之一，隶满洲镶黄旗，族人众多，高官盈庭。如额亦都第三子户部尚书车尔格；车尔格长子固山额真兼刑部尚书陈泰；车尔格第五子固山额真喇哈达；额亦都第八子内大臣图尔格；第十子领侍卫内大臣二等伯伊尔登；第十一子户部参政敖德；第十三子兵部参政超哈尔；第十五子牛录章京索浑；第十六子内大臣兼太子太保遏必隆。

这个家族早年隶属于努尔哈赤直属旗份满洲镶黄旗，皇太极即汗位后，属于英亲王阿济格的镶白旗。因为阿济格对图尔格无端指责，图尔格投入皇太极的镶黄旗。其弟伊尔登等仍在镶白旗。

图尔格颇有父风："才略过人，太宗屡加擢用，寄以文、武重任。遇事毕虑殚心，勤劳勿懈。效力行间，则奋勇血战。"被称之为"伟异"人物。在皇太极死后政权交替之际，钮祜禄氏家族出头露面的主要是他。在两黄旗八大臣盟誓者中，他是坚定的保皇派，但支持的是豪格。为应付两白旗政变，他调拨黄旗官兵守门。遗憾的是顺治二年（1645年）二月，他不幸逝世，享年50岁。尽管他早已故去，但多尔衮并没有放过他。顺治五年（1648年）在打击肃亲王、郑亲王等的同时，使令图尔格之子侍卫廓步梭出面，"讦告其祖母及父图尔格"等，并借机揭发"太宗宾天时，图尔格等与白旗诸王，素有衅隙，传三牛录下护军，备甲胄、弓矢护其门，尤属变乱"。结果将图尔格母亲家产之半籍没，并将"皇上侍臣伊尔登、陈泰一族及所属人丁，刚林、巴尔达齐二族，尽收入己旗"。命陈泰为靖南将军，出征福建。先后晋升其为二等男，擢刑部尚书、吏部尚书和国史院大学士。

多尔衮利用投靠自己的两黄旗高级官吏，执掌皇帝旗份。其中利用谭泰，牢牢地抓住满洲正黄旗兵权。利用何洛会控制满洲正蓝旗。何洛会早年在豪格的正蓝旗下，"颇见任使"。顺治元年（1644年），因评告肃亲王与两黄旗大臣杨善、鄂莫克图、伊成格、罗硕诋诽睿亲王事件，受到多尔衮重用，擢内大臣，总管左右翼，留守盛京。第二年二月，晋一等男。十一月，命为定西大将军，进剿四川。顺治四年（1647年）六月，仍受正黄旗满洲都统，晋三等子爵。顺治五年（1648年）三月，调正黄旗、镶白旗满洲固山额真。复以谭泰为正黄旗满洲固山额真。总之，满洲正黄旗一直由谭泰和何洛会掌管，听多尔衮指挥。

如果我们认真考察两黄旗，其中镶黄旗的实权也不在福临手中，因为从顺治元年（1644年）到顺治八年（1651年）的八年中，镶黄旗固山额真是由宗室拜伊图掌管，福临说他庸懦无能，而且老朽。但他与弟弟巩阿岱、锡翰等三兄弟，都投到多尔衮怀抱。这三兄弟是显祖宣皇帝之孙，追封笃义贝勒巴雅喇之子。

由于多尔衮对两黄旗采取分化瓦解措施，致使两黄旗人心涣散，连旗下的工匠都分成保皇与弃皇派两部分。顺治八年（1651年）二月初五日，有"布颜图等十人首告镶黄旗工匠阿达哈哈番吴巴泰不为上造弓，而谄事睿王。擅选两旗良弓匠十八人，私为制造"。难怪多尔衮得意地说："予既摄政侧目于予者甚多，两黄旗大臣侍卫等人，皆信实。予出外欲赖其力，以为予卫"，并直接给两黄旗固山额真贝勒拜伊图、谭泰各书信一封，讲明上述意思。同时，传达给朝中诸位大臣"共知"。事实表明，多尔衮绞尽脑汁夺取两黄旗大权，目的是威逼、挟制后宫。这种激烈的争夺氛围，如果皇太后下嫁，能有如此之事吗？

多尔衮之谜

二 瓦解内务府

　　挟制、接管两黄旗是多尔衮威逼后宫的重要手段，而控制内务府具有同样性质。众所周知，清朝在多尔衮死后形成镶黄、正黄、正白三旗为天子自将，是为上三旗，但在此前的一段时期上三旗是镶黄、正黄和正蓝。蓝旗是多尔衮从肃亲王手中夺取，名为上三旗，实际上多尔衮以多尼亲王属蓝旗，调何洛会为正蓝旗满洲固山额真，将正蓝旗控制在自己手中。但不管旗属权力如何变化，皇帝宫廷设有内务府，首领是领侍卫内大臣两员、内大臣五六员及禁廷御前侍卫、干清门侍卫、值宿宫门三旗侍卫。人员来源"俱以世荫公侯勋旧大臣、王公子弟充之"。所以，控制内务府的关键是任命领侍卫内大臣。多尔衮摄政期间，领侍卫内大臣是伊尔登和索尼。伊尔登是额亦都第十子，为人沉稳，遇事不好张扬，但心中有数。当初，他与其八哥图尔格都在英王的镶白旗下供职。图尔格受不了英王无理指责，投到镶黄旗下，而伊尔登仍在原地未动。在皇太极死后的权力变动中，伊尔登实际是保皇派，但不动声色。多尔衮以其为镶白旗大臣，没有动其职务，一直任领侍卫内大臣。顺治帝十分尊重他，称之为"效力老臣"。原官致士后，总想见到他，特定："若由太和门行走，路途遥远。令由上驷院行走，每至必奏闻。朕万机之暇，即行召见"，供给饮食，记录档案，并"图其像二，一贮之内库，一与其家"。另一位是索尼，供职尽管未曾变动，但实际受到多尔衮的严重打击。

（一）坚贞的索尼

　　索尼的家境前文已介绍过，此人智谋过人，是皇太极派到多尔衮身边的启心郎。皇太极死后，坚决拒绝多尔衮称帝，是坚定的保皇派首领。清军入关后，多尔衮为自尊太上皇，曾软硬兼施，争取他支持，但他无动于衷。顺治二年（1645年）八月，多尔衮在打击其叔希福巴克什之后，将祁充格提升为弘文院大学士，准备涂抹太祖、太宗实录有关其母的事迹时，借口索尼令"黑游击于库内鼓琴"、"禁城内捕鱼"、"观偶戏赏钱"，并以索尼曾说"克燕京空城，流贼尚存"有何功绩的话作为罪状，将索尼"革职，并牛录任，着当差，永不叙用"。然而，多尔衮前思后想，在皇太极时代自己能够事事顺利，在许多重大问题上都是索尼帮助自己决策。所以，他曾对内大臣冷僧机说："索尼虽不附我然商议大事，无出索尼者。"难道他"至今尚不警醒乎？"冷僧机毫无隐讳地说："纵取回亦不为王实心效力，取回何用。"但多尔衮仍不死心，用小恩小惠办法，即"饵之以美爵"。于是顺治三年（1646年）正月十三日，索尼又参与政事，以多尔衮体有风疾，不胜跪拜，曾作为代表请旨取消元旦节皇叔父王于皇上前行礼及百官行礼，起立以待进酒时入班行拜跪礼。

索尼参与这件事，还引出人命官司，侍卫阿里玛私语图赖说："尔何为庇护索尼耶，吾见其心已变，举动已改常矣。"图赖过于正直，不知道此事在多尔衮心目中占何等分量，竟将事情相告。多尔衮听后大为恼火，命逮捕阿里玛及其二弟索泥岱、锁宁。因为阿里玛、索泥岱拔刀相拒，双双丧命，只有三弟锁宁幸免于难。实际上索尼保皇立场并无改变。

顺治五年（1648年）三月初四日，多尔衮借声讨郑亲王罪状之机，将皇太极死后两黄旗保皇案件，加以清算，将索尼免死，尽革所有职务，赎身为民，徙居昭陵，其兄弟子侄为侍卫者俱革退。此时，当初两黄旗的八大臣所剩无几，在多尔衮心目中最可担心的是鳌拜和索尼。顺治七年（1650年）七月十五日，他无事想探听鳌拜、索尼情况，便问护军统领伊尔德、侍卫坤巴图鲁和巴泰。三人听到这样敏感问题，都不回答。再问本旗侍卫费扬古、郭迈、鄂莫克图，也无回应。多尔衮不肯罢休，复问巴泰：你"与索尼善否？"巴泰被逼无奈地说："我二人同直相善。"再问鄂莫克图："尔与索尼为郎舅，相善否乎？"鄂莫克图不得不说："虽郎舅，实不相善。"费扬古也回答："我平生倔强，不与闻外事。"多尔衮没有得到满意答复，将上述各官分别加以处分。此时，多尔衮对索尼恨之入骨，但又拿他没办法。在此，我们想起多尔衮曾对汉官讲过一句话："大略满洲人心实，说过便了。汉人似不如此，恐不挤之死地不止。"而今天他自己更似汉人而不像满人了。

（二）背弃的近臣

从顺治二年（1645年）八月开始，多尔衮借用各种机会，对皇帝近臣，特别是盟誓保皇的两黄旗八大臣进行打击报复，分化瓦解，企图孤立后宫。在第一次打击索尼事件中，受到冲击的就有尚书巩阿岱、内大臣锡翰、公塔瞻、护军统领鳌拜及皇上侍卫巴泰、巴哈、德马护等。尽管诸位都受到免罪处理，但领侍卫内大臣索尼被革职，起到杀鸡给猴看的效应，多尔衮也得到施恩机会，以示拉拢。顺治三年（1646年）正月十三日，内大臣宗室锡翰及公塔瞻、护军统领公图赖用巫者萨海给人治病，法司拟罪，多尔衮在此宽宥其罪。众所周知，这段时期多尔衮除打击索尼等重点人物外，对于两黄旗多数大臣尚不敢轻动。顺治五年（1648年），对郑亲王、肃亲王采取措施后，情况大变。将索尼贬发昭陵，将鳌拜免死赎身。公图赖免革公爵及籍没家产，革其子辉塞所袭之职，并夺其燕京所投汉人。公塔瞻从宽免革公爵。锡翰革去公爵，并革去其议政大臣，赎身。国戚多尔济免革职赎身。图尔格免革公爵，革其子廊步梭所袭之职，并夺其燕京所投汉人。

多尔衮用威逼利诱，软硬兼施手段，诱使两黄旗大臣立场动摇，纷纷投靠他的旗帜下。他得意地说："予既摄政侧目于予者甚多。"其中就有当初的保皇派两黄旗大臣。谭泰、何洛会是最早的两位，他们对皇权威胁最大。多尔衮通过谭泰、何洛会牢牢地掌握满洲正黄旗，通过何洛会再控制正蓝旗，并充当内大臣，洞察皇帝身边情况。同时，多尔衮"逼勒"6位盟誓死保皇上的近臣"败盟"。其中吏部尚书巩阿岱、内大臣锡翰、冷僧机等首先"心归睿王"。他们向鳌拜、索尼云："向者我等一心为主，生死与共之誓，俱不足凭，遂逼鳌拜等，毁弃前誓"，并在多尔衮面前表白："太宗宾天时，我等凡事皆随图赖、索尼而行，我等庸懦无能，王所素知也。"其中值得一提的是贝勒巴雅喇的三个儿子镶黄旗固山额真拜伊图、吏部尚书巩阿岱、内大臣锡翰巴结、攀缘多尔衮的行为令人作呕。他们三兄弟由于主动投靠多尔衮,受到特殊青睐。多尔衮分别命他们为贝勒、贝子。这样,三人等于"入八家分内"。于是,他们感激涕零地说:"似此升擢之恩,没世不敢忘。"拜伊图为攀缘多尔衮,决定将自己有病的女儿,嫁给多尔衮的近侍苏拜。当时苏拜出征,多尔衮劝解叔兄拜伊图说:"尔等以女配苏拜于理不合。"拜伊图竟然说:"岂但与此女,并此心亦全与之矣。"硬是将女儿送到苏拜家。还有一件事,肃亲王死后,正蓝旗被多尔衮分在皇帝旗下,而掌握在多尼亲王手中,自然还是多尔衮势力范围。正蓝旗固山额真巴颜是李永芳第五子。拜伊图、巩阿岱、锡翰三兄弟将锡翰之子巴图、巴哈纳寄养在巴颜家。人已长大,应当领子回家,而这三兄弟硬是希望儿们在正蓝旗效力,宣称:"无论此二子也,即他子方当送来一处效力,我等以卑贱之身,蒙升贝勒、贝子,入八家分内,何忍舍去。"其为人、心态极其卑劣。足见,多尔衮晚年与后宫较量中,结党营私,身边无贤明之士。

(三) 散皇帝侍卫

多尔衮对后宫采取步步紧逼政策,夺两黄旗、正蓝旗、内务府的控制权后,仍不满足,便开始采取暗中解散宫廷侍卫措施。多尔衮作为大清国堂堂的政治家、军事家,竟在宫廷问题上搞小动作,显然是在赌气。他亲自派吴拜、罗什、刚林、祁充格找福临贴身侍卫额尔克戴青,劝他归附,条件是由二等昂邦章京"封以侯爵",即三等侯。额尔克戴青是蒙古喀尔喀巴约特贝子恩格德尔额驸次子,公主所生。他坚决拒绝多尔衮利诱。多尔衮"恶其不附己",将封的三等侯爵革去。

有的侍卫经不住权势利诱,放弃皇上,投到多尔衮怀抱。如侍卫席纳布库,他是多尔衮派罗什以美言相诱,甘心投靠。就是他为了献媚多尔衮,污蔑鳌拜,获得"蟒缎、缎匹"等奖赏。他还伙同内大臣锡翰、固山额真冷僧机等,奉多尔衮之命"散遣皇上侍卫、大臣等"。因此,顺治四年(1647年)福临被搞得非常孤寂、被动。当时,多尔衮"奉驾出独石口"狩猎,扈从皇上的

168

是巩阿岱、锡翰、席纳布库、鄂莫克图等人。从七月二十八日到八月二十七日，总计1个月内发生5件事很说明问题：其一，福临在围猎时巩阿岱、锡翰、席纳布库等扈从们，不是随从皇上行走，而是自己找平坦的道路，任意自行。让皇上行走在险峻崎岖之路，"以致驾前巴哈骑马失足"。福临不得不放弃骑马而步行。作为扈从大臣已经失职，应当受到处分，而巩阿岱、锡翰、席纳布库从平坦的路上来到皇上面前，不但不认罪，反而讥消皇上："年少不习骑射，似此路径，遂下马步行耶"，并大声喧嚷，呼唤走在平坦路上的猎兵："皇上下马步行，尔等俱宜下马，众遂下马步行。"史称："肆意讥讽，无人臣之礼也。"因为在清初的满洲风俗中，不会射猎是个耻辱，皇上生长在宫廷，尚不习田猎，护卫应当维护皇上名誉，导其熟练骑射，而巩阿岱等毫无这种理念，轻君思想十分严重。其二，射猎场上，福临正在逐射一狍。席纳布库竟迎着皇帝"争射"，结果"箭落皇上马前"。福临不得不"勒马而立"。鄂莫克图欲取所落之箭，福临说："尔取此箭何为。席纳布库虽有罪，朕不与较也。"这种大情况在皇太极时代，席纳布库应当立即正法，而今天作为皇帝既不能执法，反而退让、容忍，表现得无可奈何。从福临的心态说，尽量将大事化小，小事化了。因为打狗还要看主人，席纳布库已投靠多尔衮，一旦惊动多尔衮，席纳布库受到处分，自己日后的日子会更艰难。其三，有一次福临行猎，巩阿岱、锡翰兄弟二人护卫。他们违反定制，"身穿金黄号衣，骑射于皇上之前"，真是"僭越已极"。其四，福临曾避痘塞外，他的司膳官厄参不守宫廷制度，擅自率膳房人钓鱼，只留二人在膳所。这种严重违纪行为应当立刻法办，而巩阿岱、锡翰兄弟却庇护厄参。其五，席纳布库在宫廷执勤时，擅自回家。福临将有关事情告诉锡翰，结果发现锡翰也擅自回家。熟悉清朝前史的人都知道，努尔哈赤时期曾发生过类似事件，违纪者当即正法，而直到多尔衮死后，福临说："伊等不改前辙，轻蔑朕躬，扰乱国政，朕实不能再为宽宥。"才将巩阿岱、锡翰、席纳布库、冷僧机等正法。

以上的诸种事实说明三个问题：其一，多尔衮通过解除皇帝权力办法，孤立后宫，以示施加压力，实现其做太上皇美梦。其二，人们都传闻太后下

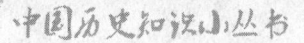

嫁,以上事实证明,结论恰好相反。如果太后下嫁,能有上述之事发生吗?其三,福临是个聪明、很有判断能力的青年皇帝,入朝的外国人供认不讳,赞扬他"深谋远虑",有"惊人的判断力"。他亲身经历如上诸种事情,作为13岁的皇帝,即使不识多尔衮真面目,而对于身边的"奸恶之人"识别,当十分清楚。所以,史称福临当时"深自韬晦"之语,符合实际。

三 孝庄的宽容

野史尽管连篇累牍地相传太后下嫁，但求其真时，也不得不承认"孝端，抑孝庄"则不可知也。事实上，在多尔衮欲做太上皇的风吹进皇宫时，以科尔沁大妃之女，孝端文皇后及其侄女孝庄文皇后为主心骨的后宫一直不予承认。外廷以和硕郑亲王济尔哈朗为代表的诸宗王，都不认同。特别是领侍卫内大臣索尼、护军统领鳌拜等坚持维护皇帝权威，认为多尔衮只是"自称皇父摄政王"。李朝国王更坚决，从顺治六年（1649年）至顺治七年（1650年）不惜冒国家风险，只承认"摄政王"，决不理会"皇父摄政王"的提法。他们认为承认"皇父摄政王"就是天有二日，就是承认两个皇帝。这件事在当时，不是谁承认谁不承认的简单问题，它是封建君主制度达到一定高度，不可动摇的信念，否则就是不忠，或大逆不道。皇太极的封建化改革已将满洲贵族封建化意识提到这个高度。清朝内宫拒绝多尔衮的无理要求，十分正常。后世学者研究这个问题，必须回到当时封建化真实水平上来。不能用这个民族最落后的风俗，取代它的封建化进程。

（一）所谓报答论

以科尔沁蒙古为代表的外藩蒙古，是满洲贵族能够统治中原的坚强盟友，满蒙联盟是导致明朝最后败亡的决定性因素。清后宫是满洲贵族政权的奠基石，不可动摇。皇太极政权基础是两个联盟，即内宫满蒙联盟；外则两黄旗以满洲望族为基石，团结他旗，共同实现宏图大业。多尔衮用五年多时间，依靠白旗，打击蓝旗，笼络红旗，瓦解黄旗，所行以损害满洲贵族团结和实力为代价，追逐个人私利，违背历史发展潮流，处处碰壁。我们应当赞赏两宫皇太后的坚强。她们一直保守阵地。多尔衮死后，其党徒何洛会十分恐惧，他说："上今亲政，两黄旗大臣与我相恶，我昔曾告肃亲王，今伊等岂有不杀我，而反容我耶。"表明两黄旗多数官兵，仍然坚持维护本族及后宫利益，令做坏事的人胆战心惊。

野史中有一种报答论，认为多尔衮"让帝位不居"，孝庄皇太后"非以身酬不足以报"，于是两个人"遂通焉"。这段文字完全是反清人士和不了解真情的人任意杜撰所致。顺治八年（1650年）正月，福临听到多尔衮死讯后说："朕之初心，本欲于摄政王归政之后，优礼酬报，不意王中道捐弃，未遂朕怀。"用什么酬报呢？那就是父功酬子，诸王议论结果给其子多尔博"以俸禄、护卫名数及诸用物，视亲王三倍，其原护卫百名，裁四十名，诸用物有同御用者，俱裁革"。福临的意思是："将护卫裁去四十员，朕殊不忍，着仍留八十员。"这就是对多尔衮的真实报答。可见，太后以身报答之事根本不存在。另一项也算报答，就是追赠皇帝名号。顺治帝以他"平定中原，统一天下，至德丰功，千古无两"，颁诏其治丧"悉同帝制，追尊为成宗仪皇帝"。从顺治七年（1650年）十二月二十日至顺治八年（1651年）二月二十日，尊称成宗仪皇帝。多尔衮死后终于实现了终生皇帝梦。然而这件事的处理应当是刚林、祁充格、谭泰等多尔衮势力操纵和巽亲王、端重亲王和敬谨亲王等随声附和所致，而孝庄皇太后为稳定政局默认了这种意见。但时间仅仅过去两个月，福临便知道多尔衮为追求太上皇的所作所为。因此，十分愤怒。史称：他"发现自己的叔叔或早的时候，怀着邪恶的企图，进行过暧昧的罪恶活动，他十分恼怒。命令毁掉阿玛王华丽的陵墓，掘出尸体，用棍子打，又用鞭子抽，最后砍掉脑袋暴尸示众"。

（二）后宫的阻力

顺治初年孝端、孝庄两宫皇太后，代表五宫决断大事当在情理之中，在内务府、两黄旗、侍卫中有索尼、鳌拜、伊尔登、多尔济达尔汉诺颜、觉罗塞勒、额尔济、额尔克戴青、巴泰、巴哈等的支持。外廷诸贝勒如和硕郑亲王济尔哈朗等，虽受多尔衮威胁，"俱畏威吞声，不敢出言"，但其心仍在后宫，这都是后宫坚不可摧的力量所在。

顺治四年（1647年）九月二十七日，多尔衮奉孝慈武皇后忌辰，他派官员祭祀福陵。顺治七年（1650年）九月二十六日，正式将母亲阿巴亥附祭太庙，"尊谥曰：孝烈恭敏献哲仁和赞天俪圣武皇后"，颁布大赦令，致使"中外无不疑惧"。这些做法都是为他做太上皇作铺垫。从顺治五年（1648年）十一月在朝中公开"自称皇父摄政王"，到第二年二月，探问李朝对"皇父摄政王"的态度开始，多尔衮志骄之极，本想会得到后宫承认，而未略受阻。于是，他气急败坏地"亲到皇宫内院"，以"太宗文皇帝之位原系夺立"，进行要挟。这是事后太监吴良辅所揭发。有人就此大做文章，如：诬称"出入宫禁，时与嫂侄居处，如家人父子然，世祖本藐小无知，而博尔济吉特氏且年盛，独居寡欢，以为彼功多，且让帝位而不居，非以身报之，曷足以报其功，以是遂通焉"，此是无稽之谈。清朝进入北京后，后宫远远不是在盛京那样，不分内宫外廷。多尔衮尽管称"皇父"，但仍"退就臣列"，而"未敢经居大内"只是因为他"以身膺大政"，为出入方便在东华门外设立临时办公地点。多尔衮尽管为此出入大内"最便"，但也不能随便进入后宫，他大言责备皇太极之位"原系夺立"的气愤，表明他不经常来，也说明后宫以沉默抗拒，令他忍无可忍，其狗急跳墙之态，昭然可见。这是他多年埋在心底的怨恨，一股脑儿倾吐出来。同时，他给李朝国王的咨文内容"称皇父王"也被"牢拒"，仍以"摄政王"回书。所以，他入内宫与孝端、孝庄皇太后不是个人之间私事，而是他掌握大权后，清算旧账。其母要正名，本人要正位。何等严肃的政治斗争，且被后人扯到乱伦上去，史者应拨正之。

（三）孝庄的宽容

在清初皇位继承问题上，多尔衮的大错是多年仇恨在胸，缺少周公精神，当福临已度过11岁时，他明知归政时期逼近，而拖延不让。顺治七年（1650年），福临已13岁，他仍不即刻归政，而是大做太上皇美梦。难怪史称："昔周公敬承王命，上合天心，矢忠摄政，辅佐成王，稍长稽首归政，终身克尽臣道",而多尔衮"方入燕京,逆天专政,肆行无忌。至皇上茂龄,仍不归政……且言功俾周公可乎"。即使这样,他病死之后,孝庄皇太后仍默认追赠他为皇帝。足见,孝庄皇太后作为一代政治家的宽广胸襟。

以孝端皇太后为代表的后宫,在多尔衮摄政中,承受巨大压力。其中最严重的问题是多尔衮瓦解两黄旗、分化内务府大臣和拉拢皇帝侍卫,造成皇宫处处都是他的眼睛。由于拒绝承认"皇父摄政王"地位,致使后宫与多尔衮关系对立。顺治六年(1649年)正月,孝端皇太后在"皇父"问题提出不到两个月,不幸去世,年仅51岁。她生前承受多大压力我们可以从多尔衮的亲信对她的态度知其大概。

孝端皇太后病死后,按照清朝国丧送葬,决定将梓宫安奉昭陵。送葬时除礼部官员陪同外,两黄旗大臣都要率领护军陪同送行。但由于多尔衮轻蔑后宫,两黄旗投入他怀抱的政治附庸们,十分猖狂。正黄旗固山额真谭泰,"悍然不往"。镶黄旗固山额真拜伊图仰多尔衮鼻息,也不往送。内大臣锡翰、侍卫席纳布库更无动于衷。他们违礼、忘恩行为直到多尔衮死后,才作为罪行判处。从这里不难了解多尔衮与后宫关系相当僵化,其附庸们竟然连正常的礼仪都不顾,而多尔衮亦竟不问。

福临的贴身侍卫席纳布库,自从投到多尔衮怀抱,对待孝庄皇太后和福临的态度十分轻慢,但孝庄皇太后对其诸种无礼行为,只能忍气吞声。根据清廷规矩,内大臣、侍卫的妻子,要根据需要陪同皇太后、皇后出行。有一次孝庄皇太后令席纳布库妻子陪同皇后办事。席纳布库知道后,十分不满。改日,孝庄皇太后派自己身边侍仆苏墨尔,前往公主府办事。席纳布库在路上竟截住苏墨尔,指责说:"我妻因何拨侍皇后,此皆尔之谗言所致也。"遂将苏墨尔捶楚致死。在清初,发生这种以奴欺主,特别是侍卫欺到皇太后的家门,岂有不杀之理,而席纳布库没有多尔衮撑腰,有天大的胆子也不敢如此胡作非为。况且,凡是派定服侍皇后的侍卫之妻,一般都以荣幸而乐往。何以出现这种怪事,都是多尔衮与太后关系不睦所致。孝庄皇太后,没有处理席纳布库,也没有声张,并且帮助席纳布库掩盖罪过,"托言苏墨尔坠马,令医调治,三日始愈"。史赞"赖皇太后仁慈宽宥"。足见,皇太后采取忍耐一时的态度。对照事后孝庄皇太后等赞扬索尼"忠鲠"、"不惜性命"与多尔衮"抗拒","克勤皇家"的坚定立场,由二等伯超升为一等公和福临"恼怒"地骂多尔衮"早的时候怀着邪恶的企图,进行过暧昧的罪恶活动"看,多尔衮与孝庄皇太后之间关系何等僵化。有谁会相信太后下嫁,而多尔衮和他的附庸们会如此猖狂;同时,孝庄皇太后事后对于保卫"皇家"的索尼大加赞扬和奖励相反,席纳布库等人,却以法处死,两相对比,也印证了他们之间的真实关系。

有人将皇太极时期依法淘汰的落后风俗,作为入关后满族的正常风俗,规范孝庄皇太后行为,实在悖谬。更有人以多尔衮兄弟娶肃亲王豪格妻、妾作为旁证,也欠妥当。众所周知,皇太极淘汰乱伦风俗不久,即天聪九年(1635年)冬十月,后金曾发生公开乱伦事件,而且是诸贝勒公议所定,即豪格、岳讬将莽古尔泰两个福晋,各纳其一,为侄儿娶婶子。阿济格娶德格类之妻,为弟娶嫂子,都是合法行为,因为两个人"既行谋乱,即为仇敌"。就是说,同族中仇敌妻子不论婶母、嫂子都可以迎娶。多尔衮、阿济格将豪格之妻分别各娶其一,为叔叔娶侄儿媳妇,在多尔衮看来,豪格是仇敌,有先例可仿。但即使这样,多尔衮身处高度封建化的北京,心怯如鼠。于是偷偷地娶到家里,没敢声张。他死前这件事几乎没人知道。顺治八年(1651年)二月十五日,诸贝勒、大臣审问固山额真谭泰时才"首言睿王娶肃王妃"之事,实属偷鸡摸狗行为。这件事在满洲贵族中引起强烈反响,认为这种乱伦之罪"尚言轻小,何罪为大",此即满人封建化的时代声音。据大学士刚林交代,多尔衮开始将这件事掩盖起来,未书入档册。两个月后,悄悄地"补载"入册。可见,他干的是见不得人的勾当,畏惧社会舆论,连"仇敌"之妻子也不敢公开迎娶。显然,如此社会氛围不可能发生太后下嫁之事。

四 多尔衮消沉

时间进入顺治六年（1649年），太多的不幸纷纷向多尔衮袭来，最寄予希望的弟弟辅政豫亲王不告而别。亲爱的元妃，紧跟孝端文皇后也走了。江西的金声桓、广东的李成栋、大同的姜瓖三大汉族提督总兵官先后造反，令多尔衮手忙脚乱，自顾不暇，精神几乎崩溃了。

（一）心凉意冷

顺治五年（1648年）以后的一段时期，多尔衮在精神上逐渐处于消沉状态，心真的冷了。原因主要是身体和政治两个方面所致。就身体说，一直是他痛苦的事。顺治二年（1645年）闰六月初七日，他在松山战役中，由于"疲劳焦思，亲自披坚执锐"，造成"体弱精疲"。入关之后，"机务日繁，疲于裁应，头昏目涨，体中时复不快，年齿渐增，每遇冗杂无间之事，心辄燥懑"。这种过度操劳，严重地损害了他的健康。顺治三年（1646年）二月初八日，在处理繁多的国家事务中，由于"日夜焦思"，加上"素婴风疾"的老病拖累，以至于"劳瘁弗胜"。顺治七年（1650年）十一月十三日，他"有疾不乐，率诸王贝勒、贝子、公及八旗固山额真官兵猎于边外"。以上诸种事实表明，严重的疾病困扰，令他心情常常不快。

数十年来，多尔衮在内心中奉行韬光养晦政策，从顺治二年（1645年）南明政权灭亡，他居功自傲，一边忙碌国家统一大业，一边清算政敌旧账，从涂改太祖、太宗档案记录，为母昭雪，奉祭太庙，指责太宗夺立，打击郑亲王，报复肃亲王，谋划瓦解两黄旗，争取内务府，打击索尼，解散皇帝侍卫，围逼内宫。他所干的一切都为一个目的，就是做太上皇。用他自己的话说，就是当初推举我为君，福临为嗣，我的身体何能如此不佳。可见，为谋君位消耗的精力，远远大于为国家操劳所造成的损害。

然而，在政治上多尔衮的追求，造成三个后果：其一，由于打击政敌给满洲贵族带来严重损失。譬如，肃亲王、郑亲王在皇太极晚期，都是议政骨干贝勒，他们智勇双全，在统一中原中是难得的人才。初定中原没有他们，很难站住脚跟。可是，多尔衮急不可待地逼死肃亲王，罢黜郑亲王。后来看到湖南形势严重，不得不恢复郑亲王爵位，令其出兵征战。由他自己挑起的这场政治风暴，削弱了满洲贵族的凝聚力和减缓了统一中原进程。其二，由于多尔衮奉行用人唯亲政策，所重用的八旗大臣、宗室，无能者、品德不佳者居多，特别是用豫亲王多铎取代郑亲王济尔哈朗，并且想使他代替自己辅政，结果他匆匆仙逝，最亲的长兄英亲王，政治上不成气候，只能添乱。这种态势使他自己成了孤家寡人。自己制造的苦果，由自己品尝，想来想去，"商议大事"，没有哪个人能同索尼相比，但甜果不能吃。其三，福临的君位既不能取代，太上皇之想受阻，造成进退维谷，商"无成谋"境地，拥护自己的人亦处于"骎骎骑虎"之地。令他十分失望。

（二）生活低迷

失望之余，多尔衮生活向低迷方向走去。他嫌弃夏天京城"地污水咸"，想东移永平，自保身家性命；嫌京城夏季炎热，竭库中之财，不惜加派九省地方钱粮250余万，修筑避暑山庄，追求骄奢淫逸生活。擅自在八旗中"遴选美女，娶入伊家"；破坏国家制度，"遣使于新服喀尔喀处，求娶有夫之妇"；顺治七年（1650年）正月二十八日，其元妃刚死后一个多月，就向李朝派官选美女。三月初一日，派人询问国王"子女几人，年岁几何"。初七日，以"皇父摄政王"名义直接写书给国王。大言："自古以来，原有选藩国淑媛为妃之例，乞遣大臣至朝鲜，国业已合一，如复结姻亲，益可永固不二矣。王之若妹，若女或王之近族或大臣之女，有淑美懿行者，选与遣去大臣等看来回奏，特谕。"因为国王的两位公主是11岁、9岁，只好选择锦林君恺胤之女，命为义顺公主出嫁。四月二十日，由工曹判书原斗杓送义顺公主之行，侍女16人，女医、乳媪等数人从之。五月初六日，多尔衮急不可待地以出猎为名，率领部下出山海关。十二日，派出的使臣到达王都，多尔衮在给国王的书中妄称："诸王大臣合称丧事虽重，王上悲痛不已，当念国事重大，妃位不宜久虚，屡次陈请，予免从众议。因于遣户部尚书宗室把纪乃、内院大学士析青古等之时，曾令择看，来说结亲之事，另行遣官核红等至，说王女淑美。予意先行通信，虽具六礼，然后迎亲。诸王大臣又复合称，予复免从，谕令速行进送。恐王以为轻亵，特兹谕意，王其知之。又送纻彩六百匹，赤金五百两，银一万两。"从这封书信中可以看到多尔衮，假借诸臣之意，内含急切之情，所谓："朝鲜路远，如依循礼节，恐往复之间，稽延时日。"连礼节都不要了。五月三十一日，在连山见到送来的公主，竟不顾一切，"是日成婚"。求婚一事造成极坏的国际影响，由于李朝官民不愿意自己女儿外嫁，为躲避征婚，士大夫家中有女儿者"争先婚嫁"。在送别义顺公主沿路，"都民观者无不惨然"，充分反映出民情不满。然而，多尔衮并未就此止步，九月初，再次向李朝求征美女。派使臣直接坐堂相看，令李朝人民"呼泣道路，龆龀之儿嫁娶殆尽"。凡是"内自京中，外延八方，有女之家，奔进窜匿，若避兵火，至有断发自缢者，怨咯盈路"。李朝官方无奈，只好采取"择其中一人，以为出头观美之资，其余请以娼残装送"，用以对付多尔衮美女之征。这次征集美女直到十月份，当送女尚未到达时，这位摄政王已经归西了。

多尔衮临死前内心空虚，感情孤寂已达极点。顺治七年（1650年）七月初十日，他对从皇帝身边挖来的亲信固山贝子锡翰与席纳布库、冷僧机、哈世屯等抱怨说："上虽人主，念此大故（元妃病逝），亦宜循家人礼，一为临幸。若为上方幼冲等，尔等皆亲近大臣也。"言外之意，我为你皇上千辛万苦，"历此莫大之忧，体复不快"之时，你皇上都不来看看我，并示意在皇帝身边的这些投靠自己的人为什么不知道提醒皇上。这些攀龙附凤者，投主子所好，十分敏感，当多尔衮觉得自己的做法有失身份，派人随后追赶时，"锡翰等以奏请驾临幸矣"。多尔衮在幼帝面前，毫无大丈夫气派，如家庭妇女一样，斤斤计较。事后他好像意识到自己失态，但却没有决心自我检讨，把错误一股脑儿推给那些奴才，大言："尔等故违予令，不告予擅请驾临幸。其意岂非以上至，即可释尔罪乎。言讫，锡翰等跪且拜。"福临看过他这番表演后，离开王府，回到宫中。有人说，孝庄皇太后下嫁到睿王府，请想想，这一幕幕的大戏，你相信有其事吗？

为加深对多尔衮事情的理解，不妨介绍一下睿王府和多尔衮最后时刻。多尔衮的睿亲王府，有旧府和新府两处。旧府在东安门内南明时之南城，名玛哈噶喇庙。庙建于康熙三十三年（1694年）。新府在东单牌楼石大人胡同，乾隆时立府，乾隆十一年（1746年）始名普度寺，本明南城旧宫。

多尔衮于顺治七年（1650年）十一月十三日，身体不佳，按满人习惯，用围猎解闷，便率众出猎。十二月，因围猎中膝盖受伤，涂以凉膏。初七日，围猎遇到一只虎，习俗是"须尊者射，而众从之"。因他膝创严重，"免发三矢"，体力不支，病情加重，收猎回营休息。足见，身体不佳，生活低迷，消耗过度，心身俱亏。初九日晚七时许，悄然地走了。

五 野火的燃烧

  张煌言的《建夷宫词》（以下简称《宫词》）被主张孝庄皇太后下嫁者作为铁证。有人将《宫词》中的词句进行形象化地描写，掺进诸多私密情节，好像其人身临其境。实际上，《宫词》从根本上说，是反清产物。顺治初年，江浙地区士大夫反清阶层，在郑成功和鲁王反清大旗下，从明朝赐封建州三卫的地方政权角度，并从汉族封建君主传统蔑视少数民族，称之为"夷"的观点出发，写成《宫词》，用以讽刺满洲人落后，不知廉耻，反映出尖锐的民族矛盾。现拟从以下几个方面，略加分解。

（一）钱牧斋名望

  关于皇太后下嫁在礼部存档问题，前文已作分析，大体可以肯定。名人参与，是"仪注"名传天下的重要因素。"仪注"是因，《宫词》是果。所谓"无风不起浪"，如果多尔衮不摘"皇父"名堂，毫无觊觎后宫之意，内三院、礼部不会动作，一个被俘掠的知识分子何敢造次。问题的根子在多尔衮的人品。

  钱谦益的历史前文已简单介绍过。他于顺治三年（1646年）六月辞去礼部右侍郎，离开北京不是告老还乡，弘光帝被满洲贵族杀害才是主要原因。他的两个学生是反清急先锋。一个是广西巡抚瞿式耜，一个是在东南沿海高举反清大旗的郑成功。钱谦益的足迹与孝庄皇太后下嫁风吹遍大江南北、名扬天下大有关系，而钱谦益本人声望，对于这件事起着烘托作用。众所周知，明万历二十九年（1610年），29岁的钱谦益中试之文，引起"中外瞩目"，受到宰相叶向高特殊重视，所谓"司礼监飞帖致意，胪传前夕贺者盈门"，尽管他名列第三，没有考中状元，但名声大噪。7年之后，已"骎骎为东林党魁矣"。

万历三十三年（1605年），16岁的瞿式耜在拂水山庄投在钱牧斋门下就读。崇祯十二年（1639年），15岁的郑森，即郑成功也来到钱牧斋之门求学，蒙尊师之赐，字大木。南明弘光政权建立，钱谦益出任礼部尚书。弘光政权覆亡，顺治二年（1645年）六月，多尔衮推举"江南人望"，钱谦益成为首选，进入清朝礼部右侍郎职位。

（二）反清的背景

钱谦益在士大夫阶层有广泛的社会影响。他以清朝内院大臣为掩护，进行反清活动。顺治五年（1648年）反清积极分子黄毓祺被清政府逮捕入狱，钱谦益受同事委托，前去营救，受到牵连。案情十分棘手，恰好总督马国驻审理此案，为他辩白："谦益以内院大臣，归老山林，子侄三人新列科目，荣幸已极，必不丧心负恩"，事情才算完结。然而，钱谦益刚从北京离开，就通过学生瞿式耜给永历帝上疏，提出抗清具体战略战术，受到赞扬，即"先生身在房中，不忘本朝，忠躯义感溢于楮墨"。后来，钱谦益按照永历帝所传"蜡书"，与前兵部主事严拭"联络东南"。他不顾71岁高龄，"日夜结客及筹部勒"，设法支援安西将军李定国，收复桂林。

钱谦益有广泛的反清联络图，在北京有他的老搭档，先后担任礼部尚书管弘文院学士、礼部左侍郎、礼部尚书王铎。王铎不了解钱谦益离开京城后的反清事迹。钱谦益"常住吴门。盖国姓有五大商在京师、山东、苏杭等省经营财货，以济其用。此先生所以常往还苏杭也"。因此，内院的事钱谦益等人洞知无遗。他有子侄3人新科目中试。出仕之后，有意将他们安排在福建总督郎廷佐、巡抚土国宝、总兵梁化凤等人身边，用以刺探军情和朝中动静。同时，在江浙沿海地区，有一批反清联系人，皆父子、师徒相承。有常州邓起西、昆山陈蔚村、归玄黎"及松江、嘉定等诸遗民，往还探刺海上消息"。另有黄太冲及其子正义、吕用晦（吕留良）、吴孟举等，这些人经常通过钱谦益设在常熟小东门外30里，自己外家顾氏的旧居，称为"白茆"的长江口岸巨镇，作为联络点。史称"白茆之芙蓉庄,即碧梧红豆庄也"。他们乘"人不介意,往来亲昵如家人兄弟"而"实则密使往来传达消息,招募志士,调达军食,东南海上特为枢钥"。由此可知,钱谦益是那段时期反清联络中心。这就不难理解皇太后下嫁的野火为什么首先从这里烧起。

(三)仪注的外传

前文曾探讨钱谦益在礼部期间,亲笔草成太后下嫁的所谓"新仪注"。这件事原本是顺治三年(1646年)在祁充格等暗中操作下完成的,当属于秘密文件,至于"百官朝贺表"、"太后下嫁诏"等都是此时完成。礼部、内府保存的文档,到乾隆朝才发现。有人说当时被乾隆帝销毁。不难想象,乾隆帝既然看到以为"耻之",岂有不销毁之理。那么,这份所谓的"新仪注"如何被江南的张煌言得知?这就是钱谦益做的文章。这位钱先生曾在浙江绍兴府搞反清活动,虞山大令瞿良耜与他交往甚密,史称所谓"虞山牧公",正说明钱谦益在虞山曾长期居住过,目的是给郑成功军队募集军饷。所以有机会与瞿良耜大令交往,况且钱谦益是"江南人望",当时士大夫慕名拜访者相望于道,人们都以与他相见为荣。同时,这位瞿良耜很可能就是钱谦益的得意门生瞿式耜的本家兄弟,自然瞿良耜与钱先生关系非同一般。史称所谓百官朝贺表等有关太后下嫁文档,"出钱蒙叟笔,藏虞山瞿良耜大令处",这就是除礼部、内府以外的江南版本。无疑这是钱谦益在礼部的草稿带至江南,或是在虞山回忆稿。《宫词》资料必源于此。

(四)张公与钱公

张煌言,字玄着,号苍水,为宋宰相张文节公知白裔孙。明神宗万历四十八年(1620年)六月十九日生。顺治元年(1644年),25岁的他参加反清救国。康熙三年(1664年)七月望被清朝逮捕,九月初七日,英勇就义。

顺治二年(1645年)六月,张煌言与钱肃乐在浙东起兵,当时"浙东义旗四出"。顺治三年(1646年)清军渡过钱塘江,镇守石浦的富平将军张名振,护卫鲁王前往舟山。镇守舟山的威虏侯黄斌卿不纳。27岁的张煌言便留在舟山。他在舟山待3年。顺治四年（1647年），在崇明海上舟覆，他与将军张名振两个人都被清军俘虏。恰好认识看守百夫长，将他们悄悄地释放。他乘此机会逃到"壬午（1642年）房考之诸暨县钱氏"家，隐蔽7天。这位诸暨钱氏，就是钱世贵，字圣沾。崇祯十三年（1640年）进士，授职为知县。他也是反清的积极支持者，福王立南京，与松江府知县陈享，兵部职方司主事何刚，兵科给事中陈子龙鼓劝义旅，捐资募练水师，为守江之策，当时颇称劲旅。这诸暨县在绍兴府的西南方，这位县令与钱谦益的反清联络站必能消息相通，张煌言在7天中，了解相关消息并不难。顺治五年（1648年）五月，张煌言奉鲁王建国绍兴，授翰林撰敕令。29岁的张煌言前往绍兴府的上虞募军结寨于平冈、萧山。所谓"上虞"是指"上虞镇"，此地便是钱谦益、瞿良耜居住的虞山地区。平冈、萧山在上虞之西，是义军营寨。张煌言在此地组织义军"履亩劝税，相安无扰"，与四明山王少司马翊相掎角。顺治六年（1649年），张煌言联合四明山农民军"连破新昌、上虞诸道，浙东戒严"，他的足迹所及平冈、萧山、会稽、临海、天台、慈溪、奉化之间等广大地区。顺治七年（1650年），鲁王住舟山，奉张名振调令，会舟山入卫。此时他与钱谦益、瞿良耜必有接触机会，相关资料、信息亦不难知晓。

张煌言与钱谦益的关系还有更奇巧之事，清朝为招抚张煌言归降，曾将他妻子、儿子逮捕下狱。正赶上钱谦益游览武林，拜访黄太冲兄弟于昭庆寺，得知张煌言妻董子祺在仁和狱中，必须50金方可赎出。钱谦益慨然拿出50金将张煌言妻、子赎出。

（五）《宫词》出笼

江南士大夫是中原传统文化有力传播者，在反抗民族压迫斗争中，他们笔下的感愤，随处可见。在张煌言《宫词》十首中，满族服饰、住处、食物、信仰、习俗、坐骑、文字、娱乐、习俗等几乎是全方位描写，这是写真。同时，在写真中充满着讽刺、反抗激情。钱谦益和张煌言是两位典型人物，他们都是江南才子，文章巨擘。在反清问题上，除实际联络、组织反清外，口诛笔伐是他们专长。受中原传统封建文化熏陶的士大夫，对满族在东北的文化演进并不真正了解，而满族拖着部分落后风俗尾巴却被他们看得真切。譬如，顺治十八年（1661年）正月初七日夜间，顺治帝故去。众所周知，顺治帝死亡的一个重要原因是过度追思董鄂妃。康熙帝曾云："皇考上宾之日，感恩遇之素深，克尽哀痛，遂尔薨逝"，为此追封董鄂妃为贞妃。二月初七日，哀诏至苏州。82岁的钱谦益举笔大书诗一首："辫发胡姬学裹头，朝歌夜猎不知秋。可怜青冢孤魂恨，也是幽兰一烬愁。"其笔端充满着讽刺、幸灾乐祸情绪，毫无君死而悲之情。但他不写太后下嫁，因为他确知此事没有发生。

张煌言的《建夷宫词》题目，以"夷"充题本身就含贬义。《宫词》出笼，经过几番波折。写作时间是在顺治五年（1648年）、六年（1649年）之间。大家都知道，这两年正是多尔衮将他"皇父摄政王"公开之时。顺治五年（1648年）十一月，在朝公开。张煌言此时正在绍兴平冈、萧山、会稽、临海、天台、慈溪、奉化之间等广大地区活动，通过浙东信息通道，很快知道消息，加上先前了解瞿良耜家中文档，便有感而发，写出："上寿觞为合卺樽，慈宁宫里烂盈门。春官昨进新仪注，大礼恭逢太后婚"和"夜庭又说册阏氏，妙选媚闺足母仪，椒寝梦回云雨散，错将虾子作龙儿"等诗句。他是将两次得到的信息，加以综合、想象而成。有人说是"望风扑影"，在这个意义上说并不错，但又不是全无所据。说张煌言诗"经过几番波折"才完成，主要是他在舟山和绍兴地区往来于舟师风雨之中。顺治五年（1648年）原本完成的诗稿，多次在舟沉"浮海"中丢失。顺治六年（1649年）用回忆办法补写。所以他感叹地说："丁亥（1647年）所做亡矣。庚寅（1650年）夏率旅复入于海而戊子（1648年）、己丑（1649年）所作又亡矣。"多亏他"性颇强记"，不断地丢失，不断地忆写。甚至"残编、断简十存三四"，而他还是"忆其可忆者载诸楮端，得其若干首"。这就是最后完成的《建夷宫词》，时间在康熙元年（1662年）六月初五日。标明的写作时间是己丑年，即13年前的顺治六年（1649年）。

张煌言的《宫词》是文学作品，同现在的"戏说"做法差不多，虚虚实实，从大背景上说，有一定的资料作依据，为了引人入胜，在某些微观情节上，进行夸张。譬如，清朝后宫有孝端、孝庄等五宫皇太后，孝端尽管在《宫词》出笼的当年故去，但"新仪注"和"皇父摄政王"都产生在孝端活着之时，诗文的切入点同野史一样，从孝庄皇太后是顺治帝之母下手，而丢弃其他4位。同时，所谓"上寿觞为合卺樽，慈宁宫里烂盈门"。这是《宫词》中透露给我们最真实的侧面，即作者并不是完全写实，也不是根据真实信息写成，而是依据某些背景材料，虚构而就。如慈宁宫在己丑年（1649年）根本不存在，它是顺治十年（1653年）正式完工。孝庄皇太后进入慈宁宫最快当在这一年底，或稍后的时间。多尔衮已死3年，慈宁宫里何以会为多尔衮举行婚礼，何以会"烂盈门"？隆宗门之西为慈宁宫，按照清朝顺、康年间礼法，凡大朝贺，门前陈设孝庄仪驾，文武二品以上大臣俱于门外随班行礼。孝庄为人稳健、端庄、"理性深厚"，绝非轻浮女子。《宫词》不能用来作为孝庄皇太后下嫁的证据，十分显然。

从上述的事实中不难看出三个问题：其一，从多尔衮对两黄旗、内务府大臣的挟制、瓦解，试图遣散皇帝侍卫和逼宫情况看，他与内宫之间关系紧张，从根本上不协调。如果有下嫁之事，不会在这种局面下出现。同时，可以断定，后宫连"皇父"这两个字也没有认可。其二，多尔衮生命的最后阶段是在政治追求完全失望、健康不佳、情绪消沉和生活低迷中度过的。其三，孝庄皇太后下嫁传闻，是多尔衮追求"皇父"和反清民族矛盾尖锐化相结合的产物。是汉族士大夫通过文学手段讽刺、挖苦、嘲笑少数民族的斗争产品，也是时代的产儿。研究这个问题主要应该回到那个时代，弄清多尔衮的为人、思想发展脉络，各种人事关系和满族封建化大潮的真实状态，方能探其原委与始末。

第八章 功罪任后人评说

俗语说"雁过留声，人过留名"，这是中国封建社会士大夫做人的重要信条。今天人们继承这一传统信念，每个人都很注重自己的社会影响。历史上很多人不惜代价保名、保位胜于生命。他们认为人的精神、名望、信念贵于形体、生命，即"神"贵于"形"。做人宁可舍去生命，不能丧失气节。然而，在政治大风波和危难时刻，能够坚持者，非有大志大勇的大丈夫，方能做到。许多人常常为私人小名小利所诱惑，最终闹得身败名裂。多尔衮是中国历史上一位伟大的政治家、军事家，对于中华大一统作出过重要历史贡献，但他没有跳出宗亲之间的仇恨、私怨、报复等个人利害关系，几乎丢了大节。因此，他身后风波迭起。

一 身后风波

多尔衮于顺治七年（1650年）十一月初九日，病故于边外喀喇城。十七日，灵柩运到东直门外，顺治帝迎于五里外，炮奠三爵，而后追尊为成宗仪皇帝，丧仪以帝礼。他追求的目标似乎已达到，但只有36天时间，风波大起，转瞬之间，成了罪囚。

（一）案情定性

顺治八年（1651年）二月十五日，多尔衮的重要贴身侍卫，正白旗的苏克萨哈、詹岱、穆济伦出面首告他。都是他贴身侍卫大臣。这带头的苏克萨哈的父亲是苏纳额驸，姓叶赫那拉氏。天命四年（1619年，万历四十七年），叶赫灭亡前夕来归，授为额驸。天聪五年（1631年，崇祯四年）曾升蒙古固山额真。顺治初年其长子苏克萨哈袭职。顺治四年（1647年），升三等甲喇章京。

顺治七年（1650年）恩诏加一等，并袭苏纳额驸世职，加为三等阿思哈尼哈番[①]。可见，他是多尔衮重用的满洲世家大族子弟。二十一日，经过议政王大臣会议，福临宣布多尔衮的罪状是：其一，"独专威权"，不予郑亲王预政，以伊亲弟豫亲王多铎为辅政叔王，背誓肆行，妄自尊大。其二，居功自傲，以皇上继位，尽为己功；将太宗皇帝昔年恩养诸王、大臣、官兵人等，为我皇上捐躯竭力，攻城破敌，剿灭贼寇之功，全归于己。其三，问题性质是"私制御用服饰等件，又欲率两旗驻永平，阴谋篡逆"。最后这句话是给多尔衮案件的定性。

根据定性多尔衮犯下大逆不道之罪，给予重处。其一，被撤去帝号、庙享，家产籍没入官，母、妻封典悉行追夺，布告天下。其二，养子多尔博、女儿东莪俱给信王。其三，掘墓鞭尸。外国人记载有鞭尸之事，早在一年前死去的豫亲王墓葬，仍然是满洲旧俗安葬，即火化之后装在坛罐中，多尔衮的墓不太可能从汉俗。所以，鞭尸之说不可信。多尔衮的坟墓据满学专家冯其利先生调查，在东直门外新中街附近，占地三百多亩，其中可耕地一百多亩。园寝坐北朝南，最南边有神桥一座，下边是月牙河。北边八九百米远是宫门三间、栅栏门，有围墙、子墙共两道。进宫门是东西朝房，碑楼两座，内有两块驮龙碑，正对宫门有享殿5间。享殿后有月台，月台上有大保鼎1座，大保鼎后有小坟头4座。保鼎北边是半圆弧的"跨栏墙"。这就是多尔衮坟的规模。据说1943年，有百余人擅自掘坟，挖开后"只见到一米多高的白底兰花瓷坛子一个"，"里边仅仅有两节木炭"。证明多尔衮葬俗从满洲旧俗，根本没有尸体，鞭尸之说只是臆测。据看坟的传人汪士全（字熙亭）告知："多尔衮身后被论罪，摄政王葬处，攫取其金银诸具。"内中的坛子是骨灰罐，属于"虚京位"。那就是说，当初挖坟掘墓只是将多尔衮的骨灰扬了，骨灰罐没有动。

多尔衮案件牵累许多人，固山额真、内大臣何洛会以"恶言加肃亲王诸子"，与睿亲王密谋移驻永平等罪，"凌迟处死，籍没其家"。其弟胡锡知其兄种种逆谋，不行举首，凌迟处死，籍其家。苏拜知睿亲王棺内置黄袍、黑狐褂、东珠、素珠，徇隐不首；与睿亲王密谋移驻永平，处斩。固山额真、原吏

[①] 阿思哈尼哈番是满洲官员世袭职衔，为梅勒章京，汉译为男爵，属于二品官。

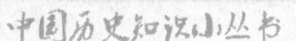

部尚书谭泰,刚愎成性,狂悖妄行。皇帝亲政之初,把持六部,干预万机,藐视皇上,威权专擅,广纳贿赂,祸福横施,明正典刑。内国史院大学士刚林,内弘文院大学士祁充格及大臣巩阿岱、锡翰、席纳布库、冷僧机等以"奸恶之辈"分别处死。

(二)平冤昭雪

在处理多尔衮案件之后,平冤昭雪的首案是于顺治八年(1651年)二月初五日开始,首先为何洛会诬评,无辜坐罪的杨善、罗硕、俄莫克图、夏赛、伊成格等,部议各还原职。第二案是给和硕肃亲王平反。二十七日"封和硕肃亲王豪格子富寿为和硕显亲王",并"增注其父军功与册曰:定济宁州等处时,用火攻开满家等十洞,杀贼甚多。招抚从贼三县所属人民。又招抚睢州总兵许定国官兵万余。统大军征四川时,攻克三寨山、张阁老崖等处山寨三座……击败水路马步敌兵二十二次,追杀八次,又攻克内江县,破八大王张献忠一百三十六营,遂诛献忠。又诛伪王及伪总兵等大小官共二千三百员,招降文武伪官二百三十五员,马步兵丁六千九百九十余名,遂定四川"。福临对他兄长的冤死,十分动情,在册文中说:"睿亲王心怀篡逆而无故被害,朕亲政之后,不胜追痛,富寿尔系朕亲兄之子推恩封尔为和硕显亲王。"第三案是诸多受冤枉的人都给予平冤昭雪,他们是:遏必隆、希尔艮、希福、祖泽润、雅赖、纳穆海、嘎达浑、敦拜、觉善、麻喇希、法喀等"悉数冤枉,部议俱复职及牛录任,各还家产"。

二 清帝翻案

多尔衮判罪后的顺治十二年（1655年）正月初八日，一等精奇尼哈番许尔安，二十八日，吏科副理事官彭长庚，两位汉官冒死为多尔衮翻案。乾隆三十八年（1773年）、四十三年（1778年）乾隆帝两次研究多尔衮案情，再为他翻案。上述翻案者大方向正确，但在某些具体问题上讲得并不在理，甚至不符合事实。

（一）汉官鸣冤

在许尔安等人的奏文中主要有下列几个问题：其一，从亲亲角度，认为"昔太宗任以心膂"，曾在多尔衮身上"托以大事"。应当正视"太宗知人之明，并以励诸王作忠之气"。这一条从原则上说，并没有错。多尔衮不负所望，带领八旗兵平定中原。但皇太极知其能，知其才而不知其心，多尔衮十余年韬光养晦，卧薪尝胆，等待时机为母亲申冤，为自己称帝谋划，不为人知。其二，承认多尔衮功绩"不可泯"，为"元勋"、其"功为冠"，并指出"论罪削爵，毁灭过甚"等。其三，对于多尔衮"坚持盟誓，扶立皇上，鞠躬任事。迨后奸人煽惑，离间骨肉，如郡王阿达礼、贝子硕讬，私谋拥戴，列昭若星。嗣后睿亲王奉命提兵，收拾明疆，大权在握，关内关外，咸知有睿亲王一人。于时皇上冲龄，远在盛京，彼若肆然自帝，谁能禁之，而乃先驱绥定，肃整銮舆，恭迎皇上登御大宝，此其功诚伟，不可泯也"。这个问题需要从两个方面分析，其一，多尔衮最后拥戴福临为帝，迎接定鼎燕京是这段时期多尔衮行为的主流，应当肯定，怎么说都不过分。其二，上述问题需要打折扣，即杀

191

郡王阿达礼、贝子硕讬事件是多尔衮怕阴谋暴露，自保所为，而能够迫使他这样做的外在力量，是两黄旗、两红旗和两蓝旗，特别是两黄旗诸大臣。所以，多尔衮拥戴福临，并迎入京师，是当时力量对比，相互制约的结果。在这个意义上说，清军入关的功绩多尔衮独占，并非是公平之论。我们讲多尔衮功绩是他没有为争地位，不顾一切，挑起内讧，而是暂时维护满洲贵族团结，推进统一事业。所谓"皇上冲龄，远在盛京，彼若肆然自帝，谁能禁之"的话，是不达时事之见。乾隆帝在这个问题上，也犯有同样不切实际的看法。倘若多尔衮在燕京，正处在流言遍满京城，"土贼蜂起"，江南百万大军对峙，是定鼎燕京还是退回盛京举棋不定之局，而自行称帝，必然导致八旗内部干戈大起，那将是什么局面。多尔衮这个时期的思想是尽快请顺治帝进驻燕京，以定民心，何敢造次。多尔衮在顺治元年（1644年）七月以后至第二年二月，才开始思考自己的问题，顺治三年（1646年）以后采取实际行动，都是由环境和条件变化所决定。为多尔衮叫冤者，何其不查也？其三，至于多尔衮"私匿帝服御用等物，必由彼传谕织造，早晚赍送进御，彼时暂停王府"。这个解释完全是臆想，没有根据。前文已说过，这是多尔衮准备做太上皇时的备用之物。其四，在肃王妃的问题上，奏文中承认"肃王妃渎乱一事，愆尤莫掩"，是个罪行。

（二）弘历问案

乾隆三十八年（1773年），乾隆帝首次给多尔衮平反，并采取实际措施。以其"生平，尽心王室"，复还睿亲王封号，"追谥曰忠，补入玉牒，并令补继袭封"；对于"茔域久荒"的现状，"特敕量为缮葺"，准其近支，以时祭扫；将多尔衮补入宗室王公传，配享太庙，以信郡王如松第三子淳颖承嗣和硕睿亲王。乾隆四十三年（1778年）正月，乾隆帝就多尔衮功绩作出客观叙述："因念睿亲王多尔衮，当开国时，首先统众入关，扫荡贼氛，肃清宫禁，分遣诸王，追歼流寇，抚定疆陲，一切创制规模，皆所经划。寻即奉迎世祖车驾入都，定国开基，以成一统之业，厥功茂着。"对于多尔衮缺点，乾隆帝承认："摄政有年，威福不无专擅。"显然，为给多尔衮平反，这位皇帝对于多尔衮罪过，采取轻描淡写态度，不予深究。把判处多尔衮罪行的各种事情，归咎于属人"所构",诸王大臣"畏而忌之"。以至"诬以谋逆"事件发生后,确有这些情况,多尔衮原本没有叛逆之意,只是争做太上皇,乾隆帝回避了这个问题。至于乾隆帝将多尔衮扶立福临,批评同母兄英亲王阿济格,诸王大臣尊崇皇上,不要只"谄媚于予"等做法都是一定阶段,多尔衮确实做过的事。但多尔衮在各个时期,其思想和行为有很大变化。乾隆帝所列举的事实都是顺治三年(1646年)前后的事。顺治五年(1648年),称"皇父摄政王"以后,逼死肃亲王,贬黜郑亲王等一系列事实,不能与此前的事同日而语,更不能代替。所谓"平日办理政务秉公持正"的前期,不能代替后期的不公正。所以,我们只赞成为多尔衮无叛逆之心翻案,而不赞成为他残害宗亲和追求太上皇的罪行鸣冤。

乾隆四十四年(1779年)奉旨给多尔衮建祠于朝阳门外鸡市口,以春秋仲月诹吉,遣太常寺卿致祭。祝词谕祭于睿忠亲王之灵:"惟王功懋,造邦忠能,奉国驰驱尽瘁,任隆则实,冠亲贤笃,荣盟忧诬,辨而弥彰,精白既雪,贞心于百代,宜酎伟绩。"这就是乾隆帝问案所作出的结论。

三 五大弊政

从多尔衮摄政时期开始,满、汉民族矛盾在相当一段时期,十分尖锐。可以说,这种民族矛盾延缓了满洲贵族统一中原进程,以致造成近300年中原大地难以熄灭的民族隔阂,而所谓清初的五大弊政,在某种程度上是这场民族争斗的重要导因。所谓"五大弊政"是指剃发、易服、圈地、投充、逃人五件大事。五件事中有的是临时起作用的因素,具有局部性质,有些问题是长期起作用的因素。有些多尔衮负有责任,有些不能由他完全负责。现就圈地运动、逼民投充、剃发、易服和逃人法等问题,进行分析。

(一)圈地运动

从顺治元年(1644年)八月开始,福临带领关东六七十万,或称百余万官民,浩浩荡荡地开进京、津地区。这种民族大迁徙,在中国历史上实为罕见。它是以相对滞后的少数民族为代表的边境民族,向中原地区先进民族地区涌入的历史大变迁。它所带来了不同民族之间经济、政治、法制、文化风俗等全面的撞击,必然引起中原社会生活大震动。圈地运动集中表现在经济生活、政治和民族关系方面比较突出。

顺治元年(1644年)十二月二十三日,多尔衮颁布圈地令,大体是四个问题:其一,东来诸王、勋臣、兵丁需要安置,因为"建都燕京,期于久远",不能不解决民生问题。多尔衮声明"此非利其土地,良以东来诸王、勋臣、兵丁人等无处安置,故不得不如此区划"。其二,解决方法是取用"近京各州县民无主荒田及明国皇亲、驸马、公、侯、伯、太监等,死于寇乱者无主田地"，很明显，欲分的土地是"无主荒田"和"无主田地"。其三，满、汉分居，即"此等土地，若满、汉错处，必争夺不止，可令各府州县乡村，满、汉分居，各理疆界，以杜异日争端"。其四，一般百姓的熟田，要求"熟地钱粮，仍照额速征。凡绅民有抗粮不纳者，着该抚按查处"。这四个问题是一幅相互矛盾的画面，即无主田地或荒地不可能成片，而满、汉分居两者之间的调和，必牵扯普通百姓利益。所以，在具体规划田地时清政府的所谓"无主田地"只是跑马圈地的借口，结果是民间田地、房屋、坟地全成了"无主荒地"，均被圈占。这是北方民族矛盾激化的重要原因之一，而第四点征收钱粮，更难做到。因为京畿各处"极目荒凉，旧额钱粮，尚难敷数，况地亩荒芜，百姓流亡，十居六七，若照额责征，是令见在之丁，代逃亡者重出垦熟之田，为荒芜者包赔也"。

满洲贵族从顺治元年（1644年）至顺治四年（1647年），在京畿地区，进行大规模圈地3次。首次圈地后，侵害普通百姓的事件层出不穷，顺治二年（1645年）二月初六日，为解决"民间房产有为满洲圈占，兑换他处"的问题出现。清廷强调"俱视其田产美恶，速行补给，务令均平"。政策是力求补偿。接着民间坟墓"有在满洲圈占地内"者怎么办？当月九日下令"允许其子孙岁时祭扫，以广皇人"。十三日，又强调"凡圈占地内所有民间坟墓，不许毁坏耕种，所植树木，毋得砍伐，违者治罪"。刚过10天，新的问题来了，由于调换田地，致使"换地之民，离其田园，别其坟墓，甫种新授之田，庐舍无依，籽种未备，令按亩起课，民隐堪恤"。同时，"田地被圈之民，俱兑拨硗薄屯地，若仍照膏腴民地征输，则苦累倍增"，更苦了小民。

首次圈地多数是顺天府属各州县，在近京300里之内。第二次圈地，扩展到距京500里以外的3府5州1卫19县，最远达石家庄以东的束鹿，天津以南的沧州。诸如遵化府、玉田、丰润、滦州、乐亭、静海、天津卫、文安县、大城、青县、任丘、保安、新城、河间、安州、沧州、束鹿、饶阳、雄县、武强、祁州、安肃、安平、容城、新安、博野、保安府、易州等地。在这种大规模圈地运动中，尽管满洲贵族采取不少补救措施，但普通汉族百姓"庐舍田园，顿非其故，迁徙流离"之苦，十分严重。顺治四年（1647年）正月，由于东来诸王、兵丁，不断前来，且不肯远离京师，清廷再出新政策，决定"近京府州县内，无论有主无主土地，拨换去年所圈薄地，并给今年东来满洲"，于是，圈顺义、怀柔、密云、平谷4县地6.705万垧。以延庆州永宁县、新保安、永宁卫、延庆卫、延庆左卫、右卫、怀来卫无主屯地拨补。圈雄县、太城、新城3县地4.9115万垧，以束鹿、阜城2县无主屯地拨补。圈容城、任丘2县地3.5051万垧，以武邑县无主屯地拨补。圈河间府地20.1539万垧，以博野、安平、肃宁、饶阳4县先圈薄地拨补。圈昌平、良乡、房山、易州4州县地5.986万垧，以定州、晋州、无亟县、旧保安、深井堡、桃花堡、递鹗堡、鸡鸣驿、龙门所无主屯地拨补。圈安肃、满城2县地3.59万垧，以武强、藁城2县无主屯地拨补。圈完县、清苑2县地4.51万垧，以真定县无主屯地拨补。圈通县、三河、蓟州、遵化4州县地11.228万垧，以玉田、丰润二县圈剩无主屯地及迁安县无主屯地拨补。圈霸州、新城、涞县、武清、安东、高阳、庆都、固安、安州、永清、沧州11州县地192519垧，以南皮、静海、乐陵、庆云、交河、蠡县、灵寿、行唐、深州、深泽、曲阳、新乐、祁州、故城、德州各州县无主屯地拨补。圈涿州、涞水、定兴、保定、文安5州县地101490垧，以献县先圈薄地拨补。圈宝坻、香河、滦州、乐亭4州县地1202200垧，以武城、昌黎、抚宁格县无主屯地拨补。总共从近京拨出2093707垧。一般地说，所谓三圈，实际上不止于此。从顺治四年（1647年）三月二十九日，多尔衮下令"自今以后，民间田屋，不得复行圈拨，着永行停止"，到康熙二十三年（1684年），前后长达40余年。造成汉族百姓备受其苦，"民间辗转流离，哭声遍野"。当时，有的官员提出"限田"，多尔衮没有认真对待。以致"被圈之民，流离失所，煽惑说言，相从为盗"。圈地运动之所以构成弊政，并不是指圈地本身，而是指多尔衮过分损害汉族人民根本利益，在具体圈地中，等于公开掠夺，造成大批百姓流离失所，"土寇蜂起"，使京畿重地数十年不得安宁，严重威胁满洲贵族统治，牵制统一中原进程，而多尔衮不得不出动高级将领带领大军镇压"土寇"。

（二）逼民投充

多尔衮的民族政策与皇太极时期相比，是大踏步地倒退政策。逼民投充是他奉行民族自私，加重奴役其他民族，阻碍生产力发展，破坏性最强的罪恶政策。史称："国初投充名色，起于墨勒根王，许各旗收投充贫民为役使。"这项政策史无前例，完全是多尔衮的主意。

（1）投充弊政

众所周知，满族在关外尽管整个社会向封建化方向不断推进，但他们的家庭仍然带有浓厚的奴隶制特色，叫作家庭奴隶制。"家奴"用满语说叫作包衣阿哈（booiaha）。多尔衮带领近百万之众入关，其旗人中的大部分都是家奴。农业、商贸、手工业等生产也都是由家奴从事，而满族的劳动力，都是甲兵，不参加生产。所以，满族入关后，拖着这样一个落后的尾巴，踏上封建化大道。从其民族说，是个飞跃，而对于封建化的汉族说，备受拖累。逼民投充政策将大批封建自由民变成家奴，这是历史的大倒退。

历史上的统治阶级总是用冠冕堂皇的话，掩盖其真实的政治目的。多尔衮深深地知道他的民族进入中原，圈占土地多达15亿—22亿亩，凭借他现有劳动力，无法完成正常春种和秋收。需要增加150万—220万人手，才能安居乐业。于是，他鉴于社会上诸多从土地上被逼得流离失所的贫苦农民，无家可归，且为"盗贼"，如何安置，令他十分头痛。逼民投充，是一箭双雕政策。换句话说，将自由农民土地剥夺，变成家奴，以求得社会稳定，想得十分巧妙。所以，他多次宣称："前许民人投旗，原非逼勒为奴，念其困苦饥寒，多致失所，至有盗窃为乱，故听其投充资生"；又"前听民人投充旗下为奴者，原为贫民衣食无生路也，诚恐困于饥寒，以致为盗，是以令各自便"。在多尔衮看来，只要有饭吃，为奴胜于为盗，而没有想想异族人民原是温饱型的自由民，岂肯沦落为低三下四的奴仆。这就种下了清初长期燃烧不止的反清浪潮的种子和祸根。

这项政策导致下列诸多乱子出现，如奸蠹无赖本有土地，唯恐被圈，干脆"带地投充"，地位虽然降低，但土地保住了；有的本无土地"恃强霸占"

他人土地投充；有的想要"借旗为恶，横行害人"，积极投充；有的罪恶累累，生怕有司追查，"委屈钻营，结交权贵，希图掩饰前非"，设法投充。所以史称："投充名色不一"，多半都是"无赖游子"。他们一经入旗，便借旗人势力，"夺人之田，攘人之稼"。被夺者不服，就向旗人开刀。于是，满汉之间、旗民之间，"争讼不已，刁风滋甚"。截至顺治四年（1647年）三月底，投充的人是"不论贫富，相率投充"。有的"投充满洲之后，横行乡里，抗拒官府"。多尔衮也不得不承认，出现这种情况，"大非轸恤穷民之初意"。表面上宣布："自今以后，投充一事，着永行停止，实际上是停而不止。用当时的话说，投充政策"弊端百出"。仅举一例，顺治八年（1651年）闰二月初七日，兵科给事中王廷谏："夫投充者非大奸巨恶，即无赖棍徒，始冒人地为投充，即以投充而肆虐。据武清县乡民赵仲义、卞胤昌等十余人，垂泪哀鸣，公揭武清一屯，共地九百六十余顷，庐舍千有余家，被神奸陈其智、王加才等，以五百七十余顷，投充正白旗下东山牛录。以三百余顷私行隐占"，忠厚的百姓苦呀！

（2）投充实质

多尔衮利用满洲八旗兵入主中原的优势，多方逼迫汉人为奴。官方号召，乘人之危；私人借机肆掠。目的是满足满洲贵族一己之私。

从官方说，多尔衮于顺治二年（1645年）三月二十五日，提出所谓"贫民无衣无食，饥寒切身者甚众"，可以"投入满洲家为奴"。就是号召贫苦百姓放弃自由之身，去做满洲奴仆。他自己明知道，奴仆地位低下，告诫那些有资产的人不要"投充势要，甘为奴仆"。其实，奴仆与奴仆不同，那些平民百姓做了奴仆，备受奴役和剥削。而那些主动投靠者、奸棍势豪们，借用旗人势力，欺行霸市，横行乡里，获得更多的好处。当然，多尔衮希望的是前一种奴仆。所以，他号召原来在满洲之家充当奴仆的人，凡是在中原有"祖父、父母及伯叔兄弟、亲子、伯叔之子，并原配妻，未经改适在籍者"，这"甚多"的人，愿意团聚的都可以同居。换句话说，都来当满洲奴仆。

投充政策推行一段时期后，满洲贵族看到其弊端严重，生怕"冒滥"，也为协调满洲上层贵族之间利益均衡，他们内部曾经"定有额数"。多尔衮作为摄政王,政策的制定者,应当模范遵守。然而,多尔衮从私利出发,利用职权,自己收足投充人数之外,令其养子多尔博"滥收至八百名之多"。后经详查,在其庄内又查出超额"六百八十余名"。而且都是"带有房地富厚之家"。所以,多尔衮父子利用合法、非法两种途径,违背投充具体规定,大获其利。

汉人作为奴仆投充,加入满洲庄园,那些奴仆头目,所谓"包衣大",利用地方权力,除应当得到的产业外,大肆"妄行收取",浮冒人丁。甚至"各州县庄屯之人,逼勒投充,不愿者即以言语恐吓,威势迫胁,各色工匠,尽行搜索,务令投充,以致民心不靖,恶言繁兴,惟思逃窜"。那些奸棍指称投诚满洲率领旗下兵丁,车载驴驮公然开店发卖官盐,以致官盐壅滞。或给予归顺人民以满字背贴,径充役使,或给发资本,令其贸易,同于家人。或擅发告示占据市行,与民争利,亏损国税,乱政坏法,莫此为甚。这些乱子都是多尔衮推行民族奴役、压迫政策所致。

(三)逃人乱政

逃人问题源于满洲家庭奴隶制度及其现行民族压迫政策。清朝在入关前,已有大量逃人问题。这个政策带到关内,连幼冲的福临也担心不已。顺治元年(1644年)九月十二日,他路经永平时,对知府冯如京说:"严查各属,遇有一二逃人,或是即行解京,倘隐匿不解,被原主认识,或被旁人告发,所属官员从重治罪。"福临的话并非放空炮,确有其事。在平南王尚可喜和靖南王耿仲明两藩下,就曾隐匿逃人1000余名,当包括入关前的逃人。入关后,强行逼民投充,汉民不甘受奴役和压迫,逃亡相继。所以,多尔衮供认:"投充旗下人民,有逃走者。"为此,他积极建立保甲制度、责令地方官、惩治窝逃等政策纷纷出笼,叫作"逃人法",实际上受打击的主要不是逃人,而是更加广大的官民。所以,逃人问题成为清初扰乱社会不安的重要因素。

(1)保甲制度

保甲、乡约制度在明朝就有,由于王朝末年破坏,百姓流离失所,荡然无存。多尔衮为维护地方统治,在汉官帮助下,恢复保甲制度。各个乡村以10

家设1名甲长，100家置1名总甲长。如果发现"逃人及窝逃之人"，两邻、十甲长、百甲长，都要照"逃人定例治罪"。

凡是发现有盗贼、逃人、奸宄窃发事件，邻佑报告甲长，甲长报告总甲长，总甲长报告所在府、州、县衙门，最后报告兵部。如果发现有1家隐匿，其他邻佑9家及甲长、总甲长不行报告"俱治重罪，决不宽贷"。这种制度名为保甲，实际上是从每个家庭直到地方衙门长官，无一能躲避。所以，一名逃人扰乱一个地区的安宁，每天百姓和各级官员都如坐针毡。扰民之甚可想而知。

（2）处置窝逃

逼民投充致逃人普遍出现。据顺治三年（1646年）五月初五日统计报告，在"数月之间，逃人已几数万"。这数万人逃出，必然有所投靠。因此，窝逃不可避免。鉴于这种严重情况，多尔衮恨之入骨。决定对敢于窝逃的"愚民"加以严厉制裁，所谓"更定新律，严为饬行"。定律是："将逃人鞭一百，归还原主。隐匿犯人，从重治罪。其家赀无多者断给失主，家赀丰厚者或全给，或半给，请旨定夺处分。首告之人将本犯三分之一赏给，不出百两之外。其邻佑九家甲长、乡约，各鞭一百，流徙边远"；如果"隐匿之人，自行出首，罪止逃人，余俱无罪。若邻佑、甲长、乡约举首，亦将隐匿家赀赏给三分之一，抚按及地方官，与考查之时，以其查解多寡，分其殿最"。当年七月，加重治理窝逃罪行，如果"逃人自归寻主者，将窝逃之人正法，其九家及甲长、乡约俱各鞭一百、流徙，该管官俱行治罪。今定逃人自归者，窝逃之人及两邻流徙，甲长并七家之人各鞭五十，该管官及乡约俱免罪"。这样，窝逃者反而比逃人罪更重。顺治六年（1649年），多尔衮也觉得"逃人法"对窝逃者处罚"未免过重"，进行修改，规定："自今以后，若隐匿逃人，被人告发，或本主认得，隐匿逃人者免死、流徙。其左右两邻各责三十板，十家长责二十板。地方官俟计察时并议。若善为觉察者，以俟计察时并叙。逃人自归其主，或隐匿者自行送出，一概免罪，有亲戚愿赎回者，各听其便。"

总之，满洲贵族维护落后制度，并奴役他族的民族压迫政策，很不得人心。特别是在京畿等河北地区民族矛盾十分尖锐。吴三桂反叛时，在北京鼓楼西大街两黄旗交界的杨启隆等数百人图谋起义，就是家奴的反抗斗争。

（四）剃发易服

满族作为具有鲜明特点的民族，大批迁入中原，而中原汉族同样是具有鲜明特点的民族。两个民族两种文化，必然相互碰撞。从正常民族关系说，两种不同文化的认同，应当是在民族交界地区，长期交融，相互认同。八旗汉军中的相当部分东北汉人，已经过这个发展阶段。所以，入关时的满族尽管尚有鲜明民族特点，而认同汉文化的成分已经不少。而汉军中，特别是内务府包衣汉人，基本已认同满文化。然而，就满族全体说，本民族发式、衣冠仍然没有改变。这是皇太极留下的遗训，多尔衮坚决贯彻。但针对形势发展，他像变色龙一样，根据形势变化而变化，有时言不由衷，甚至出尔反尔，就是不从根本上变通。

（1）初行剃发令

多尔衮在山海关外威远台与吴三桂盟誓，令其剃发。这为本次清军入关推行剃发令，揭开序幕，吴三桂成为剃发第一人。山海关大战胜利结束的二十二日、二十三日，关城百姓一律剃发。从二十三日到五月初一日，多尔衮在从关城向北京进军中，一路上号召官民"剃发归降"。当时百姓尚没有将剃发令视为民族耻辱，甚至"所过之地，市民壶浆以迎"。前文我们已介绍过。因为当时士大夫阶层出于阶级关系和李自成农民军推行错误政策，造成严重不满和恐惧心理；视吴三桂为救星。他的降清真面目，人们认识不清，以为两者合军，打败农民军，是对自己的拯救。对于一时剃发，缺乏思想准备。然而，几天之后，情况大变。吴三桂率军追击李自成到河北真定等地，尽管在战争繁忙之时，而他没有忘却新主子政策，每到一地都要求百姓剃发。当顺治元年（1644年）五月十二日，吴三桂从前线退回北京时，市民看到他头发剃成满式，垂头丧气地说，清人"轻看"我等汉人矣。吴三桂也觉得不够面子，向多尔衮建议能否将剃发令推迟执行。难怪五月初三日，多尔衮曾宣布："凡投诚官吏军民，皆着剃发，衣冠悉遵本朝制度。"给崇祯皇帝发丧前的五月初四日约定："初服后，官民俱着遵制剃发。"而五月二十四日，他就改变了主意。

宣布："予前因归顺之民，无所分别，故令其剃发，以别顺逆。近闻甚拂民愿，反非予以文教定民之本心矣。自兹以后，天下臣民，照旧束发，悉从其便。"他改变政策，当然不只是听吴三桂一个人意见，而是整个统一战争形势严峻。大顺农民军据有山、陕，积极备战；江南弘光政权建立，拥兵百万；满洲贵族内部就是否迁都燕京，争论难定，多尔衮一时心中无数，在给顺治帝奏文中说：未来凭"天意"；在给南明政权的信中，承认举"贤王"的合法性；并沮丧地说："何谓统一，得寸则寸，得尺则尺。"所以，取消剃发令是形势所迫。

（2）重申剃发令

顺治二年（1645年）五月，全国统一战争形势发生重大变化。顺治帝迁都北京；河北、河南、山东、山西北方四省基本稳定；南明政权灭亡，弘光帝朱由崧被俘。鉴于这种形势，多尔衮在心中原本不想放弃的剃发令，将要重颁，但实在难以启齿。然而，明朝的那些投降官员们，早就担心再下剃发令，偏偏在奏章中大讲中原传统礼乐制度。多尔衮作为战胜民族代表人物心存骄傲，何能自卑。所以他在当月二十九日，告诫说："近览奏章，屡以剃头一事，引礼乐制度为言，本朝何尝无礼乐制度。今不遵本朝制度，必欲从明朝制度，是存何心。……若谆谆之言礼乐制度，此不通之说。予一向怜爱群臣，听其自便，不愿剃头者不强。今既纷纷如此说，便该传旨，叫官民尽皆剃头。"多尔衮尽管这样说，但是否立刻实行，一时尚难决定。恰在此时，明朝投降高官孙之獬、李若琳两个人给多尔衮上疏，请求实施"辫发如国俗"。孙之獬还带头同其"妻女并辫发"。多尔衮立刻提拔他为兵部右侍郎。至此，多尔衮有充足的借口，重新颁布剃发令。

和硕豫亲王多铎在占领南京城时，京城尚无剃发令。他暂时推行"剃武不剃文，剃官不剃民"政策。顺治二年（1645年）六月初五日，多尔衮以江南奏捷，派随身侍卫尼雅达、费扬古等赍敕往谕多铎等，令："各处文、武军民，尽令剃发，倘有不从，以军法从事。"六月十五日，正式在全国颁布剃发令，宣称："向来剃发之制，不令划一，姑听自便者，欲俟天下大定，始行此制耳。今中外一家，君犹父也，父子一体，岂可违异？若不划一，终属二心，不几为异国之人乎？此事无俟朕言。想天下臣民亦必自知也。自今布告之后，京城内外限旬日，直隶各省地方，自部文到日，亦限旬日，尽令剃发。遵依者为我国之民，迟疑者同逆命之寇，必置重罪。若规避惜发，巧词争辩，绝不轻贷。该地方文武各官，皆当严行察验。若有复为此事渎进章奏，欲将朕以定地方人民，仍存明制，不随本朝制度者，杀无赦。其衣帽装束，许从容更易，悉从本朝制度，不得违异。该部即行传谕京城内外，并直隶各省府州县卫所城堡，一体遵行。"

在此多尔衮忘记了他当初的许诺：剃发"甚佛民愿，反非予以文教定民之本心矣"和"自兹以后，天下臣民，照旧束发，悉从其便"。将尊重民意，嗣后照旧束发的原来告示推翻，强调并改口说，划一如满族之制，是为中外一家，就是当初皇太极所说的，我不从人，人皆从我；狡辩说当初的照旧束发，是因为"恐物价腾贵，一时措置维艰，故缓至今日"。是使之"俟天下大定，始行此制耳"等等，实则是强权政治。

皇太极和多尔衮奉行唯我之族自尊政策，将民俗当成政治标准，要求其他民族服从，所谓若不成我民形象，岂不"几为异国之人乎"？反对民族多样性，是个严重的历史错误，也是时代的局限性所致。

（3）反剃发斗争

剃发令停止一年时间，全国统一战争飞速发展。多尔衮为胜利冲昏头脑，剃发令下达后，时局大变，在中国的外国人说，"自剃发令下，而人心始摇，纷然四起，于是前朝孤臣义士，与远近奸民，素怀异志者，借以为资"，那些中原汉人"为保护他们的头发和服装所表现出的悲愤和战斗气，甚于保护国家和皇帝。他们宁愿掉脑袋亦不愿遵从鞑靼风俗"。在东南沿海一带，原本"鞑靼人没有碰到抵抗就占领了"绍兴等诸多城市，"但是，当他们宣布了剃法令之后，士兵和老百姓都拿起了武器，为保卫他们的头发拼死斗争，比为皇帝和国家战斗得更英勇，不但把鞑靼人赶出了他们的城市，还把他们打到钱塘江，赶过了江，杀死了很多鞑靼人。……只满足于保住了自己的头发，在南岸设置防线同鞑靼军队对垒。鞑靼远征军就这样被阻挡了整整一年"。鉴于风起云涌的人民抗清斗争，多尔衮采取残酷的镇压措施，扬州、江阴、昆山、嘉兴

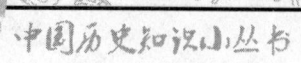

等诸多城市，数万、数十万的抗清官民遭到无情的镇压。同时，限制言论自由，顺治三年（1646年），宣布：凡是"为剃发、衣冠、圈地、投充、逃人牵连五事俱疏者，一概治罪，本不许封进"。从此，全国性的社会大动荡开始了。多尔衮奉行的错误民族政策，严重地破坏社会生产力发展，阻碍中国统一进程。福临执政后，供认："本朝开创之初，睿王摄政，攻袭浙江、闽、广等处，有未降者，多被诛戮，以致遐方士民，疑畏窜匿，从海逆郑成功者，实繁有徒，或系啸聚有年，未经归化，或系被贼迫胁，反正无由。"

残酷镇压、屠杀的结果，许多繁华商业城市，夷为平地，乡村荒野一片。

四 解决办法

多尔衮没有解决的问题，顺治帝似乎有所反省，而实质上是换汤不换药。政策没有从根本上反省。但多尔衮还是推行一些边缘性的修补政策，试图解决问题。

（一）满汉通婚

时间演进到顺治五年（1648年），多尔衮面临更多的挑战，在满洲贵族内部，他若"自称皇父摄政王"，必须扫除肃亲王豪格，摘掉和硕郑亲王"辅政王"帽子，换上自己亲弟弟和硕德豫亲王多铎，而畿辅地区仍是"国门之外，大盗横行"。湖南的南明总督何腾蛟联合李自成余部"忠贞营"，大扰湖南，威胁湖北。江西提督总兵官金声桓、广东提督总兵官李成栋和大同总兵姜瓖等先后起兵反清，多尔衮陷于四面楚歌境地。为了尽快缓和民族矛盾，他提出民族之间政治联姻政策。顺治五年（1648年）八月二十日，他下旨礼部："方今天下一家，满、汉官民，皆朕臣子，欲其各相亲睦。莫如使之缔结婚姻，自后满、汉官民有欲联姻好者听之。"8天之后，指示户部："朕欲满、汉官民，共相辑睦。令其互结婚姻，前已有旨。嗣后，凡满洲官员之女，欲与汉人为婚者，先须呈明尔部，查其应具奏者，即与具奏。应自理者即行自理。其无职人等之女，部册有名者，令各牛录章京报部方嫁。无名者听各牛录章京自行遣嫁。至汉官之女，欲与满洲为婚者，亦行报部。无职者听其自便，不必报部。其满洲官民娶汉人之女实系为妻者方准其娶。"他的两道谕旨，愿望很好，但没有在广大官民中认真推行，清初我们除知道"三藩"子弟，吴应熊、耿昭忠、耿聚忠、尚之隆等被清廷招为额驸外，没有见到相关实例。可能满洲贵族内部担心本族人数过少，一旦推行，数十年后将淹没在汉族汪洋大海之中。于是，这项政策再未提起。

（二）民族认同

众所周知，满蒙联盟是满洲贵族统治的政治基础。然而，从清初的政策看，在这个联盟基础上，部分汉族逐渐成为联盟外围成分。皇太极时期对待早年赫图阿拉老城一带的汉族，信任程度高于对辽沈汉人，清军进关后对于东北汉人的信任程度高于关内汉人，特别是内务府的汉军旗人，基本上都当成满洲旗人。多尔衮进入燕京一段时期盲无可信，便想起东北汉人，希望他们站出来，作为本民族助力和政治联盟伙伴。于是，顺治六年（1649年）正月二十日，他指令："关外辽人，有先年入关在各省居住者，离坟墓、别乡井，历年已久，殊可悯念，着初时晓谕。凡系辽人各写籍贯、姓名，赴户部投递，听候察收。有愿入满洲旗内者，即入其内。欲依亲戚居处者，听归亲戚。内有通晓文理，堪任民牧者，准送礼部考选。有素善骑射，堪为将领者，准送兵部试用。有人才壮健，愿入行伍者，给以粮饷，照满洲一列恩养。其有愿还故乡者听。若安土重迁，不愿来京报名者，亦从其便。"从汉人角度说，凡是关外辽人，对满族比较了解，特别是辽沈、抚顺一带辽人，甚至同满人有过通婚交往，民族习俗认同较高。如果都能响应号召，对满洲贵族稳定江山，确实是可观的助力。

（三）满汉分居

民族之间习俗不同，从京城到北方各省普遍杂居，相互冲突不断，京城首当其冲。顺治三年（1646年）二月初七日，多尔衮针对"京城内盗贼窃发",认为是"汉人集处旗下"的缘故。将满、汉分开居住,是唯一办法。顺天巡抚柳东寅提出"满人汉人,我疆我理,无相争夺,争端不生"的意见为多尔衮所采纳,将北京城一分为二,"凡汉官及商民人等,尽徙南城居住"。凡是旗人都居住北城。这就是北京城居民调整后的基本格局。当然,随着经济、文化发展,相互认同,至清朝中叶,相互移居,致使界限逐渐模糊。

（四）限制武器

这里需要指出的是任何一个伟大人物,在特定历史环境中,都有其局限性,多尔衮也一样。他所推行的政策多是治标不治本的应付政策。病根在于推行剃发令等民族压迫政策,而他偏偏躲着根本问题,兜圈子,限制汉民手中有武器、马匹。

顺治五年（1648年）八月十五日,他鉴于内外干戈四起,向兵部发出谕令:"今各处土贼,偷制器械,私卖马匹……作为叛乱,朕思土贼之起,不过凶愚数人,迫胁村民,遂致遗祸不小。今特为禁约。除任事文武官员及战士外。若闲散官、富民之家不许蓄养马匹。亦不许收藏铳、炮、甲、胄、枪、刀、弓、矢器械。各该地方官察出,估给价值,马匹与军士骑操甲、胄、枪、刀、弓、矢器械可用者收储。不可用者尽行销毁。"又"投充满洲新人,所有马匹、兵器,令各主察收。如投充汉人中,有铁匠、弓箭匠,不许私造兵器,卖与汉人,违者治罪",并且要求:"邻佑十家长俱具甘结于该管官,汇造清册,送该督抚衙门,转送兵部。有不遵禁谕,隐匿兵器者,是怀叛逆作贼之心。……或被告首,本人处斩,家产妻孥入官,邻佑十家长杖流。出首者赏给犯人家产三分之一,赏例止限百两。如挟仇诬陷即以前罪反坐。"

这个政策推行7个多月之后,发现不但没有阻止"土贼"继续反叛,反而对自己不利。所以,顺治六年（1649年）三月二十五日,不得不取消禁止汉人据有武器的做法，他说："近闻民无兵器，不能御侮，贼反得利，良民受其荼毒，今思炮与甲胄两者远非民间宜有，仍照旧严禁，其三眼枪、鸟枪、弓箭、刀、枪、马匹等项，悉听民间存留，不得禁止。其先已交官者，给还原主。"

（五）抑制本族

清朝在皇太极时期，八家对外贸易，作为商业收入，曾缓解努尔哈赤晚年的经济危机。其法规定，私人贸易在禁止之列。贸易组织形式是八家各有专门经商人员，叫作"八家商人"。满族入关后，八家在东北采集人参、珍珠等的相关组织，仍然继续原来的生产。大量人参等产品，源源不断地输入关内。早年，中央政府是汉人做主的明朝政权，关内各省商人前往辽东开原、抚顺、辽阳、清河、宽甸等贸易市场交易，而汉人官、商，常常利用自己是统治民族的优势地位，欺压少数民族，特别是明朝晚期，在交易市场上大搞不公平交易，引起很多纠纷。清朝入关后，民族地位调换了位置，八家商人，以势欺行霸市，也搞不公平交易。然而，满洲贵族正在稳定江山，八家商人的行为实则添乱。有鉴于此，在多尔衮有生之年，曾多次抑制八家商人活动。顺治二年（1645年）四月十一日，谕令户部，批评"满洲市买民物，短少价值，强逼多买"的"殊失公平交易之道"。要求加强检查，发现有如此"妄行之人"，一律"拿送该部，治以重罪"。当年八月二十一日，又作出四点指示：其一，对于"以卖参为名，扰害地方"者，应当派官员"严查究治"。其二，规定交易场所，凡是"今后有欲卖参者，着于江宁、扬州、济宁、临清四处开肆，公平贸易"。其三，主张满、汉之间正常交易，"听从其便，毋得禁止"。其四，顺治五年（1648年）四月十三日，鉴于金声桓、李成栋等叛乱，江南形势严峻，下令："禁止王府商人及旗下官员家人，外省贸易。"因为，这些商人不守法纪，扰害地方，即"各省卖参人役，地方官民商贾，甚受扰害"。顺治六年（1649年）正月初九日，再次旨令：人参等货物"不得扔前遣往各省发卖，只须在京均平市易，永为定制"。众所周知，人参交易向来是八家经济收入之大宗，多尔衮为安定地方，宁可抑制满洲贵族利益，甚至内部专门限制诸王、贝勒、贝子、公、宗室等派出采参人丁数量，"若于额外多遣者，其所遣之人入官"。

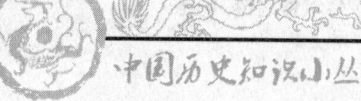

五 习惯与外交

多尔衮有哪些习惯，史籍很少记载，难于详细论述，只能取其点滴示之。他在摄政期间对外关系尚未真正开始，所见只是凤毛麟角而已。

（一）习惯

世间之人各有嗜好，多尔衮也不例外，他有好习惯，也有坏嗜好。在关外他随同皇太极南征北战，在军旅生涯中，凡是办事都要求快捷，时间久了，养成习惯。进入北京后，日理万机，主张"政贵有恒，辞尚体要"。因明朝降官，个个进士出身，动辄八股文章，懒婆娘裹脚——又臭又长，他哪有时间去看。所以，提出："以后一应章奏，勿得拘牵文义，摭拾浮词，但将时宜事务，明切敷陈。盖语繁而支，则难听；言简而当，则易行。言之有益无益，不在繁简，顾力行如何耳。自今遇有切于实务者，随便入告，不必等待多款，以致迟误国家利益之事。早行一日则受一日之福，迟行一日则受一日之病，惟以迅速为尚耳。"由此可知，雷厉风行是成就大事的优良作风。

多尔衮喜欢打猎，有时出猎，千军万马，特别是喜欢"良鹰"，常常通过私人关系，向李朝索取。所以每次出猎，猎鹰竟多达上千只，规模宏大，气势磅礴。他的不良习惯很多，身体原本不佳，却偏好色，临死时竟发不出三箭。同时，他喜欢吸烟，所谓"喜吸南草"，常常通过李朝进贡。这些好坏习惯，伴随他一生。

（二）外交

多尔衮摄政时期，中外关系尚处于开始阶段，除李朝外，基本上没有正式交往。但他比较积极主动。对日本、南洋、欧洲等少数国家，都发出过信息。顺治元年（1644年）四月，日本越前地方（福井县）商人竹内藤右卫门等58人乘船至北海道经商，在海上被暴风吹到日本海西岸（今波谢特湾南侧、图们江口北面的海边），被中国的瓦尔喀人杀掉43人，剩下15人送往盛京，转送到北京。多尔衮给予热诚接待，并把他们送往李朝，指示国王备船只送其回国。由于日本正处在幕府统治时期，奉行"锁国"政策，终多尔衮之生没有回音。

顺治四年（1647年）六月初八日，发现在福建有琉球（今日本南端的琉球群岛）、安南（今越南）、吕宋（今菲律宾）三国的"明季进贡"使臣李光耀等没有归国。清军平定福建，将他们都送往京师。多尔衮给予友好接待，赐给李光耀等衣帽、缎布等物品，并给各国使臣敕谕遣赴本国，招谕国王。敕谕内容相同，如赐给琉球国王敕谕云："朕抚定中原，视天下为一家，念尔琉球自古以来，世世臣事中国，遣使朝贡，业有往例，今故遣人敕谕尔国。若能顺天循理，可将故明所给封诰印敕遣使赍送来京，朕依照旧封赐。"同年，两广总督佟养甲报告法国人在广东的情况，并申明清朝政府政策说："佛郎西国人，寓居濠镜澳，以其携来番岛货物，与粤商互市，盖已有年。后深入省会，至于激变，遂行禁止。今督臣以通商裕国为请，然前事可鉴，应仍照故明崇祯十三年，禁其入省之例。止令商人载货下澳贸易可也。"

六　总结

回顾多尔衮一生之谜,有六大问题。其一,在努尔哈赤晚年,特别临死之前,以多尔衮母亲阿巴亥、舅舅阿布泰姐弟为主的幼子势力,曾经同皇太极势力展开斗争。多尔衮尽管当时只有15牛录,未曾担任旗主贝勒,但在皇太极掌政时期,对多尔衮的特殊关爱,而多尔衮咬定皇太极汗位是"夺立"等事实,都反映出努尔哈赤曾属意于多尔衮的可能性存在。所以,这件事给多尔衮留下刻骨铭心的记忆。其二,皇太极掌政时期,以改革为龙头,积极推进统一大业、封建化进程、大兴文教、改革民族政策等,形成与中原文化认同热潮。国内各贝勒及其势力顺潮流者昌,逆潮流者亡。在这种大势下,大贝勒中的阿敏、莽古尔泰等先后出局,智慧、诡秘的多尔衮紧跟潮流,受到重用,荣升第三位和硕贝勒、亲王,而其内心衔怨,并没有放弃,韬光养晦是他这个时期的基本态度。其三,皇太极死后,他认为时机到来,本想自己称帝,福临暂为嗣君,但由于两白旗势力单薄,而与以后宫为后盾的两黄旗为先锋,联合其他各旗的抗衡,迫使他不得不暂时采取以退为进政策,推举福临为君,自举为辅政王。然而,称帝的幻想总在他脑海中回荡,通过硕讬、阿达礼秘密串联,以求一逞,而忠耿的大贝勒代善,不肯认同。多尔衮见事不妙,赶快隐藏自己的狐狸尾巴,而硕讬、阿达礼成为牺牲品,代善却承担了全部痛苦。这就不难看出,多尔衮具有随机应变能力,而且心狠手辣,其私心之重可想而知。由此将多尔衮的为人展现在人们面前,只要对他有利,什么事都可以干得出来。其四,他自命辅政王,按皇太极时期排队,代善、济尔哈朗当在他之上。因代善不参政,多尔衮亦无视他的存在,只令济尔哈朗预政。然而,辅政大权一到手，济尔哈朗地位亦日渐边缘化，他当仁不让地成为独裁者。入关初期，内部政治格局基本未变，统一中原形势严峻，他在高度封建化的汉族官民面前，顾及颜面，也为团结内部，立足中原，自称周公，维护福临皇权。然而，一系列胜利，又勾起他往日旧念，着手为其母翻案。其五，当顺治五年（1648年），统一战争向全国推进时，他急不可待地要做"皇父"，企图补上他失去的机会，拿出他心狠手辣的一手，从豪格身上开刀，直到逼宫等进行一系列罪恶活动。所谓太后下嫁之风的吹出，同他的思想完全一致，只是他错误地估计满洲封建化时代发展的大潮流，致使自己败兴西归。其六，清军入关后，他推行五大弊政，有些是皇太极遗嘱，不能完全归咎于他。然而，如果皇太极面临中原的具体形势，根据他改革后的民族政策，也许会有所变通，而多尔衮原样推行，不知变通，并独出心裁，大搞民族歧视和压迫，严重破坏了中原社会生产力发展，阻碍中华民族复兴进程，负有不可推卸的责任。总之，多尔衮的一生为中国的统一作出了不可磨灭的贡献，是伟大的政治家、军事家，同时也犯下不可饶恕的错误，甚至罪行。其功过六四开亦足矣。

参考书目

1. 《清太祖武皇帝努尔哈奇实录》，1932年，故宫博物院印行。

2. 《满文老档》，中华书局，1990年。

3. 《大清历朝实录》（太宗、世祖朝），日本东京大藏出版株式会社承印本，"满洲国国务院发行"。

4. 《朝鲜李朝实录》（光海君、仁祖、孝宗朝），学习院东洋文化研究所影印本。

5. 《明清史料》甲、乙、丙编，商务印书馆，1930年。

6. 《栅中日录》、《建州闻见录》、《清太宗实录稿本》、《沈阳状启》（校释），《清初史料丛刊》。

7. 李肯翊编：《燃藜室记述》（姜弘立别录日月录），朝鲜光文会发行本。

8. 唐邦治等：《清皇室四谱》，1923年，上海聚珍仿宋印书局排印。

9. 关嘉禄等整理：《天聪九年档》，天津古籍出版社，1984年。

10. 永根冰斋等：《清三朝实录采要》（太祖），江户伍石书轩刊本。

11. 《多尔衮摄政日记司道指名册》，1945年，国立北平故宫博物院印行。金鹤冲：《钱牧斋先生年谱》，1928年，北京国家图书馆藏。

12. 《张苍水集》（附录1、2、张煌言列传、张苍水传、奇零草），《四明丛书》四、五。

13. 全祖望辑：《张忠烈公全集》，北京国家图书馆藏。

14. 《浙江府县志辑》（41），中国地方志集成、光绪诸暨县志、浙江古籍出版社等。

15. 福格：《听雨丛谈》，《清代笔记史料丛刊》，中华书局，1979年。

16. 王钟翰点校：《清史列传》，中华书局，1981年。

17. 张彩田等：《清列朝后妃传》，绿樱花馆平氏墨版。

18. 鄂尔泰等：《八旗满洲氏族通谱》，雍正十三年刊本。

19. 王先谦：《东华录》，光绪二十五年，仿泰西法石印。

20. 幼庄：《皇朝开国方略》，1925年，上海广百宋斋校印。

21. 罗振玉：《天聪朝臣工奏议》，《史料丛刊初编》，1924年，东方学会印行。

22. 《清宫遗闻》，《清朝野史大观》，上海书局，1981年。

23. 昭梿：《足本啸亭续录》，宣统元年，中国图书公司印行。

24. 张岱：《石匮书后集》，中华书局，1962年。

25. 高士奇：《扈从东巡日录》（二），小方壶斋舆地丛抄第1帖，南清河王氏铸版。

26. 陈登原：《国史旧闻》第3分册，中华书局，1980年。

27. 铁保纂辑：《熙朝雅颂集》，嘉庆九年刊本。

28. 《清初内国史院满文档案译编》上册，光明日报社，1989年。

29. 卫匡国：《鞑靼战纪》，杜文凯：《清代西人见闻录》，中国人民大学出版社，1985年。

30. 魏源：《圣武记》，道光二十二年刻本，古微堂藏版。

31. 《顺治元年内外官署奏疏》序，国立北京大学研究所国家出版。

32. 俞正燮：《癸巳存稿》，光绪甲申版。

33. 谈迁：《北游录·纪邮下》，《清代史料丛刊》，中华书局本。

34. 《清朝野史》（正编）第2册，1950年，文桥书局印行。

35. 鄂尔泰等修：《八旗通志初集》，东北师大出版社，1985年。

36. 鄂尔泰、张廷玉等编纂：《国朝宫史》上册，（宫殿三），北京古籍出版社。

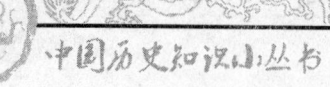

37.《沈馆录》,《辽海丛书》第4册,第8集。

38.《鹿樵纪闻》,《痛史》第16种,上海商务印书馆,1917年。

39.杨士聪:《甲申核真略》,浙江新华书店,1985年。

40.《东华录辍言》,《佳梦轩丛著之一》,道光甲辰本。

后 记

本书得以完成,与中国社会科学出版社王浩同志的支持和帮助密不可分。吉林大学图书馆古籍部和文科教师参考室、古籍研究所资料室、历史系资料室等单位,为借阅图书及核对资料提供方便。资料工作由孟忻负责。我的夫人陈瑞云教授参与本书写作,字斟句酌,鼎力相助。在此一并致谢。

作者谨识

2007年5月30日